LA RECHERCHE APPLIQUÉE EN ÉCONOMIE

Méthodologie, communication scientifique et financement

Abdoulaye Seck

LA RECHERCHE APPLIQUÉE EN ÉCONOMIE

Méthodologie, communication scientifique et financement

L'Harmattan
Sénégal

10 VDN, Sicap Amitié 3, Lotissement Cité Police, DAKAR

http://www.harmattansenegal.com
senharmattan@gmail.com
senlibrairie@gmail.com

ISBN : 978-2-343-16215-7
EAN : 9782343162157

Au jeune assoiffé de connaissance et de savoir
Tel le grain languissant
Dans les entrailles ténébreuses de la terre aride
Voulant libérer ses potentialités
Et s'élancer librement dans le ciel illuminé

SOMMAIRE

REMERCIEMENTS

Je suis reconnaissant de la contribution de collègues chercheurs qui ont eu l'amabilité de partager leurs perspectives fort informatives de la recherche en répondant à un court questionnaire. Ce dernier leur demandait leurs sources d'inspiration de thèmes de recherche et les critères fondateurs de la qualité d'un travail de recherche.

Il s'agit de : Antoine Bouet, Université de Bordeaux et IFPRI ; Adama Diaw, Université Gaston Berger de Saint-Louis et CAMES ; Andy McKay, Université de Sussex ; Anke Hoeffler, CSAE, Université d'Oxford ; Channing Arndt, IFPRI ; Charles K.D. Adjasi, Université de Stellenbosch ; Darlene C. Chisholm, Suffolk University ; Sunghyun Henry Kim, Université de Sungkyunkwan ; Issouf Soumaré, Université de Laval ; John Cockburn, réseau PEP, Université de Laval ; Jongbyung Jun, Suffolk University ; John Page, Brookings Institution ; Oliver Morrissey, Université de Nottingham ; Patrick Plane, CERDI, Université de Clermont Auvergne et CNRS ; Thomas Jayne, Université d'État du Michigan ; Witness Simbanegavi, AERC ; Théophile Azomahou, CERDI, Université de Clermont Auvergne ; Christopher Parmeter, Université de Miami ; Terrie Walmsley, ImpactECON LLC, Université de Drexel et GTAP ; Bernard Decaluwe, réseau PEP, Université de Laval ; Augustin Fosu, Université de Pretoria et Université de Ghana ; Alain de Janvry, Université de Californie, Berkeley et Abbi M. Kedir, Université de Sheffield.

La richesse de leur expérience diversifiée de recherche et leur implication dans les revues scientifiques de premier plan sont autant de gages de crédibilité de leur propos. Le lecteur retrouvera ces derniers en parcourant les pages de cette modeste contribution à la pratique et à l'enseignement de la recherche économique appliquée dans les institutions académiques ou professionnelles.

Je remercie également Adjaratou Djakher Dianko, en Master du NPTCI à Dakar, pour le temps et l'effort consacrés à la lecture du manuscrit. Son regard candide a contribué à l'amélioration du texte qui se veut accessible à tout étudiant de Master ou de Doctorat en Sciences économiques et dans les sciences connexes.

Ces différentes contributions ne les engagent bien évidemment point, la responsabilité des analyses présentées dans cet ouvrage et tout autre élément de contenu étant entièrement mienne.

INTRODUCTION

Le plus grand ennemi du savoir n'est point l'ignorance, mais l'illusion du savoir.

Stephan Hawking, Daniel Boorstin

La chercheure qui cherche et qui trouve

La jeune Mariam Wade venait d'obtenir son Doctorat ès Sciences Economiques, qui consacrait son aptitude à entreprendre la recherche de qualité en toute autonomie, s'était-elle entendu dire par le président du jury. Forte de cette reconnaissance par les pairs, elle décida de creuser une question qui la taraudait depuis fort longtemps : *pourquoi très peu de chercheurs en Afrique, en particulier dans son pays, publient-ils ?* Elle souhaitait découvrir les véritables mécanismes générateurs de cette faible productivité scientifique, offrir des recommandations aux pouvoirs publics en charge de la promotion de la recherche et produire un article scientifique à publier dans une revue spécialisée.

Afin de préciser les termes et contours de la problématique de recherche, à savoir le problème et sa portée scientifique et politique, elle s'entretint avec divers acteurs de la sphère réelle et du monde de la recherche. Le personnel administratif de l'université d'affiliation la renseigna sur le budget annuel de l'institution. Elle y découvrit un soutien public considérable à la recherche sous diverses formes : voyages d'études bisannuels, primes de recherche semestrielles et une batterie de services offerts par le Bureau d'Appui à la Recherche et à l'Innovation. D'autres séries de rencontres l'amenèrent à échanger avec des responsables du Ministère de tutelle et des représentants du syndicat des enseignants. Ce qui la conduisit à reformuler ainsi sa question : *pourquoi les chercheurs publient-ils très peu, en dépit des offerts publics considérables de soutien à la recherche qui font l'envie de leurs collègues de la sous-région ? Ce dispositif d'appui est-il en définitive suffisamment incitatif ?*

Les entretiens avec des chercheurs lui permirent d'élaborer le contenu scientifique de sa recherche. Si les collègues nationaux évoquèrent pour l'essentiel les défis que posait l'environnement peu favorable de la recherche, les chercheurs étrangers qui avaient à leur actif des publications sur le thème général de la productivité de la recherche académique (*faculty research productivity*) partagèrent avec elle des références fort utiles. La lecture de ces dernières permit de prendre connaissance des facteurs explicatifs ayant trait pour l'essentiel à la formation initiale et continue, au grade académique, à la durée dans la profession, à la participation à des rencontres scientifiques internationales, aux charges pédagogiques et administratives, aux activités extra-universitaires, à la perception de la qualité de l'environnement académique (en particulier les relations humaines), à la maîtrise de la langue anglaise, ainsi qu'au profil socio-économique des chercheurs (âge, genre, situation familiale, etc.).

Elle savait que ses chances de publication scientifique reposaient principalement sur la contribution effective au stock de connaissance existante. Elle se mit alors à chercher ce qui pourrait faire la valeur ajoutée de sa recherche. Elle commença par constater que la plupart des travaux existants portaient sur les contextes académiques des pays avancés marqués par des règles strictes qui organisaient de façon prédictible la profession académique, par opposition au laisser-faire généralisé dans son pays qui autorisait toutes formes d'abus. Docteure Wade se demanda alors dans quelle mesure cette configuration institutionnelle si particulière pouvait renseigner sur le pouvoir explicatif des facteurs identifiés sous d'autres cieux plus cléments. Elle avait à l'esprit l'image d'une technologie de production désuète incapable d'extraire un output significatif à partir d'inputs de qualité. Une nouvelle formulation de sa question donna alors : *dans un contexte délétère et en dépit de soutiens publics considérables à la recherche, que dire de la portée et du contenu explicatifs des déterminants traditionnels de la recherche académique ?*

Munie de cette question de recherche, la jeune chercheure se lança dans la production d'un projet de recherche dont le titre pouvait lire : « *Faculty research productivity in Senegal: Extent, determinants and implications for policy reform* » (*Productivité de la recherche académique au Sénégal : nature, déterminants et implications*). Le document renseignait en particulier sur (i) ce qui faisait du thème envisagé un véritable problème de recherche (gaspillage de ressources humaines et financières, cercle vicieux de formation de futurs chercheurs peu productifs, politiques publiques orphelines du compagnonnage de la recherche, entre autres), (ii) ce qu'elle se proposait d'accomplir (documenter et analyser les facteurs explicatifs de la faible production scientifique dans les universités de son pays), (iii) ce qui faisait l'intérêt de sa recherche du point de vue scientifique (valeur ajoutée) et sous l'angle de la politique publique de promotion de la recherche (réorientation des mécanismes de soutien) et (iv) comment elle comptait s'y prendre pour répondre à la question (collecte de données primaires et modélisation économétrique).

Le timing du projet de recherche ne pouvait être plus favorable. Il se trouvait qu'une institution internationale venait de lancer un appel à propositions justement axé sur la thématique générale de la recherche dans les universités. Avant de procéder à la soumission de son projet, elle prit le soin de solliciter des feedbacks de ses collègues. Dans le cadre de séminaires périodiques organisés par le Département d'Économie, elle eut l'opportunité de présenter le projet de recherche devant une bonne vingtaine de collègues et d'étudiants avancés (l'absence de la majorité des collègues lui donna une indication de l'intérêt général pour la recherche).

Les retours fort utiles glanés lors de la séance de discussions l'amenèrent (i) à inclure dans le listing des schémas incitatifs les initiatives communautaires, notamment le Programme d'Appui à la Recherche et l'Innovation (PARI) qui procède de l'effort collectif de promotion de la recherche à l'échelle de la sous-région, (ii) à élargir le champ contextuel en considérant toutes les facultés et toutes les universités du pays, (iii) à conceptualiser le problème à partir d'un cadre analytique qui part d'une fonction de production standard pour dériver une relation qui permet d'apprécier la contribution potentielle des inputs ou facteurs retenus, (iv) à envisager une alternative au modèle de régression tronqué (Tobit), à savoir un modèle de comptage, (v) à garder à l'esprit la possibilité d'une inflation de zéro correspondant au nombre potentiellement élevé de collègues n'ayant jamais publié, et enfin (vi) à considérer l'hétérogénéité des publications qui commande une pondération à partir de la qualité des revues, par exemple le facteur d'impact.

Ces suggestions donnèrent lieu à des améliorations qui aboutirent à une proposition bien plus robuste et raffinée. Elle procéda enfin à la soumission. Que ne fut alors pas la joie de Docteure Wade quelques semaines plus tard lorsqu'elle reçut une notification d'acceptation du projet, avec à la clé un financement substantiel devant couvrir, entre autres, les frais de collecte de données et les honoraires.

Outre l'article, la recherche produisit un document de synthèse (*policy brief*) destiné à être partagé avec les autorités politiques et autres publics intéressés dans le cadre d'une stratégie de communication scientifique mise en œuvre dès le début du processus. Cette stratégie impliquait également un atelier de partage avec les principaux acteurs des sphères scientifique et décisionnelle. Ce fut l'occasion de revenir en détail sur les principales recommandations d'action publique devant contribuer à promouvoir la recherche et les chercheurs.

Les mesures envisagées concernaient (i) la suppression des voyages d'études au profit de la participation des jeunes chercheurs à des conférences internationales et des séminaires de développement de capacités (à l'exclusion des chercheurs plus gradés ou ayant duré dans la profession), (ii) la substitution de la prime de recherche à la prime du chercheur, en récompensant plutôt les produits effectifs de la recherche suivant leur qualité, (iii) l'institutionnalisation d'activités scientifiques, notamment des séminaires périodiques, dans tous les départements, (iv) la refonte du curriculum de formation des chercheurs qui laisserait suffisamment de place à l'enseignement de la méthodologie de recherche et la communication scientifique et de l'anglais et (iv) l'introduction de la dimension genre dans l'octroi de subventions publiques de recherche (qui favoriserait alors les femmes). L'accueil favorable des décideurs publics fondait l'espoir de la chercheure que ses recommandations seraient suivies d'effet, ce qui ferait alors des produits de sa recherche des inputs précieux dans le processus politique décisionnel.

Le dernier volet de la recherche consista à publier l'article dans une revue dont la crédibilité lui garantirait d'être prise au sérieux et lue par la profession. Le retour encourageant du processus d'évaluation, à savoir une invitation à réviser et à resoumettre le manuscrit, laissait entrevoir la possibilité d'une publication effective une fois les remarques soulevées par les *referees* bien prises en compte. Ce serait alors l'aboutissement d'un processus dont le point de départ fut le développement de la question de recherche et la délimitation de sa portée scientifique et politique, puis la production d'un projet de recherche suivi d'un article, ensuite un exercice de communication qui l'amena à partager ses résultats pour, entre autres, influencer le processus politique et enfin une publication dans une revue scientifique. Cette dernière serait alors une confirmation de l'aptitude de la jeune chercheure à entreprendre la recherche qui soit de qualité et en toute autonomie.

De l'utilité de la recherche et des chercheurs

La recherche est une activité de production de connaissance. Il s'agit, « dans sa forme la plus fondamentale, d'un processus par lequel nous découvrons, évaluons et confirmons le stock de connaissance économique » et la méthodologie « fait référence à la manière dont nous approchons et exécutons des fonctions et des activités » (Ethridge, 2004, p. 4-5). La recherche est également définie comme « la procédure organisée par laquelle l'Homme accroît ses connaissances » (Andrew et Hildebrand, 1982, p. 3).

La recherche est ainsi comprise comme un processus rigoureux de génération ou de validation de connaissances. Partant de cette acception générale, il est possible de mettre en avant plusieurs éléments fondamentaux dans la caractérisation de la recherche. Tout d'abord, il s'agit d'une activité organisée qui suit un déroulement bien précis. Il commence avec un constat d'ignorance ou un gap de connaissance qui est à la base d'un besoin de savoir. Ce besoin donne lieu à une série d'interrogations. Ensuite des outils et méthodes, ou inputs, sont convoqués dans la quête de réponses aux questions posées. L'aboutissement du processus, l'output, est soit le recul des frontières de l'ignorance, soit sa délimitation plus précise, synonymes d'élargissement ou de consolidation du champ de la connaissance. À la faveur de la recherche, on connaît plus, on connait mieux, et la lumière de la connaissance et du savoir brille avec plus d'éclat.

Le chercheur est ainsi un producteur et la recherche une activité productrice. À ce titre, la recherche crée de la richesse. Elle part ainsi d'un objectif (qui nait d'un besoin), appelle une technologie qui commande l'usage d'inputs spécifiques (techniques) suivant une proportion et une organisation adéquate, pour aboutir à un output. Les concepts chers à tout producteur ont également tout leur sens ici : efficacité, efficience, rentabilité. L'efficacité suppose que le processus aboutisse effectivement à un output réel (une connaissance). L'efficience exige que ce processus soit, selon une approche primale, moins dispendieux dans l'usage des inputs pour atteindre l'objectif (moins de temps, moins d'effort, etc.), ou suivant une approche duale, un meilleur usage des outils existants pour une quantité ou qualité du produit final qui soit la plus élevée possible. La rentabilité requiert une valeur scientifique et politique significative du produit final de la recherche, qui rajoute de la valeur à la littérature existante d'une part, et oriente l'action publique d'autre part.

Ces éléments renseignent en partie sur le deuxième élément constitutif de la recherche, à savoir la rigueur dans le déroulé des phases constitutives du processus. Cette rigueur est qualifiée : elle se doit d'être scientifique, car il y va de la crédibilité du travail et de la portée du produit final. L'Économie a longtemps revendiqué sa place dans les sciences. Il est généralement question d'aboutir à des connaissances qui soient à la fois exactes, universelles et vérifiables, et qui ont dès lors valeur de lois, à l'image des lois de la physique.

En voilà sans conteste une prétention bien démesurée, pour dire le moins, tant l'objet d'étude (l'Homme) est difficilement modélisable et son environnement opératoire impossible à cerner dans toute sa complexité. Le recours systématique par l'économiste à une représentation simplifiée (voire simpliste, au goût des critiques) du profil comportemental de l'Homme qui obéit à un schéma incitatif ou désincitatif révélateur du poids de son environnement institutionnel est une reconnaissance dans la profession de la portée scientifique limitée de la recherche économique et des résultats qu'elle produit. La branche de l'Économie comportementale qui va jusqu'à recourir aux expériences de laboratoire en plaçant des sujets dans des conditions contrôlées ne saurait pour autant rivaliser avec la recherche scientifique expérimentale en chimie ou en physique.

Toutefois, dans sa quête de la connaissance et du savoir, le chercheur économiste s'évertue autant que possible à faire preuve d'autonomie, d'objectivité et de détachement dans la formulation du problème et de l'objet de recherche, le choix des outils et leur manipulation et l'analyse du contenu des résultats et de leur portée. Autant d'éléments qui sont fondateurs de l'approche analytique standard de la Science.

La finalité de la recherche économique constitue également un des éléments importants de sa caractérisation. De par ses résultats, la recherche apporte des éléments de réponse aux questions nées de la curiosité humaine. Grâce à la recherche, l'obscurité de l'ignorance cède la place à la lumière de la connaissance et du savoir. Les mécanismes générateurs des comportements observés se révèlent au chercheur, et ces comportements deviennent mieux modélisables et plus prédictibles, se prêtant mieux au jeu de l'influence politique.

De par son activité, le chercheur est un citoyen, et combien noble est son métier du point de vue de l'intérêt collectif. Dans la plupart des cas, la question de recherche prend sa genèse dans le monde réel dont l'observation attentive et critique révèle des difficultés, des problèmes et des incohérences dans la marche de la société et les interactions entre les membres qui la composent. Ces éléments de contexte lui servent de cadre d'élaboration de sa problématique de recherche. Il s'interroge par exemple sur le pourquoi de la précarité des conditions de vie de la population, ou encore sur le comment de l'amélioration du sort de ses concitoyens par le biais d'interventions publiques. Les éléments de réponses issus de la recherche servent souvent d'ingrédients à la définition de moyens d'action politique. Cette valeur sociale et citoyenne de la recherche sera à la hauteur du partenariat incontournable entre chercheurs et décideurs politiques qui est gage de l'efficacité de la gouvernance politique savante des économies d'une part, et de l'utilité sociale des citoyens économistes d'autre part.[1]

Objet du livre

Ce livre se propose d'exposer en détail le processus de recherche appliquée ou empirique en Sciences économiques et les éléments qui fondent la qualité et l'utilité du produit de la recherche. Le lecteur pourra ainsi y retrouver une description rigoureuse des éléments constitutifs du travail de recherche, notamment la problématique, les objectifs de recherche, les hypothèses de recherche, le cadre contextuel, la revue de la littérature théorique et empirique, le cadre conceptuel, la méthodologie, les résultats attendus ou définitifs, la conclusion, la bibliographie ou liste de références et les annexes. Il est ainsi expliqué dans les moindres détails à quoi ils consistent, comment ils sont élaborés, formulés et organisés et ce qui fait leur importance et leur contribution relative à l'architecture générale du produit final de la recherche (principalement le projet de recherche et l'article scientifique). L'accent est davantage mis sur la recherche appliquée qui fait usage de la théorie économique dans le maniement de données statistiques représentatives d'un cadre contextuel donné.

Le caractère utile de la recherche porte sur la valeur scientifique et politique associée à son produit final. La démonstration de cette valeur passe par la communication scientifique. Tout produit de recherche devrait nécessairement être relayé au public et ne saurait être destiné aux tiroirs poussiéreux des bureaux ou enfouis dans les oubliettes des disques durs d'ordinateurs. De ses pairs (communauté scientifique), le

---

[1] L'Économie apparaît ainsi bien loin du cliché de *dismal science* (science lugubre) attribué par l'historien Thomas Carlyle au 19e siècle.

chercheur sollicite des éléments d'appréciation scientifique de son travail qui, enrichi de différents retours, pourra contribuer au corpus de connaissances existantes. Du public moins versé (*policymakers* et *stakeholders*), il pourra obtenir une appréciation politique ou pratique de ses résultats. Ces derniers pourront servir de base de formulation de mesures interventionnistes ou être versés dans les débats de société.

L'importance de cette composante indispensable de la recherche est développée et il est présenté deux principaux outils de communication. Le premier est écrit, destiné pour l'essentiel aux utilisateurs politiques des produits de la recherche (le *policy brief*). Le second est oral, à savoir la présentation à l'aide de supports appropriés (PowerPoint), le plus souvent lors de séminaires, ateliers, colloques ou conférences.

La recherche peut être une activité très onéreuse. Elle peut solliciter des données primaires à collecter à partir d'enquêtes de terrain. Elle peut exiger des ressources documentaires ou statistiques dont l'accès n'est pas gratuit. Elle peut faire appel à un savoir-faire spécifique en modélisation empirique que le chercheur devra développer au préalable. Elle peut commander une interaction avec les acteurs de la sphère de décision dans le cadre d'une stratégie de communication qui prévoit un séminaire de partage. Le financement devient alors une composante essentielle de la recherche et peut aller jusqu'à conditionner sa faisabilité. Les enjeux et défis liés à la mobilisation des appuis externes tiennent pour l'essentiel à leur caractère compétitif et à la capacité relativement limitée des institutions de recherche et des chercheurs d'y accéder, en dépit de la diversité accrue des opportunités et de la croissance des besoins en produits de la recherche. Le lecteur trouvera un exposé détaillé des termes de ces enjeux et défis, ainsi que des facteurs explicatifs du succès (et de l'échec) des demandes de financement et des opportunités d'appuis externes qui vont au-delà du financement en deniers.

Pourquoi écrire un livre sur la recherche économique ?

La plupart des institutions et programmes de recherche n'enseignent pas la recherche. S'il est vrai que la pratique de la recherche (*learning by researching*) est le moyen le plus efficace pour se forger de réelles aptitudes en la matière, il va sans dire qu'une formation qui exposerait les fondamentaux de la recherche constitue une force de propulsion considérable qui peut faire toute la différence entre les initiés et ceux qui en seront privés pour diverses raisons. La métaphore serait un futur nageur à qui l'on aurait appris les rudiments de la natation avant de le plonger dans l'eau. Nul doute que sa préparation lui évitera la noyade, encore qu'il soit capable de faire siennes les techniques apprises, au moment où le non-initié, dans le dénuement total car n'ayant pas été équipé d'outils appropriés, est destiné à un sort tragique.

Le cas de ce dernier est symptomatique de la situation alarmante dans la plupart des universités du Sud. En plus de l'absence de ce module ô combien précieux, les curriculums de Master ou de Doctorat n'ont pas toujours une orientation de recherche. Cette dernière aurait commandé une familiarisation des apprenants avec les publications scientifiques qui renseignent sur les frontières de la connaissance. Par exemple, les apprenants auraient dû être habitués à l'analyse critique d'articles et la production et la présentation orale de *summary reports*. Le triple objectif d'un tel exercice pédagogique est (i) de renseigner sur le contenu de l'article, (ii) d'offrir des éléments d'appréciation critique de divers aspects tels que le problème, la méthodologie ou encore la portée des résultats et (iii) de suggérer des perspectives de recherche qui permettraient de dépasser l'article.

Un curriculum de formation à la recherche, avec d'une part des modules orientés vers la recherche et d'autre part un module séparé de méthodologie de recherche, est à même de doter les apprenants de réelles capacités de recherche qu'ils pourront parfaire par la suite. À défaut, les jeunes chercheurs apparaissent démunis et désorientés lorsqu'il leur est demandé de se lancer dans la recherche (thèses). Leur angoisse est d'autant plus grande que l'offre d'encadrement est à la fois limitée (en quantité et en qualité) et inaccessible.

Ce fut notre cas lorsqu'il fallait démarrer les recherches en vue de la thèse de Master (Diplôme d'Études approfondies à l'époque) : un cours de méthodologie exclusivement centré sur la dimension philosophique de la recherche (épistémologie) n'a pas été d'une quelconque utilité lorsqu'il fallait rédiger un projet de recherche ou finaliser un mémoire. Qu'est-ce que la problématique de recherche ? Qu'est-ce qui la différencie du problème de recherche ? Comment organiser une revue de la littérature ? Tant de questions et bien d'autres auxquelles on ne savait pas répondre, alors qu'il fallait malgré tout produire un travail scientifique de qualité et dans les délais.

Près de deux décennies plus tard, en dépit de volontés individuelles et isolées de quelques formateurs, le curriculum n'a pas significativement évolué. La lecture des thèses de Master ou de

Doctorat suffit pour s'en convaincre, tant les éléments de fonds et de forme apparaissent éloignés des standards éprouvés de la recherche scientifique.

La communication scientifique est également absente de la formation à la recherche. Il est reconnu que la recherche est loin d'être une activité isolée, et le chercheur est amené à communiquer avec ses pairs auxquels il soumet sa contribution scientifique pour diverses appréciations. Il est également en contact avec les acteurs de la sphère politique qui sont demandeurs de produits de recherche. Ces interactions qui se déroulent suivant différents formats (bilatéral dans le cadre de meetings restreints, ou multilatéral par le biais d'un *policy seminar*) et utilisant différents vecteurs (écrit ou oral) sont devenues une exigence de la recherche utile. Révolu est en effet le temps de la dichotomie marquée du monde entre les chercheurs d'un côté et les décideurs de l'autre.

Dorénavant, la sphère décisionnelle alimente la recherche en problèmes ou questions, la recherche réplique avec des résultats qui guident la politique. L'absence de ce module prive le jeune chercheur de possibilités de développement d'aptitudes devant lui permettre de tirer tous les bénéfices de la communication : une pertinence accrue de sa problématique de recherche et une valorisation du produit final.

Cet ouvrage est une modeste contribution qui vient combler ce déficit chronique entre l'offre de formation jusque-là inadéquate et la demande toujours forte en termes de développement de capacités réelles de recherche de la part d'étudiants avancés et de chercheurs en début de carrière. Il peut être un compagnon précieux auquel peut se référer fréquemment le chercheur. Il peut également être un support de cours de méthodologie de recherche et de communication scientifique. Dans le cadre d'une recherche encadrée, le directeur de thèse ou le superviseur peut exiger, tout au début de la collaboration, la lecture intégrale de l'ouvrage par l'étudiant de Master ou le doctorant, ou encore le jeune assistant de recherche.

Cette contribution à l'enseignement de la recherche et au développement des capacités de recherche est le fruit d'une ambition progressiste qui croit fermement que les générations actuelles ne devraient point subir les affres de l'angoisse existentielle qui a marqué le parcours académique des générations antérieures. Il n'y a pas si longtemps, démarrer une thèse de Master ou de Doctorat était synonyme de s'engager en terrain inconnu, avec un cheminement périlleux et un aboutissement incertain. Tel ne doit plus être le cas à l'ère où la société exige des formateurs l'acquittement de leurs obligations morales de former les jeunes chercheurs qui n'auront rien à envier à leurs collègues et camarades dans un monde de la recherche qui n'a rien d'une sphère, tant il est devenu plat.[2]

Orientations générales du livre et perspective de l'auteur

Cet ouvrage porte sur la recherche appliquée, une approche qui fait usage de données statistiques pour tenter de rationaliser des comportements ou faits observés dans le monde réel. Il est de tradition de distinguer la recherche théorique et la recherche empirique. La première, dite fondamentale, offre une analyse qui repose sur une abstraction mathématique. En général, elle démarre avec des axiomes ou hypothèses, puis offre une formalisation de ces derniers à l'aide d'équations structurelles dont la résolution aboutit à des solutions ou résultats appelés *hypothèses testables*. Ces dernières sont des relations entre les variables clés et elles renseignent sur les comportements définitifs dans un environnement institutionnel représenté par les postulats et hypothèses de base.

L'analyse théorique du comportement du consommateur, telle qu'elle ressort du courant marginaliste, constitue un exemple. Les hypothèses ou axiomes de base (comme la non-saturation ou la transitivité des préférences) donnent lieu à une fonction d'utilité aux propriétés mathématiques bien précises. Cette fonction-objectif, confrontée à la contrainte budgétaire saturée, conduit à un programme d'optimisation dont la résolution mathématique conduit à une relation de comportement de demande. Cette dernière lie la quantité demandée du bien au prix de ce dernier, au prix des autres biens et au revenu. Elle indique par exemple dans quelle mesure le consommateur réagit à une variation marginale des facteurs qui rentrent dans sa fonction de demande, pour une structure donnée des préférences.

La recherche empirique confronte ces résultats théoriques aux données statistiques. Elle offre un cadre permettant de tester la validité empirique des hypothèses testables issues de l'analyse théorique. Elle

---

2 Thomas Friedman, dans « *The World Is Flat: A Brief History of the Globalized World in the Twenty-first Century* » (2006), décrit ce processus irrésistible de nivellement du monde, rendu possible en partie par la chute des barrières et la généralisation de l'accès à Internet.

renseigne ainsi sur la portée de ces résultats et l'aptitude de la théorie à expliquer et à prédire fidèlement les comportements observés.

Cette dichotomie entre les approches théorique et empirique de la recherche ne devrait toutefois point signifier une quelconque opposition. La recherche économique est mieux envisagée comme un processus circulaire. En cherchant à tester la validité des hypothèses testables, la recherche empirique s'appuie inéluctablement sur la recherche théorique qui lui désigne la nature des relations et leurs spécifications. En retour, le théoricien s'appuie sur le contenu empirique des analyses théoriques précédentes pour améliorer ces dernières ou proposer de nouveaux cadres théoriques à pouvoir prédictif plus important.

En outre, la théorie économique est au début et à la fin de la recherche empirique. À l'entame de son travail empirique, le chercheur s'interroge sur la portée théorique de la question de recherche, notamment à travers un travail de conceptualisation qui convoque les principales théories explicatives du phénomène étudié. Ensuite, dans le choix même des outils méthodologiques, il fait également recours à la théorie économique qui lui sert alors de guide dans la spécification du modèle économétrique et la sélection de méthodes d'estimations. Enfin, la rationalisation des résultats s'appuie sur la théorie. Les résultats empiriques obtenus doivent en effet être impérativement analysés du point de vue de leur portée théorique. Ces analyses font ressortir tout leur contenu et sens économique.

Le choix d'orienter cet ouvrage vers la recherche appliquée répond à plusieurs motivations. D'abord, il s'agit de l'approche la plus répandue de la recherche en Sciences économiques. Un seul article de recherche théorique qui offre une hypothèse testable peut donner droit à des dizaines, voire centaines, de tentatives de validation empirique.

Ensuite, la formation standard du chercheur semble plus mettre l'accent sur la manipulation des outils empiriques que des outils théoriques. Le jeune chercheur est ainsi plus porté vers les thématiques de recherche qui commandent l'usage de la modélisation empirique (économétrique par exemple) que celles dont l'analyse est purement théorique ou abstraite. Cette aisance relative à l'égard de la recherche empirique tient également au développement important des méthodes et outils quantitatifs et leur plus grande accessibilité conjuguée à leur convivialité d'une part, et la disponibilité croissante de données statistiques d'autre part. Au même moment, la recherche théorique requiert toujours le même effort intellectuel, voire plus.

Enfin, dans la perspective des politiques publiques, il existe une demande plus forte de produits de recherche qui soient plus en phase avec les spécificités contextuelles. Ils sont ainsi plus à même d'offrir un guide d'action que les résultats issus de la recherche théorique qui reposent principalement sur une série de conjectures dont la fidélité au contexte reste à démontrer. D'ailleurs, la modélisation théorique, de par sa nature simplificatrice et réductrice, n'a pas vocation à traduire toute la complexité des schémas institutionnels qui motivent les comportements. Ce qui réduit d'autant sa capacité explicative et prédictive. En confrontant ces résultats théoriques à la réalité (données) dans un cadre d'analyse qui intègre autant que possible tous les éléments caractéristiques du contexte d'étude, la recherche empirique offre des résultats pratiques dont peut s'inspirer en toute confiance l'action politique en quête d'efficacité.

En définitive, comme indiqué plus haut, c'est de la combinaison harmonieuse de ces deux pans de la recherche que ressortiront inéluctablement des éléments de guide efficace des mesures interventionnistes devant modifier les schémas incitatifs et les comportements dans le sens des objectifs économiques ou sociaux poursuivis.

Si la recherche appliquée dispose d'une large gamme d'outils analytiques, ce livre privilégie par endroit les méthodes statistiques et économétriques sur les approches de simulation reposant sur les modélisations en équilibre général ou partiel. Ce choix trouve son fondement dans la prédominance des premières, sans doute en raison de leur plus grande aisance de manipulation. Néanmoins, l'exposé détaillé de la recherche et de son contenu présenté dans cet ouvrage intéressera sans conteste tout chercheur, quelles que soient ses orientations et sensibilités analytiques.

À qui ce livre s'adresse-t-il ?

Cet ouvrage est destiné à un public relativement large. La première cible, dont la soif d'apprendre et de comprendre les rouages de la recherche est la motivation principale de ce travail, est constituée de chercheurs en début de carrière académique ou professionnelle et des étudiants déjà engagés, ou en phase de l'être, dans la recherche doctorale et en Master. La demande effective ou potentielle de savoir-faire est sans doute plus forte dans cette frange de la communauté scientifique. En ciblant en priorité cette audience, cet ouvrage se veut une contribution au nécessaire, voire urgent, renversement de tendance dans le paysage scientifique de nos universités. L'enseignement effectif et l'apprentissage de la recherche doivent être le kernel de la formation des chercheurs. Cette nécessaire refonte du curriculum devra conduire à l'émergence de réelles capacités de recherche et une masse critique de chercheurs décomplexés, à même d'entreprendre en toute autonomie une recherche de qualité autour des différents aspects de la problématique de maturation des structures économiques naissantes ou émergentes et de la marche des sociétés vers l'opulence.

L'ouvrage pourra bien entendu servir de référence à un cours ou un module de formation en méthodologie de recherche. Pour l'enseignant et formateur, il peut constituer un support pédagogique qui offre des éléments explicatifs additionnels et d'approfondissement qui accompagnent le curriculum. Pour l'étudiant et apprenant, cet ouvrage est une opportunité d'aller au-delà du cours qui souffre de limites ayant trait entre autres au volume horaire et à un cadre d'apprentissage le plus souvent orienté vers la validation de crédits ou la réussite aux évaluations. Si les notes de cours peuvent se perdre, cet ouvrage est appelé à s'inscrire dans un compagnonnage fidèle et durable.

Cet ouvrage s'adresse également à tous les autres chercheurs dans les universités ou centres et instituts de recherche, quel que soit leur niveau d'expérience. Ils trouveront dans les prochaines lignes des éléments de confirmation ou de précision de leur savoir-faire en la matière, ou pourront y découvrir des nouveautés. Toute autre personne intéressée au processus de production de connaissance dans cette discipline des sciences sociales ou qui est tout simplement fascinée par le travail du chercheur en Économie devrait sans conteste apprendre de cette contribution.

Plan du livre

Cet ouvrage est structuré en quatre chapitres. Le premier offre une description générale du processus de recherche. Les étapes bien distinctes qui le composent incluent (i) le choix du thème de recherche, (ii) la documentation littéraire qui permet de cerner le contour et la portée scientifique de la question de recherche, (iii) la convocation des outils appropriés de recherche et la production d'éléments devant constituer les bases de l'analyse, (iv) la rédaction du projet de recherche ou de l'article scientifique, (v) le partage organisé dans le cadre d'une stratégie de communication bien définie et (vi) la publication scientifique. Il n'est point avancé un quelconque caractère universel de cette structuration du processus de recherche, tant l'hétérogénéité des expériences individuelles de conduite de la recherche est grande. Tout au plus est-il mis en avant le caractère scientifique rigoureux d'une telle démarche.

Le deuxième chapitre constitue le cœur de cet ouvrage. Il est en conséquence relativement plus long. Il aborde les éléments constitutifs d'un travail de recherche dont le produit est soit le projet de recherche, soit l'article scientifique à publier. Ce dernier est envisagé comme la base de travaux de thèses de Master ou de Doctorat. Le chapitre passe en revue détaillée l'intitulé, le résumé (*abstract*), la problématique (problème et motivation/justification), les objectifs de recherche (général et spécifiques), les hypothèses de recherche, le cadre contextuel, la revue de la littérature, le cadre conceptuel, la méthodologie, les données et l'analyse exploratoire, les résultats définitifs ou attendus, la conclusion, ainsi que la bibliographie et les annexes. Certains de ces éléments se retrouvent uniquement dans le projet (résultats attendus) ou dans l'article définitif (résultats et conclusion), alors que d'autres sont présents dans les deux (le reste). En outre, si certains sont obligatoires en termes de subdivisons séparées (problématique ou résultats par exemple), d'autres peuvent êtres diffus dans le corps du texte (revue de la littérature ou analyse conceptuelle par exemple) ou tout simplement absent (résultats attendus).

Au-delà des éléments explicatifs des contenus, il est présenté des cas pratiques. Ils sont basés soit sur des projets de recherche qui ont été retenus dans le cadre de processus compétitifs de financement, soit sur des publications dans des revues scientifiques. Cette alliance des explications (théoriques) et des illustrations pratiques devrait permettre au lecteur de mieux apprécier les points abordés dans cet ouvrage.

Les éléments de style sont également abordés dans ce chapitre. Une question de recherche pertinente et un maniement harmonieux d'outils empiriques adéquats perdraient tout leur attrait si l'auteur n'apportait pas le soin nécessaire pour élever le style ou la forme à la même hauteur. La qualité de la substance scientifique du travail du point de vue de son originalité ou de sa valeur ajoutée devrait trouver son équivalent dans le style et la forme générale : à fonds scientifique appréciable, forme rédactionnelle appréciable. Si la recherche est un art, la beauté de l'œuvre finale s'apprécie à la clarté du langage, au plaisir délictuel de sa lecture né de la grâce et du raffinement du style recherché, ou encore à l'harmonie de ses formes structurelles.

Le troisième chapitre porte sur la communication scientifique. Les résultats de la recherche doivent être portés à la connaissance aussi bien de la communauté scientifique que de la sphère décisionnelle des politiques et autres acteurs intéressés, voire du public général. Le chapitre présente les bases d'une communication effective qui véhicule tout le message de la recherche et génère un impact réel non seulement sur les décisions politiques et les débats sociétaux, mais également sur le vécu des citoyens et la marche de l'économie. Les outils de communication écrite sont passés en revue, avec un exposé détaillé du *policy brief*. La communication orale est également abordée, notamment les supports qui accompagnent une présentation lors de séminaires ou colloques et les techniques qui font de l'exercice un véritable art oratoire. Dans les deux cas, la double approche d'exposé détaillé des éléments constitutifs et d'illustrations à l'aide d'exemples est également adoptée.

Le quatrième chapitre aborde la problématique du financement de la recherche. De plus en plus, la conduite de la recherche requiert des moyens qui sont pour l'essentiel hors de portée du chercheur isolé. La contribution financière externe, de par son volume, est alors très appréciée et rend la recherche à la fois possible et à rendement potentiel plus élevé. Encore faudrait-il connaître les opportunités existantes et réussir à les capter. Il est heureux de constater la multiplication des initiatives de soutien financier (et technique) de la recherche, en particulier à destination des chercheurs qui résident dans les pays en développement. Ce chapitre liste quelques-unes de ces initiatives et offre des considérations générales sur ce qui fait d'une part l'efficacité de certains chercheurs à capter des financements conséquents et d'autre part l'échec répété d'autres, au-delà de la chance et à la lumière des attentes et exigences des bailleurs et de l'expérience.

Le livre termine sur un plaidoyer pour l'émergence d'une véritable communauté scientifique capable de relever avec succès les défis formidables nés de l'urgence de la transformation des économies qui délivrera l'opulence aux populations. Un appel est lancé pour (i) mieux gérer et administrer la recherche et les institutions de recherche, (ii) faire de la recherche un pilier central des institutions de recherche, et des institutions de recherche de véritables espaces d'expression et de développement de talents de recherche et (iii) engager la nécessaire refonte du curriculum de formation à la recherche.

Après avoir parcouru les pages de cet ouvrage, nul doute que le lecteur se sera familiarisé avec la pratique de la recherche économique, de sa conception à son déroulement et à la valorisation scientifique et politique de son produit final.

CHAPITRE 1

LES ÉTAPES DU PROCESSUS DE RECHERCHE ÉCONOMIQUE

L'objet de la science est de connaître la vérité ; son occupation, de la chercher ; son caractère, de l'aimer ; les moyens de l'acquérir sont de renoncer aux passions, de fuir la dissipation et l'oisiveté.

Jean-Jacques Rousseau

Le schéma procédural de l'activité de recherche implique que cette dernière se décline en phases bien distinctes. Il peut être distingué six étapes dans la conduite de la recherche. Tout commence avec le choix du thème et de la question de recherche. Ensuite l'exploration de la littérature, éventuellement couplée à un examen du profil contextuel, permet de délimiter les contours du thème et d'apprécier la portée de la question de recherche, grâce à un positionnement clair du travail envisagé dans le corpus de connaissances existantes et une précision des enjeux pour la politique économique et sociale.

Puis les outils de recherche ou inputs, en particulier les approches analytiques, sont convoqués à partir d'une définition bien précise qui renseigne sur leur adéquation aux objectifs de recherche et d'une organisation clairement établie. C'est alors que le processus de production réelle est lancé avec le maniement des outils d'une part et la rédaction d'autre part. Enfin, les fruits du travail sont partagés avec les pairs ou tout autre public intéressé par le biais de la communication et de la publication scientifique. Le schéma ci-dessous offre une illustration de ce processus. Il met en avant le caractère souvent circulaire de la recherche : un travail qui s'achève offre des perspectives de recherche à un travail futur. Ce nouveau cycle qui prend le relai du dernier peut par exemple construire à partir des limites de la recherche antérieure et offrir un dépassement, ou encore élargir le champ d'analyse en abordant des aspects additionnels du problème de recherche.

La forme harmonieuse du schéma ne devrait toutefois pas porter à croire que la trajectoire de la recherche est aussi circulaire ou linéaire ou fluide. Elle est bien à géométrie variable, et la progression est le plus souvent rythmée par des spasmes, des arrêts, des retours en arrière ou encore des raccourcis qui effacent des étapes intermédiaires. Cette trajectoire non linéaire est révélatrice du caractère organique, et non industriel, du processus de recherche qui s'accommode bien à la diversité des talents créatifs individuels.

Graphique 1 : Les étapes du processus de la recherche

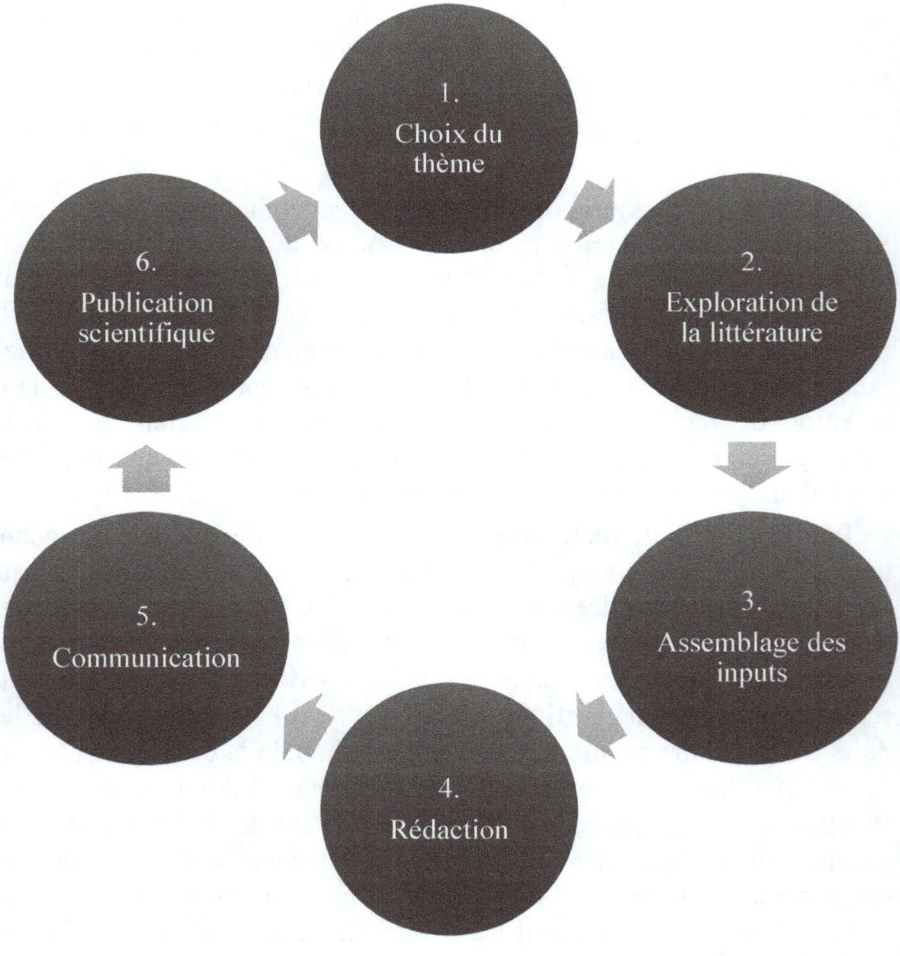

Source : Auteur

1. Le choix du thème de recherche

Cette première phase est parmi les plus critiques de l'activité de recherche. Bien réussie, elle donne lieu à l'identification d'un champ de recherche actif et très porteur. Elle embarque le chercheur dans une expérience qui, à plusieurs égards, peut être assimilée à un voyage plein de suspens. Ce voyage peut être très mouvementé, tant la trajectoire n'est jamais linéaire, encore moins prévisible. Au fur et à mesure que le processus se déploie, la destination finale se précise, à savoir un output à contenu scientifique et politique appréciable. À l'inverse, mal entreprise, cette étape peut précipiter le chercheur vers des voies sans issues ou un produit final de piètre qualité.

Le choix du thème devrait ainsi être opéré sur la base de critères rigoureux qui, pour l'essentiel, fondent la qualité scientifique du travail de recherche et éventuellement sa portée politique indéniable. Guidé par ces critères éprouvés, le chercheur pourra alors envisager différentes sources d'inspiration dans sa quête d'un thème de recherche qui soit pertinent.

a. Critères de choix

Si l'on part du principe général que le thème de recherche et la question de recherche subséquente doivent être pertinents, faisables et éventuellement répondre à des besoins de rentabilité plus tard dans la carrière professionnelle, il vient alors trois critères à mettre en avant dans le choix : la pertinence, la faisabilité et l'orientation professionnelle.

Critère de pertinence scientifique et politique

La pertinence est le fondement de l'intérêt porté au thème ou à la question de recherche. Elle peut être abordée du point de vue scientifique ou politique (ou des deux à la fois). La pertinence scientifique renseigne sur la contribution du travail envisagé à la littérature existante. Cette contribution peut consister à combler un gap de connaissance. Elle peut aussi porter sur l'élargissement de la portée d'un résultat généralement admis dans la littérature, précisant ainsi la délimitation de la frontière entre la connaissance et l'ignorance : on connaît mieux, on ignore mieux également. Elle peut également orienter la recherche hors des sentiers battus et ouvrir ainsi une nouvelle brèche dans le champ disciplinaire, avec par exemple la proposition d'un cadre théorique tout neuf ou un résultat négatif qui donne lieu à une remise à plat des certitudes passées.

La pertinence vue sous l'angle politique suggère que les produits de la recherche constitueront des éléments devant satisfaire une demande réelle de la part des responsables de la politique économique ou sociale, ou encore contribuer à un débat à contenu politique important. Les tentatives de validation empirique des théories économiques reposent pour l'essentiel sur des contextes particuliers, à tel point que la portée des résultats empiriques est limitée par la diversité des profils contextuels. Il serait intéressant du point de vue de la politique qui envisage des moyens d'action de comprendre l'applicabilité des résultats obtenus ailleurs à son contexte spécifique. Après démonstration du caractère contextuel des résultats de départ d'une part, et de la particularité du contexte envisagé qui pourrait laisser raisonnablement penser à des différences significatives d'autre part, la recherche pourrait alors offrir des réponses précises aux politiques dans le sens d'une efficacité réelle des mesures interventionnistes.

En répondant à ce besoin de la sphère politique, la recherche démontre toute sa pertinence politique. Cette seconde dimension de la pertinence est le propre de la recherche appliquée ou recherche-action, car fondée sur des questionnements nés du contexte économique ou social et dont les résultats ou réponses peuvent directement servir d'inputs aux politiques publiques.

Critère de faisabilité statistique, opérationnelle, ou financière

En plus de la pertinence, la recherche doit être réalisable. Le critère de faisabilité du thème de recherche renvoie d'une part à la disponibilité des outils de recherche ou inputs et d'autre part à leur accès, tous deux rendant possible l'activité de production scientifique. Dans le cas d'une recherche empirique, la faisabilité est d'abord statistique ou informationnelle. Sans données de qualité appréciable, il est en effet impossible d'entreprendre la recherche. Le chercheur doit donc impérativement s'assurer dès le départ que les données existent et chercher à les obtenir avant de se lancer dans le travail.

Si les données n'existent pas encore, mais le seront dans un délai couvert par l'horizon temporel de la recherche, le chercheur devrait alors en être certain, après appréciation rigoureuse des aléas qui pourraient survenir. Dans le même ordre d'idée, s'il est envisagé des enquêtes ultérieures, la compatibilité de leur timing et du calendrier de recherche doit être garantie. En outre, le chercheur devrait s'assurer que ses besoins d'information statistique sont entièrement et précisément pris en charge par les questionnaires.

La faisabilité peut être d'ordre technique ou opérationnel. Le chercheur doit avoir une maîtrise (quasi-)parfaite de l'approche méthodologique envisagée pour répondre à la question de recherche. Un raccourci fréquent, suggestif d'un choix de facilité, est de faire appel à un tiers auquel il est demandé de prendre en charge la partie correspondante du travail de recherche. Le risque n'en est que très grand. Cette tierce personne ne sera pas comptable devant un jury ou un *referee* chargé d'apprécier le travail. Si le chercheur est appelé à exposer ou défendre le travail, il est facile d'imaginer son embarras face à l'impossibilité de pouvoir se défendre. En outre, ce concours externe a également un relent de plagiat, car le plus souvent, il n'est pas reconnu explicitement cette contribution précise, le chercheur faisant ainsi croire qu'il en est l'auteur.

Un risque additionnel est lié à la défaillance de cette tierce personne qui, à tout moment, peut interrompre sa collaboration, contribuant ainsi à stopper net le processus de recherche. S'approprier le contenu entier de son travail doit être de mise, et au besoin, reconnaitre explicitement les contributions externes dont la portée ne devrait pas aller trop loin.

En règle générale, il est souhaitable d'éviter des approches analytiques dont on n'a pas une réelle maîtrise, ou que l'on ne pourrait maîtriser dans les délais de la recherche. Que dire d'un chasseur qui part à la chasse avec un fusil qu'il ne sait pas manipuler ? Juste qu'il n'est pas avisé, pour dire le moins. Il faudrait plutôt opter pour des approches méthodologiques alternatives qui sont à sa portée, dès lors qu'elles sont appropriées. Si toutefois, en raison de leur caractère plus approprié, le choix est porté sur des approches dont le chercheur n'a pas une réelle maîtrise, il devra alors envisager un investissement relativement lourd dans l'apprentissage qui tient compte des contraintes d'ordre humain, temporel ou encore financier, ou encore faire du collaborateur un co-auteur direct de la recherche.

La troisième dimension de la faisabilité de recherche est financière. Les moyens techniques à déployer (par exemple un logiciel à acquérir ou un savoir-faire à développer par le biais d'une formation), les données statistiques à utiliser (issues par exemple de protocole expérimental, d'enquêtes de terrain ou de sources payantes), ou encore les références à consulter peuvent requérir des moyens financiers. Ces derniers peuvent être considérables et le plus souvent hors de portée du chercheur isolé. Faute de pouvoir disposer de concours externes, le thème n'est alors pas faisable. Là encore, le chercheur devrait identifier ses besoins et les contraintes auxquelles il fait face. Devant l'impossibilité de pouvoir disposer des moyens qui conditionnent la faisabilité de la recherche, il peut alors être plus judicieux d'envisager des thèmes de recherche moins demandants, quitte à revenir sur le thème initial dans l'avenir.

Critère d'orientation professionnelle

Outre les critères de pertinence et de faisabilité, le choix du thème de recherche peut être guidé par des considérations de rentabilisation future sur le marché du travail. Le produit de la recherche est en effet le meilleur outil de recherche d'emploi ou d'opportunités de carrière. Pour un doctorant, sa thèse est le principal outil de valorisation sur le marché. C'est à ce titre que l'*American Economic Association*, en marge de sa conférence annuelle, organise un forum de l'emploi (*Job Openings for Economists* – JOE). Des doctorants, souvent préparés pour l'occasion dans leurs départements d'affiliation, viennent avec un article de leur thèse (*job market paper*) qu'ils vont présenter devant une assistance composée, entre autres, d'employeurs potentiels tels que les universités à la recherche de professeurs, ou des institutions de recherche, gouvernements ou autres organisations à la recherche d'économistes. D'autres chercheurs, économistes ou universitaires viennent également, munis de produits de recherche pour décrocher un emploi.

Dans cette perspective de valorisation sur le marché du travail, le chercheur porte son choix sur un thème lié au segment du marché du travail ciblé. Par exemple, s'il veut travailler dans une unité de recherche orientée vers l'agriculture, il choisit alors un thème sur l'agriculture. Ce choix ne le prédisposera pas par contre à un emploi futur dans le domaine de la santé, ce dernier étant plus porté vers le chercheur ayant travaillé sur l'économie du tabac ou la problématique de l'efficacité de dépenses publiques de santé par exemple. Le contenu et la qualité de la recherche dans le champ ciblé sont ainsi les principaux éléments qui fondent l'attractivité du chercheur aux yeux des employeurs. Ils constituent en effet les véritables révélateurs de la profondeur de son expertise dans le domaine et de l'étendue de ses capacités scientifiques à mener des analyses rigoureuses dans un contexte où le signalement joue un rôle important face à l'asymétrie d'information qui peut conduire au risque de choix du mauvais candidat.

Il va sans dire que ces trois critères qui fondent le choix ne sont nullement mutuellement exclusifs. Un thème ou une question de recherche peut à la fois être pertinent du point de vue scientifique et politique, faisable du point de vue statistique, technique ou financier, et également être en mesure de servir les intérêts professionnels du chercheur. La recherche d'une combinaison harmonieuse de ces trois critères devrait guider le chercheur à la recherche d'un thème de recherche.

b. Éléments d'inspiration

Guidé par ces critères, le chercheur peut à présent se lancer dans la recherche d'un thème. Comment trouver un bon thème, c'est-à-dire à la fois pertinent, faisable et éventuellement générateur d'opportunités sur le marché du travail ? Chacun y va de sa propre stratégie qui est le plus souvent le fruit de son expérience relativement singulière. Il peut néanmoins être mis en avant différentes sources qui inspirent plus d'un chercheur.

La recherche source de la recherche

La recherche se nourrit de la recherche. Les produits de la recherche passée ou en cours peuvent offrir des perspectives nouvelles de recherche. Si le chercheur est lui-même déjà bien impliqué dans la recherche, alors les produits de sa propre recherche lui ouvrent la voie vers d'autres questions similaires. Il peut ainsi vouloir approfondir certains aspects d'une publication passée. Ce nouveau travail peut consister à transposer le cadre analytique à un cadre contextuel suffisamment différent. En testant la portée des résultats antérieurs, la recherche envisagée pourrait offrir des éléments d'appréciation de leur robustesse ou de leur sensibilité aux paramètres indicatifs du schéma institutionnel. La nouveauté du contexte peut juste être la disponibilité de nouvelles données, et dans la mesure où ces dernières sont plus représentatives du profil contemporain du cadre d'analyse, alors la nouvelle recherche peut aboutir à des résultats actualisés qui confirment ou infirment les précédents. Si l'actualisation des résultats peut en soi être digne d'intérêt (politique et scientifique), la nouvelle recherche ne manquera pas, dès l'entame, d'indiquer en quoi ces nouvelles informations statistiques pourraient potentiellement bouleverser les fondements des résultats précédents et éventuellement conduire à leur remise en cause (ou à leur robustesse).

Si le chercheur se fonde sur sa recherche passée ou en cours, l'étudiant qui envisage par exemple une thèse de Doctorat peut bâtir à partir de ses recherches de thèse de Master. Il peut par exemple explorer d'autres dimensions de la problématique de départ ou élargir le champ analytique à un cadre contextuel plus riche et des approches méthodologiques plus éprouvées. L'avantage de cette continuation repose essentiellement sur un stock existant de connaissances qui offre un bon point de départ au doctorant et qui pourrait bien faire la différence, surtout lorsque le temps est une réelle contrainte. Le travail initial lors du Master donne ainsi la juste impression d'avoir entamé les recherches doctorales plusieurs mois à l'avance. Ce crédit additionnel de temps et d'expertise donne toutes les raisons de penser que le travail final sera de qualité supérieure, comparé à celui qui aura démarré au point « zéro ».

La lecture et la documentation bibliographique

La lecture est une autre source d'inspiration dans la recherche de thèmes. En parcourant des articles scientifiques ou des manuels sur une thématique d'intérêt, le lecteur peut ainsi croiser des thèmes de réflexion qu'il voudra bien approfondir par la recherche. Les productions scientifiques les plus récentes et issues de revues relativement spécialisées devraient être privilégiées. Elles offrent la garantie de tomber sur des questions dignes d'intérêt scientifique, car constituant pour l'essentiel la frontière de la connaissance. Si les publications relativement vieilles peuvent offrir les fondements de l'orientation actuelle de la recherche courante, elles ne sauraient, pour la plupart d'entre elles, orienter vers des champs de recherche actifs.

Une attention particulière doit également être portée à une partie spécifique de ces articles scientifiques, à savoir la conclusion. En offrant les perspectives de recherche future sur la base des limites du travail, ce dernier ouvre ainsi des pistes qui permettront au chercheur de contribuer significativement à la recherche future. C'est à l'image d'un coureur de relai qui, arrivé au bout du segment de piste (conclusion), passe le témoin aux autres chercheurs. Le risque de se focaliser sur des publications moins récentes est que le témoin qu'on y retrouve soit déjà saisi par d'autres chercheurs et que les perspectives ouvertes puissent avoir déjà perdu leur attrait scientifique, tant la recherche les aura sans doute déjà explorées et épuisées, les vidant ainsi de leur contenu jadis fort intéressant.

Les cours et séminaires de formation

Les enseignements offrent à profusion des idées et pistes de recherche face auxquelles on ne peut qu'avoir l'embarras du choix. Cela suppose qu'ils soient orientés vers la recherche, comme il doit être impérativement le cas dans les programmes de Master ou de Doctorat. Ils offrent alors un exposé détaillé des frontières de la connaissance économique dans le domaine en question, en plus bien entendu des travaux précédents qui devraient permettre de mieux apprécier la trajectoire d'accumulation historique de connaissances. En présentant les champs contemporains de recherche, à travers ce qui est déjà connu et ce qui ne l'est pas encore, d'une part, et en encourageant des exercices d'évaluation critique des derniers développements théoriques et empiriques d'autre part, les cours ou séminaires pourront ainsi positionner le futur chercheur sur d'importantes pistes de recherche.

Un chercheur qui, à la fin des modules et sur le point de démarrer une recherche (par exemple thèse de Master ou de Doctorat), ne dispose point d'un thème sur lequel travailler est la personnification même de l'échec des programmes de formation avancés. L'orientation de recherche de ces derniers les différencie des programmes de formation initiale en niveau licence par exemple, car l'étudiant n'est point le même. Il aura atteint un niveau de maturité intellectuelle suffisamment élevé (en théorie) lorsqu'il arrive au Master ou au Doctorat pour que les approches pédagogiques et le contenu des curriculums s'y adaptent. Des schémas interactifs devraient être privilégiés aux approches pédagogiques unidirectionnelles. Le cadre général d'apprentissage devrait aussi faire plus de place au sens de l'initiative, de l'innovation et de la critique des apprenants qui deviennent acteurs de leurs propres destins.

Les interactions avec des chercheurs ou des responsables politiques

Échanger avec des chercheurs peut également ouvrir la voie à de nouvelles pistes de recherche. Cet échange peut avoir lieu de façon informelle (conversations directes ou par messagerie électronique par exemple), ou par le biais de rencontres scientifiques (séminaires, conférences ou colloques par exemple). Il peut être directement demandé au collègue chercheur les questions sur lesquelles il travaille, ou encore les questions sur lesquelles planche la recherche courante.

Lors de rencontres scientifiques, les multiples présentations ou communications portant sur les travaux en cours peuvent également donner lieu à des idées de recherche. En ciblant les évènements majeurs d'intérêt scientifique reconnus de tous, le chercheur peut tomber sur les questions à la pointe de la recherche actuelle. Le choix judicieux des évènements scientifiques devenus très nombreux devrait privilégier les rencontres relativement spécialisées qui garantissent la participation de chercheurs réputés et des contributions avant-gardistes. Prendre part aux sessions de présentations, échanger avec les auteurs sur leurs champs de recherche, chercher à savoir plus sur les questions connexes et continuer le dialogue à travers un contact à maintenir peuvent brancher le chercheur sur ce réseau de recherche avancée dont il pourra tirer tous les avantages en termes d'inspiration pour sa propre recherche.

L'interaction peut aller au-delà du champ scientifique pour inclure la sphère politique. C'est généralement le cas pour une recherche qui se veut appliquée. Échanger avec les décideurs confrontés à la réalité des problèmes économiques et sociaux auxquels ils essaient de répondre par des mesures spécifiques peut offrir matières à recherche au chercheur. Ce dernier peut ainsi s'approprier les besoins d'évidence empirique des décideurs et leur servir, à partir des résultats de la recherche, des éléments de guide d'action informée et efficace. Ce recours à la sphère politique constitue un pilier fondateur de la pertinence de la recherche envisagée, dans sa dimension politique ou pratique.

Suggestions de thèmes de recherche

Il peut également arriver que le chercheur se voie proposer ou suggérer des thèmes de recherche. C'est le cas lorsqu'un chercheur chevronné indique explicitement qu'un thème donné est digne d'intérêt scientifique, et il est possible qu'il soit lui-même activement impliqué dans des travaux en cours sur la question, ou qu'il ait déjà à son actif diverses publications axées sur le thème. Ce qui renforce d'autant le caractère scientifique de ses suggestions.

Cependant, certaines orientations suggérées au chercheur sont de portée très limitée et devraient être considérées comme telles. Beaucoup de candidats aux recherches diplômantes (thèse de Master ou de Doctorat) en ont sans doute fait l'expérience. Les potentiels superviseurs dans les institutions de recherche académiques ou professionnelles qu'ils approchent peuvent alors les réorienter vers des thèmes issus par exemple de travaux de consultance et qui peuvent sortir de leurs champs d'intérêt personnel (nés de leur parcours d'études ou de leur passion réelle). Le bénéfice de décrocher un encadrement ou une opportunité professionnelle devrait toutefois être pondéré par le risque d'entreprendre un travail à contenu scientifique maigre qu'il faudra de surcroît réaliser en l'absence de l'aiguillon de la passion et de l'intérêt personnel, le tout dans un cadre le plus souvent contraignant. En outre, le chercheur devra le plus souvent se conformer à un calendrier externe calqué sur les échéances d'un projet de consultance plus vaste, ce qui pourrait entamer le déroulement de son travail. Tout ceci est indicatif d'un faisceau de précautions qui doit amener le chercheur à identifier les sources utiles et crédibles de suggestions d'une part, et à pouvoir décliner une offre inopportune.

Les programmes de réseaux ou institutions de recherche

Le chercheur peut aussi s'inspirer des activités scientifiques de réseaux ou d'instituts ou centres de recherche pour développer des thèmes intéressants. À partir de leur longue expérience de recherche, ces structures sont généralement à l'avant-garde de la recherche. Pour les plus performants d'entre eux, voire les plus populaires, les thèmes de recherche auxquels ils s'intéressent sont indéniablement d'une réelle valeur ajoutée scientifique et, le plus souvent, d'un réel intérêt pour la politique. Les fonds de recherche qu'ils mobilisent proviennent souvent de bailleurs soucieux de l'utilité politique des produits de la recherche, car devant guider des actions publiques précises.

Les programmes de recherche développés par ces institutions, axés pour l'essentiel sur des thématiques liées aux développements économique et social, sont vendus aux bailleurs potentiels. Ces derniers sont généralement des organismes publics des pays développés en charge de la coopération ou de la charité internationale. Il s'agit d'un vrai business en plein boom et dont la rentabilité se mesure à la hauteur des institutions publiques accompagnatrices et des ressources financières subséquentes, d'une part, et du pool de chercheurs promoteurs impliqués d'autre part. Une fois les fonds mobilisés, les institutions se tournent alors vers des chercheurs, souvent basés dans les pays en développement, et qui devront répondre à des appels à propositions de recherche (*call for proposals*). Dans ce schéma d'affaires, tout le monde semble y gagner : le chercheur aura abordé un thème de recherche fort utile et produit un travail scientifique qui aura bénéficié d'un encadrement technique et d'un soutien financier importants ; les chercheurs-entrepreneurs auront rentabilisé leurs projets d'affaires scientifiques ; et les bailleurs auront disposé d'outils scientifiques qui serviront de plaidoyer dans leurs partenariats avec les gouvernements des pays cibles.

La disponibilité et la manipulation de bases de données

L'exploration de bases de données statistiques peut également donner des idées de recherche. Elles fournissent des informations dont le niveau de pertinence et de détail peut en effet soulever bien des questions. Si ces informations sont collectées pour la première fois, alors le caractère novateur qui est reconnu comme tel peut inviter à un questionnement qui peut déboucher sur une recherche à valeur ajoutée réelle. Il se peut par exemple que l'indisponibilité de données ait longtemps rendu impossible l'analyse empirique du thème dans le contexte en question. Dès lors que les données deviennent disponibles et accessibles, il peut alors être envisagé diverses analyses qui pourraient s'interroger sur la portée des résultats antérieurs.

En outre, « jouer » avec des variables en procédant à diverses analyses statistiques ou économétriques peut conduire à des découvertes fortuites de résultats contre-intuitifs, au regard de la littérature existante. C'est à l'image du chimiste ou du biologiste qui tombe par hasard sur des résultats après mise en réaction non prédéterminée de produits donnés ou après confrontation accidentelle d'un agent pathogène à une solution chimique donnée. Si cette exploration statistique et économétrique des données est souvent guidée par la théorie économique dans le choix des relations à tester et donc des variables, elle peut également être *ad hoc* (sans référence à une théorie existante). Dans ce cas, le processus normal de recherche est à reconstituer, en cherchant à lier ce résultat fortuit à un corps littéraire. Ce résultat servira alors de fondement de la valeur ajoutée d'un travail de recherche à envisager, même si ce processus à rebours semble peu conventionnel (la question de recherche précédant généralement la tentative de réponse empirique).

L'actualité médiatique

Les médias (presse, radio, télévision, etc.) sont une source additionnelle d'inspiration pour le chercheur. Ils renseignent sur les principales préoccupations et orientations de la politique. Ils indiquent également les contenus et tournures des débats courants de société. En choisissant des thèmes axés sur ces préoccupations et contenus, le chercheur s'assure ainsi de la pertinence politique de sa recherche et de son utilité sociale.

Le produit de son travail pourra répondre directement à une demande politique réelle. Il peut ainsi offrir une base rigoureuse (scientifique) d'élaboration de politiques publiques, ou être versé dans les débats publics ou sociétaux qui s'enrichiront ainsi de cette contribution dont l'originalité et l'unicité tiennent de son objectivité et de sa profondeur.

Toutefois, la pertinence politique ne suffit pas toujours pour faire du thème envisagé une recherche digne d'intérêt scientifique. Tout d'abord, il se peut que le sujet d'intérêt politique ou social ait déjà fait l'objet d'une littérature très vaste qui a offert des éléments de réponses aux questions posées. Entreprendre une recherche pour redécouvrir ces résultats ne serait pas digne d'intérêt scientifique, à moins que des aspects précis du profil contextuel ne laissent présager une possible relecture de ces résultats (ce qui devrait alors être démontré dès l'entame de la recherche).

2. LA LECTURE ET LA DOCUMENTATION BIBLIOGRAPHIQUE

Une fois le thème identifié et bien circonscrit et la question de recherche clairement formulée, le chercheur s'évertue alors à préciser les contours littéraires. La recherche économique est une activité continue et à temps réel. Dans tous les domaines de recherche, il y a à tout instant des centaines, voire des milliers de chercheurs qui planchent sur des questions données, et les produits de leur recherche donnent lieu à des flux ininterrompus et croissants de publications dans des revues dont le nombre ne cesse non plus d'augmenter.

C'est ainsi que tout thème de recherche envisagé bénéficie déjà d'un stock important de connaissances. Cette phase de documentation consiste à prendre connaissance de ce qui a été fait dans le domaine et ce qui n'a pas été fait. En positionnant le travail envisagé dans la littérature existante pertinente, cette étape de la recherche permet de bâtir une valeur ajoutée grâce à une contribution scientifique bien claire. Par exemple, s'il indique qu'un aspect particulier du thème n'a point été envisagé dans la littérature, ou que cette dernière a privilégié une approche donnée qui souffre de diverses limites, il laisse alors entendre qu'il a une bonne maîtrise de la littérature. Cette maîtrise prend sa source dans l'exploration exhaustive de publications récentes et anciennes qui permet d'apprécier réellement l'aspect novateur du travail. Il est facile d'imaginer l'embarras du chercheur qui, au bout du processus, tombe sur une publication qui invalide les fondements de ce qui semblait faire la valeur ajoutée de sa recherche qui n'a alors rien de novateur. La difficulté d'être exhaustif conduit souvent à la conditionnalité de l'affirmation du chercheur, souvent exprimée à travers la formule « à notre connaissance… ». Le chercheur exprime ainsi sa modestie et la relativité de sa contribution face à la littérature très abondante aux contours le plus souvent méconnaissables.

Certaines publications découvertes tout au long du processus de recherche peuvent conduire à reformuler la question de recherche ou encore à repréciser la portée novatrice du travail. La facilité avec laquelle cette réorientation peut être faite dépend en partie de l'état d'avancement du travail. S'il est à l'étape finale de sa recherche, le chercheur peut alors être amené à rejeter ou élaguer un pan important de son travail, voire à reprendre la recherche en profondeur. Le cas échéant, il est facile d'imaginer la frustration qui se substitue à l'excitation du chercheur qui aura abattu un travail colossal et à qui il sera indiqué, après présentation lors d'une rencontre scientifique, que les aspects supposés novateurs ne le sont point.

Il est dès lors important, voire crucial, d'accorder tout le soin nécessaire à cette partie, en se donnant le temps de lire autant de publications que possible dès l'entame du processus de recherche. Le degré de connaissance de la littérature est indicatif de la familiarité du chercheur avec le domaine et la profondeur de son expertise qui sont autant de gages de qualité du produit final.

Les publications les plus récentes doivent être privilégiées. Il s'agit de celles sorties durant l'année en cours, ou les deux années précédentes. Elles renseignent le mieux sur la frontière des connaissances ou pistes de recherche actives. Néanmoins, les publications moins récentes peuvent tout aussi présenter un intérêt réel, bien que moindre. Elles permettent par exemple de s'assurer que la question envisagée, absente de la littérature plus récente, a bel et bien été épuisée par la littérature antérieure. Le travail n'ira alors pas chercher à ramener à la vie une problématique dépassée car déjà résolue. En outre, examiner la littérature moins récente peut offrir une perspective évolutive de la production scientifique qui est alors comprise comme un processus d'accumulation de connaissance. Il permet de comprendre les fondements traditionnels de la base de connaissances actuelles.

Si au départ du processus de recherche le thème semblait relativement vaste et vague, cette phase d'exploration de la littérature aura permis de mieux cerner toutes les dimensions de la question de recherche. Elle aura en effet permis une meilleure précision de la portée du thème, de la contribution littéraire ou valeur ajoutée, ainsi que des concepts de base. Elle aura également permis de baliser la trajectoire de recherche, en indiquant les cadres d'analyse théorique et empirique à partir desquels le chercheur pourra définir son protocole de travail.

Cet effort d'exploration de la littérature qui ramène un thème au départ vaste, vague et imprécis à une question de recherche suffisamment claire, précise et bien circonscrite est souvent qualifié de *narrow-down*, ou rétrécissement du champ d'analyse grâce à une meilleure délimitation. C'est aussi le principe de l'entonnoir qui consiste à écarter les aspects superflus qui embrouillent la question de recherche et ne retenir que les éléments dont la mise en cohérence permet au chercheur d'être plus précis et plus clair.

Par exemple, le chercheur voudra aborder l'impact d'une amélioration de la qualité des infrastructures commerciales sur la performance commerciale d'un pays. Après une lecture des contributions scientifiques, il aura une idée plus précise de ce qu'il veut faire, comment il veut le faire, et en quoi c'est intéressant. Il aura ainsi indiqué le niveau d'analyse (échelle micro des entreprises plutôt que macro), les indicateurs de performance commerciale (participation aux marchés d'exportations et d'importations d'une part, et intensité des échanges d'autre part), les mesures de la qualité des infrastructures dites *soft* (délai dans les procédures, nombre de documents requis, etc.) et *hard* (qualité perçue par les opérateurs économiques des ports ou aéroports, etc.), les sources de données statistiques les plus couramment utilisées, ainsi que les approches empiriques adaptées et les références théoriques de base. Il pourra ainsi en toute confiance procéder aux étapes suivantes, la trajectoire étant bien balisée.

3. L'ASSEMBLAGE DES INPUTS

Comme tout processus de production qui repose sur une technologie donnée dans ses deux composantes (technique et mode d'organisation), la production scientifique requiert d'une part des inputs ou outils d'analyse et d'autre part une précision de leur usage suivant un schéma organisationnel bien précis. L'adéquation des outils de recherche et l'efficacité dans leur usage déterminent en grande partie la qualité finale de l'output de la recherche.

Le travail d'exploration littéraire, étape décrite précédemment, aura permis une identification claire de tous les ingrédients qui rentrent dans le processus. Ces outils sont de deux ordres. Les premiers sont les références bibliographiques, aussi bien théoriques qu'empiriques. C'est à ce niveau que se manifeste tout le sens de l'affirmation qui veut que la recherche se nourrisse de la recherche. La recherche antérieure ou en cours, en plus de servir de point de départ pour le chercheur, offre différents éléments qui définissent la portée scientifique du travail. Du point de vue théorique, la littérature offre d'abord une base de conceptualisation de la question de recherche qui permet de dresser le profil du comportement auquel on est en droit de s'attendre. Si le travail envisage d'aller loin dans cet effort de conceptualisation, en proposant par exemple un nouveau cadre théorique, alors la littérature théorique existante offrira des ingrédients essentiels à son élaboration. En outre, cette littérature peut et doit servir de guide dans le choix de l'approche méthodologique, en particulier la forme fonctionnelle à considérer ou l'éventail d'estimateurs permissibles. Enfin, elle permet de rationaliser les résultats empiriques obtenus, en indiquant leur contenu et portée économiques.

La littérature empirique est suggestive d'approches analytiques d'une part, et de la nature et des sources d'information statistique d'autre part. En général, le chercheur aura à utiliser des approches statistiques ou économétriques éprouvées dans la littérature qui a abordé une question de recherche similaire. La littérature empirique va ainsi révéler ces approches, à quoi elles consistent, ce qui les différencie les unes des autres, en quoi l'une des approches serait mieux appropriée dans le contexte de la recherche envisagée que les autres. Il s'agit de découvrir la roue et non la réinventer.

Il est toutefois possible que la contribution du travail de recherche puisse être d'ordre empirique, en particulier le développement d'une toute nouvelle approche. Le cas échéant, le chercheur ne peut faire l'économie d'une discussion de la littéraire empirique existante qui révèlera les limites des approches antérieures qui offrent les bases d'un dépassement.

Outre les approches statistiques et économétriques, l'approche empirique peut consister en une modélisation qui combine des équations structurelles dont la résolution des formes réduites nécessite de recourir à des approches relativement plus avancées. C'est le cas par exemple des modèles dit d'équilibre général ou d'équilibre partiel ou des variantes moins sophistiquées.

Dans tous les cas, le choix définitif de l'approche devra impérativement être justifié, surtout lorsqu'il existe des approches concurrentes. Par exemple, en modélisant les flux commerciaux bilatéraux dans le cadre du modèle de gravité, plusieurs techniques d'estimation peuvent être envisagées. Pourquoi pas la méthode des moindres carrés ordinaires (ou une des variantes de généralisation) dans le cadre du modèle linéaire général ? Pourquoi alors un modèle de sélection ? Pourquoi pas le processus de Poisson ou encore le modèle basé sur la distribution binomiale négative ? Si une de ces approches est choisie, pourquoi jeter son dévolu sur une variante donnée à l'exclusion de toutes les autres ?

Le choix opéré ne saurait être question de goût ou de besoin de démontrer une quelconque expertise, encore moins d'impressionner les lecteurs ou les membres d'un jury d'évaluation. Le plus souvent, des approches alternatives sont également considérées, en appoint à l'approche préférée. Le but généralement recherché est de tester la robustesse des résultats obtenus avec l'approche privilégiée ou principale. Cette propriété des résultats renvoie à leur insensibilité aux modifications des hypothèses qui sous-tendent les différentes approches.

Les publications empiriques, dans leur section qui expose la méthodologie, donnent généralement les motivations du choix d'une approche (ou de ses variantes). Même dans ce cas, le chercheur ne peut se passer d'une évaluation critique de la portée de ces éléments de motivation au regard de son contexte, des termes de la problématique et des hypothèses ou encore de la nature différenciée des données dont il dispose. Si par contre l'approche méthodologique est élaborée de toute pièce par l'auteur, les fondements de sa conception constituent en soi une motivation.

Lorsqu'il s'agit des données à utiliser, les travaux empiriques antérieurs offrent également une indication de leur nature, en particulier le niveau pertinent de désagrégation et l'échelle de mesure. Par exemple, en cherchant à expliquer le niveau de diversification ou de concentration du commerce international d'un pays, le chercheur pourra par exemple tomber sur des publications de référence qui privilégient la classification à quatre chiffres des produits (HS4) et d'autres qui vont plus loin avec le niveau de six chiffres (HS6). Laquelle choisir ? Là encore, des éléments probants devraient être avancés pour rationaliser le choix, et la littérature en offre à profusion.

En plus de la nature des données, la littérature empirique indique aussi les sources. Un thème sur les entreprises dans un pays en développement ? Les articles pointeront par exemple vers les données d'enquêtes détaillées de la Banque mondiale (*Entreprise Surveys*), ou encore une source statistique nationale plus récente. Un thème sur le tabac ? Il sera question dans beaucoup de publications des enquêtes de l'Organisation mondiale de la Santé (*Global Adult Tobacco Surveys* – GATS, ou sa variante chez les jeunes). Une recherche sur le commerce bilatéral ? La base de données des Nations-Unies (UN-COMTRADE) est très citée. Il s'agit alors d'y recourir directement, étant donné que l'accès est gratuit.

Il peut arriver que les données utilisées dans certaines publications soient dans le domaine privé. L'accès peut alors être payant, voire impossible. Dans ce cas, en voulant impérativement aborder le thème, l'auteur devra alors se préparer à l'achat ou envisager de conduire de nouvelles enquêtes.

Une fois l'approche analytique bien définie et les données entre les mains du chercheur, la recherche appliquée aura besoin d'outils empiriques que sont les techniques de traitement et d'analyse statistiques et économétriques. Ces outils sont essentiellement les logiciels. Il en existe un grand nombre dont la différence tient en partie à l'accès (coût d'acquisition), au degré de convivialité de l'usage (programmation intégrale ou simples commandes ou clics), ou encore au caractère généraliste ou spécifique. Quel que soit le logiciel envisagé, il est important de connaître son aptitude relative à entreprendre le travail envisagé, notamment comment il produit les résultats, comment il se compare aux autres logiciels pour des tâches similaires. Cela suppose pour l'essentiel d'aller au-delà de l'interface des résultats (output) et chercher à rentrer dans la *black box* afin de comprendre le miracle qui s'opère dans le laps de temps, qui va de l'infinitésimal à l'éternité, entre le clic ou l'appui sur la touche d'exécution du programme et l'apparition des résultats.

Comment tous les inputs ou techniques sont organisés constitue la seconde déclinaison de la technologie de production scientifique. Il s'agit d'une part de comprendre la contribution marginale de chacun des outils au travail à mener, et d'autre part de lui assigner un ordre précis d'apparition dans le schéma procédural de la recherche. Il n'est souvent pas difficile de comprendre la logique circulaire qui voudrait qu'une fois la question de recherche arrêtée, la littérature (théorique et empirique) doive alors précéder l'analyse empirique en lui servant de guide dans le choix des méthodes ou outils, puis revienne pour rationaliser les résultats obtenus. Pour ce qui est de l'agencement des méthodes, il est généralement souhaité de procéder d'abord à une analyse statistique exploratoire qui fait ressortir les premières tendances. Ces dernières pourront alors être confirmées (ou infirmées) par l'analyse économétrique plus poussée. Différents tests sont à envisager pour indiquer la portée économétrique des résultats et la validité des hypothèses qui fondent le caractère approprié des approches analytiques retenues. Ce n'est que lorsque les résultats économétriques sont jugés valides (du point de vue économétrique seulement) que la théorie économique ou les éléments contextuels peuvent alors être convoqués pour en donner une lecture économique et contextuelle.

4. La rédaction

Les inputs bien en place, l'organisation ou la trajectoire de recherche bien clarifiée, la machine productive peut être mise à l'œuvre. Il s'agit de la rédaction du projet de recherche ou d'un article fini. Au préalable, Il est crucial de disposer d'une structuration précise du texte général, c'est-à-dire les sections. En particulier, les notes de lecture des articles de référence permettront de renseigner la substance de la plupart des sections, notamment la revue de la littérature ou encore l'interprétation économique des résultats obtenus.

Si le produit est un projet de recherche, il est utile de disposer de résultats de l'analyse exploratoire des données. Cette dernière est basée sur des caractéristiques de tendance centrale ou de dispersion consignées dans des tableaux ou représentées à l'aide de graphiques. La pertinence des statistiques qui seront choisies ou des graphiques qui seront développés dépend de leur lien direct avec la question de recherche (ou objectifs spécifiques du travail). En effet, ils devraient permettre une bonne appréciation du problème de recherche. Ils offrent les premiers éléments de réponse à la question de recherche. Ils pointent vers une direction qui correspond à la validation ou pas des hypothèses de recherche. Sur la base de cette analyse et d'une bonne compréhension du contexte d'étude et de la littérature, il peut et doit être formulé et justifié les résultats finaux auxquels l'on est en droit de s'attendre.

L'analyse économétrique ultérieure et ses résultats définitifs se retrouvent dans le produit final qui est l'article. En procédant aux différentes régressions ou à la résolution des programmes qui sous-tendent la modélisation, le chercheur obtient des réponses directes et précises à sa question de recherche. Tous ses éléments rentrent dans la rédaction du document final.

Cette rédaction devrait être guidée par un fil conducteur continu dans un style narratif qui emprunte tout au conteur traditionnel, en particulier le ton solennel et captivant. La traduction écrite de cette technique d'expression orale fera sans conteste un texte plaisant à lire.

Par ailleurs, une fois entamée, la rédaction devrait aller jusqu'au bout et d'un seul trait. Les interruptions répétées, plus ou moins longues, sont de nature à faire perdre le fil conducteur, avec comme conséquence directe une déstructuration de la substance du texte. Le lecteur attentif aura sans doute noté des discontinuités et une absence d'harmonie dans la succession des idées ou des raisonnements inachevés, signes d'incohérence générale du texte. Un autre risque, lié à une interruption relativement longue, est la probable perte de l'intérêt qui animait le chercheur au début de la recherche. Cette passion représente le combustible qui alimente la flamme de l'excitation qu'il est aisé de constater chez le chercheur au début du processus. Aussi immense soit-elle, elle n'est point éternelle.

En « battant le fer pendant qu'il est chaud », le chercheur a toutes les chances d'achever son travail dans les délais avec toute l'énergie requise. À l'opposé, la lenteur occasionnée par des interruptions aura permis d'être confronté à différentes barrières. Ces dernières n'ont en effet besoin que du temps pour se matérialiser et contribuer à entamer la résolution ou l'intérêt du chercheur. La progression sera dès lors relativement difficile et pénible, et le risque ultime de l'abandon devient plus probable.

Toutefois, toute interruption n'est pas nuisible. Certaines sont même désirables, voire utiles pour la qualité générale du travail. Dans le cas d'une recherche académique diplômante (par exemple une thèse), chercher à réaliser le travail d'un seul trait est tout simplement impossible, étant donné le temps relativement long (plusieurs années). Pour des travaux de moindre envergure (projet de recherche ou article), l'interruption peut être stratégique. Elle permet au chercheur de prendre du recul par rapport à son travail, de mettre ce dernier en perspective, et d'avoir un regard relativement détaché qui interroge en particulier le quoi et le comment du travail. Il est en effet très facile d'oublier certains aspects clés du travail tant l'esprit peut par moment être absorbé par la tâche en cours. Par exemple, en manipulant diverses spécifications du modèle dans le cadre de la régression, il est possible d'oublier la liste exhaustive de variables retenues dans la section méthodologique, ou de perdre de vue les orientations nées des hypothèses ou des questions de recherche. Le recul permet alors de se rendre compte des déviations et distractions et de remettre la machine de recherche sur la trajectoire préétablie.

De façon plus générale, on ne peut mieux apprécier le travail dans son ensemble qu'en se mettant à la place d'un tiers et épouser son regard désintéressé. Ce regard neuf permet de revenir sur le travail avec une perspective plus fraiche, plus enrichie. Il s'assimile au second souffle pour l'athlète, qui lui redonne un sursaut d'énergie venue des profondeurs insoupçonnées de son être.

Si ce regard peut en effet naître de l'interruption d'un travail en plein déroulement, son opportunité est également bien réelle lorsque le travail arrive à son terme. À ce stade, le chercheur a alors la possibilité d'une mise en cohérence de tous les éléments constitutifs du produit final de sa recherche. L'harmonie des formes peut alors être mieux appréciée. La mise en relation des différents segments du raisonnement développé permet de juger du caractère continu du fil conducteur et de la cohésion du style narratif.

En règle générale, le texte final est soumis à des contraintes de longueur. Ces exigences peuvent être explicitement formulées par des revues ciblées pour la publication ou l'institution initiatrice de l'appel à propositions auquel le projet cherche à répondre. Elles peuvent s'exprimer en termes de pagination ou en termes de décompte de mots. Elles peuvent porter sur une partie spécifique, généralement le résumé ou l'abstract. Elles peuvent indiquer un format spécifique pour les tableaux ou les graphiques, leurs intitulés, ou encore la présentation de la liste des références bibliographiques. Elles peuvent également porter sur le niveau de « technicité » (degré d'élaboration des méthodes) ou leur place dans le texte général. C'est le cas par exemple de revues à audience plus hétérogène qui inclut pour l'essentiel des « profanes ». Il est alors indispensable de se renseigner sur ces contraintes qui sont généralement spécifiques à chaque organe ou institution et d'adopter le style, le format ou contenu requis, au risque de se voir opposer un rejet.

Cette adaptation ou mise en conformité pourrait intervenir une fois le travail finalisé. Dans la production du premier draft, il est important d'ignorer ces contraintes externes, ou tout au moins de ne pas trop s'assujettir à elles. Elles pourraient en effet limiter la créativité du chercheur qui devrait plutôt laisser libre cours à son imagination fertile. Ce n'est qu'après avoir obtenu le produit final (qui a plutôt tout d'un produit intermédiaire, d'où le sens du terme *draft* ou brouillons) qu'il peut être procédé à des retouches qui améliorent le texte dans son ensemble. Les exigences externes peuvent alors rentrer en jeu et les considérations de style guider la correction et l'amélioration.

La recherche étant un art, il peut être évoqué un parallèle avec l'artiste peintre par exemple dont la production de tableau passe d'abord par une esquisse avant d'atteindre, à partir de retouches, son aspect final qui fera alors l'admiration des passionnés. Un chercheur sait en effet reconnaître une production de qualité dont le contenu scientifique appréciable trouve son équivalent dans un style apparié tout aussi recherché. Le lecteur se délecte alors de son contenu qui s'infuse dans son esprit mot après mot, page après page.

Dans le souci d'améliorer le style, il est parfois souhaitable de recourir à une expertise plus versée. C'est d'autant plus vrai lorsque le chercheur publie dans une langue qui n'est pas la sienne (cas de francophones publiant en anglais). Le choix des mots ou des tournures est toujours un exercice très délicat dans une seconde langue. Faire appel à des natifs peut être d'un apport considérable. Mieux, dans la limite des moyens disponibles, le chercheur peut recourir à des services professionnels d'édition moyennant une contrepartie financière. La plupart des plateformes des revues scientifiques majeures offrent ce type de services. Ils peuvent dans beaucoup de cas faire la différence entre l'acceptation et le rejet d'articles soumis à publication. Il serait très dommageable que la pauvreté du style de rédaction fasse de l'ombre à l'attractivité scientifique d'un produit de recherche.

En outre, le plus grand soin doit être apporté au choix des services d'édition. La multiplicité des offres et les techniques parfois agressives et invasives de beaucoup d'entre elles rendent difficile un clair discernement entre le bon grain et l'ivraie, même pour les offres adossées à des revues de grande renommée.

5. La communication

Le chercheur envisage la communication comme un exercice de partage du produit de sa recherche avec une audience ciblée. Elle n'est point reléguée au rang d'accessoire de la recherche, mais plutôt entendue comme une composante essentielle d'une recherche qui se veut de qualité et utile.

Les outils à sa disposition sont des plus divers. L'exercice de communication peut être oral, écrit, ou une combinaison des deux dans le cadre d'une présentation orale avec support de type PowerPoint. L'outil retenu, ainsi que le contenu et la forme du message, dépend en définitive de l'audience ciblée (en particulier ses attentes et son degré d'expertise), du format de l'interaction (conférence, séminaire, rencontre bilatérale, etc.), des exigences associées (temps) et également de l'objectif que se fixe le chercheur (feedback sur divers aspects du travail, influence du processus politique, recherche de fonds, etc.).

En faisant circuler son draft auprès de collègues chercheurs, le chercheur peut alors recevoir des retours (feedback) en termes d'appréciation de la substance du travail. La communauté de chercheurs est ainsi mieux à même de se prononcer, en particulier, sur l'intérêt scientifique de l'objet de recherche (valeur ajoutée), l'usage adéquat des méthodes retenues, le degré de validité économétrique des résultats, la lecture économique de ces derniers et leur portée.

Des praticiens ou autres acteurs qui ont une connaissance relativement approfondie du cadre contextuel, le chercheur peut obtenir une évaluation des résultats sous l'angle de leur portée politique. Par exemple, si le travail est tourné vers la recherche-action, les responsables de la politique publique peuvent apprécier la portée des recommandations du point de vue de leur *praticabilité*. Le chercheur est souvent peu au fait des véritables enjeux de la politique qu'il veut influencer par le biais de ses résultats empiriques. En conséquence, ses recommandations sont pour le moins vagues, avec une utilité relativement limitée du point de vue de la politique. L'interaction avec ces praticiens peut lui permettre de mieux affiner ses recommandations en leur donnant un contenu plus opérationnalisable.

Il est toutefois vrai que l'article scientifique n'a pas vocation à renseigner dans les moindres détails sur la portée politique des résultats. Il se contente d'offrir des considérations générales en termes d'orientation de la politique économique. Le caractère général des implications contraste alors avec les exigences de détails spécifiques du décideur politique. Ces besoins précis devraient plutôt donner lieu à une étude additionnelle qui convoque le plus souvent des expertises diverses qui soient à la hauteur du caractère multifacette de la problématique telle qu'envisagée par la politique. Les résultats de la recherche économique pourront alors être une composante essentielle de cette analyse plus globale.

Avec cette compréhension de la portée décisionnelle des résultats de sa recherche, le chercheur ne devrait alors point céder à la tentation d'aller au-delà du caractère relativement sommaire des implications politiques. Cela ne réduit pas pour autant l'intérêt des retours que voudront bien lui offrir des expertises pratiques. Il devra plutôt leur accorder une réelle considération dans la perspective d'une meilleure reformulation des implications politiques et recommandations.

La communication a tendance à porter pour l'essentiel sur l'article définitif. La plupart des conférences ou autres rencontres scientifiques invitent des travaux finalisés. En outre, les demandeurs de résultats empiriques (*policymakers* ou *stakeholders*) sont plus intéressés par des recherches définitives. Toutefois, il existe différentes plateformes qui offrent une expression aux porteurs de projets de recherche. C'est le cas par exemple de réseaux de recherche qui présélectionnent des projets en vue de leur financement éventuel. Les auteurs retenus ont la possibilité de bénéficier de retours devant améliorer leurs projets de recherche.

Cette option est de nature très limitative du fait de son caractère sélectif, et il est courant que les feedbacks défavorables conduisent à un retrait du projet qui n'ira alors pas jusqu'à la production de l'output final (article). Il faudrait alors penser à des modalités d'échange permettant au chercheur d'avoir des éléments d'appréciation du contenu de son projet par ses pairs ou par des praticiens. C'est souvent à l'étape de projet que les retours de communication peuvent générer le plus d'impact sur le processus de recherche. Par exemple, les éléments de contexte dont il aura bénéficié de la part de praticiens lui permettront de saisir toute la mesure des difficultés perçues et de bâtir une problématique qui soit bien en phase avec la réalité qu'il cherche à décrire et analyser. La recherche pourra ainsi être mieux orientée vers les besoins d'évidence empirique, et plus tard le chercheur pourra donner plus de contenu pratique à l'interprétation des résultats.

Les échanges avec les pairs autour du contenu du projet de recherche peuvent également être très bénéfiques. À partir de leur expérience de recherche, ils peuvent aider dans leur appréciation du caractère réellement novateur du travail (la portée de la valeur ajoutée) ou encore de l'adéquation des outils convoqués (méthodes, données, etc.) à la question ou aux objectifs de recherche. En faisant siennes ces différentes contributions, le chercheur peut ainsi mieux élaborer son protocole de recherche. Ces orientations obtenues à titre gratuit ont plus de valeur lorsqu'ils interviennent durant cette phase de conception du projet de recherche que si elles surviennent à la fin du processus, car elles auront éventuellement évité d'avoir à fournir des efforts considérables en vain.

Bien conçue et conduite, la communication qui sollicite des expertises externes est indispensable pour une recherche de qualité appréciable. C'est généralement le cas qu'une recherche n'est jamais le produit intégral d'une réflexion isolée de l'auteur. À un moment ou à un autre, certains aspects sont le fait de concours externes. C'est d'ailleurs la raison d'être des mots de gratitude qui sont retrouvés dans beaucoup de travaux, à l'endroit de ces tiers contributeurs.

6. La publication scientifique

Le produit de la recherche est appelé à être porté à l'attention de la communauté scientifique par le biais d'une publication. Dans la mesure où la recherche aura proposé un dépassement des travaux antérieurs, ou ajoute de la valeur au stock de connaissances. La communauté de chercheurs est ainsi en droit de prendre connaissance du message qui la concerne au premier chef. En outre, le chercheur est conscient que, même s'il lui arrive de travailler de façon isolée, ses résultats, aussi modestes soient-ils, sont une contribution à l'effort collectif. En faisant part de son apport, il permet à ses pairs de mieux apprécier les nouvelles délimitations de la frontière de la connaissance. Ceci permet d'une part d'éviter des duplications souvent inutiles, et d'autre part de nourrir des recherches futures, en partant une fois de plus de l'acception générale que la recherche est le principal ingrédient de la recherche.

Le processus effectif de publication prend place sur une plateforme électronique. L'auteur est au préalable invité à créer un compte en renseignant divers champs d'information personnelle, académique ou professionnelle. Certaines revues convoquent ces informations à partir de plateformes tierces comme ORCID qui permettent aux auteurs de créer un identifiant électronique. En préparatifs à la soumission, l'auteur doit distinguer le manuscrit principal qui ne comporte aucune référence de sa provenance (anonymat) de la page de titre. Il peut être demandé que les tableaux et graphiques soient portés sur des fichiers séparés, et donc absents du texte du manuscrit. Ce dernier fait juste référence à leur emplacement avec la mention « Insérer Tableau 1 ici ». Une lettre (*cover letter*) peut également être exigée. Adressée à l'éditeur de la revue, elle présente l'article (titre, objet, importance, résultats, portée), renseigne sur son originalité et indique qu'il n'est pas présentement en cours de publication dans une autre revue.

Une fois connecté à la plateforme de publication, l'auteur peut procéder à la soumission qui implique diverses étapes, suivant les revues : identification de l'auteur et de l'article (titre, résumé, mots clés, etc.), transfert des fichiers (manuscrit, page de titre, lettre, tableaux, graphiques, etc.), choix des évaluateurs (*reviewers* ou *referees*), et enfin vérification et validation de la soumission.

Une fois la soumission complétée, l'auteur peut suivre le déroulement de l'évaluation à partir de la plateforme. L'étape préliminaire consiste à une appréciation d'ensemble par l'éditeur ou un associé : l'adéquation entre le thème de l'article et les champs de recherche privilégiés par la revue, l'intérêt du problème, ou encore la qualité générale de la recherche. Passée cette étape avec succès, l'article est envoyé à des *referees* externes (généralement au nombre de deux) qui vont procéder à son évaluation exhaustive.

L'issue peut être un rejet, une acceptation sous réserve d'améliorations du manuscrit, ou une acceptation directe. Cette dernière est sans doute le résultat le plus rare. En cas de rejet ou d'acceptation conditionnelle, le rapport d'évaluations est transmis au chercheur qui pourra alors comprendre ce qui est reproché à son travail ou prendre connaissance des améliorations exigées. Dans ce dernier cas, au moment de la re-soumission, le texte amélioré doit être accompagné d'un explicatif détaillé et exhaustif des modifications apportées, et éventuellement des raisons pour lesquelles certaines suggestions ne sont pas prises en compte. Le principe de souveraineté des *referees* qui veut qu'ils aient le dernier mot n'est point absolu. Toutefois, s'engager dans des tiraillements souvent inutiles (étant donné la diversité des perspectives qui peuvent être toutes valables) peut coûter au chercheur un rejet.

Après épuisement du processus d'évaluation et notification de l'acceptation définitive, la revue peut exiger de l'auteur une renonciation aux droits de propriété de l'article. Ce dernier devient alors propriété de la revue qui peut plus tard conditionner son accès à un paiement (même pour l'auteur). Ensuite c'est le travail de presse, avec l'édition au format de la revue et l'envoi de la version finale (*proof*) pour validation définitive par l'auteur. L'article devient enfin disponible en ligne, puis éventuellement en version papier.

La notoriété de la revue renseigne généralement sur la qualité des articles qui y sont soumis, ces derniers en retour contribuant à la réputation et à la qualité de la première. Il devrait ainsi être accordé un grand soin au choix de la revue. Un premier critère devant guider le choix est le niveau de spécialisation ou les champs disciplinaires couverts. Si beaucoup de revues sont relativement très généralistes, d'autres par contre ont une couverture bien plus réduite. Là encore, il est souhaitable de bien connaitre la revue ciblée.

En plus des champs disciplinaires, il faudrait impérativement se renseigner sur la qualité générale de la revue. Les facteurs d'impact ou preuves d'indexation sont des indicateurs à prendre en compte. Les revues prédatrices ou criminelles sont absolument à éviter, les articles qui y sont publiés ne devraient point être cités comme références : comme une banane pourrie dans un sac, ils ne manqueront pas de contaminer la qualité du travail. La qualité d'une recherche donnée s'apprécie également à partir des références convoquées.

La connaissance de la revue implique également ses exigences liées au format général du manuscrit, comme les conditions d'anonymat, la longueur, la taille et le caractère de la police, les notes de bas de page, les tableaux ou graphiques à soumettre séparément, la présentation de la liste des références, etc. Le chercheur devra alors se conformer à ces exigences.

La durée de la publication est également à prendre en considération, surtout dans une perspective de promotion académique. Une acceptation qui arrive quatre ou cinq années après la première soumission ne convient sans doute pas à un universitaire voulant passer au grade supérieur. À l'opposé, pour les revues réputées qui peuvent sceller pour de bon la réputation du chercheur aux yeux de ses pairs (telle l'*American Economic Review*), le jeu du processus itératif de la publication en vaut la chandelle, et le coût en termes d'attente et parfois de frustration devient relativement supportable.

Les exigences liées au temps ne devraient cependant point conduire le chercheur à bazarder le produit de son travail. C'est le cas s'il opte pour des revues à faible qualité scientifique, non-référenciées, inconnues du grand public de chercheurs, comme la plupart des « revues-maison » qui pullulent dans les universités du Sud et dont le dessein est de servir de tremplin vers des grades supérieurs sous le couvert fallacieux de promotion de la recherche. Publier dans ces supports, tout comme dans les revues prédatrices, c'est d'une part la garantie de ne point être lu par ses pairs, hormis ceux qui vont tomber dans cette facilité, et d'autre part la preuve donnée de son incapacité à boxer dans les catégories homologuées de la recherche scientifique.

Au-delà du choix de la revue de qualité qui bénéficie déjà d'un réseau relativement dense de lecteurs, le chercheur devrait également entreprendre un exercice de valorisation par la publicité de sa publication. Les réseaux sociaux offrent à cet effet une opportunité à saisir. Le cercle de contacts pourrait être informé par des postes bien soignés qui offrent un résumé très élaboré du travail et des liens de renvois au site de la revue. Le site Internet personnel de l'auteur et celui de son institution d'affiliation devront également contenir une mention de cette nouvelle publication. D'autres outils de communication, notamment le *policy brief*, peuvent également servir pour atteindre des cibles moins averties mais tout aussi intéressées par les résultats de la recherche. Ces outils seront présentés et discutés plus loin dans le cadre d'une stratégie de communication plus globale.

Il serait possible d'envisager, contrairement à ce qui vient d'être présenté, un schéma procédural inversé qui place la publication avant la communication. Un tel choix a l'avantage de construire le message de la communication à partir d'un produit de recherche qui aura obtenu le sceau de crédibilité scientifique lors de son évaluation (*refereeing*). Toutefois, cette crédibilité scientifique ne garantit pas toujours toute la pertinence pratique du problème de recherche ou la validité politique des implications des résultats telle que l'aurait envisagée la sphère politique. Si les feedbacks qui arrivent après la publication peuvent être valorisés dans le cadre d'une recherche future, l'article qui vient d'être publié aura été privé de possibilités d'amélioration. Faire précéder la publication finale par la communication permet de saisir toutes les possibilités d'enrichissement de la recherche en cours, à partir des appréciations et suggestions des pairs et des praticiens de la politique.

CHAPITRE 2

ÉLÉMENTS CONSTITUTIFS DU TRAVAIL DE RECHERCHE

Le plus noble prix de la science est le plaisir d'éclairer l'ignorance.

Charles-Irénée Castel de Saint-Pierre

Selon le produit de recherche envisagé, il peut être distingué un nombre donné d'éléments constitutifs dont la convocation et l'élaboration répondent à des critères bien rigoureux. Leur respect est un gage de qualité scientifique du travail de recherche.

Le produit de la recherche vient sous plusieurs formats. Le projet de recherche constitue la version de base. Il renseigne en détail sur le protocole de travail que le chercheur veut entreprendre. Il peut être vu comme un produit intermédiaire. Le produit final, qui intègre les résultats définitifs issus de l'application de la méthodologie, est décliné sous plusieurs formes, selon le degré d'achèvement du travail de recherche. Il peut s'agir d'un document de travail ou document technique ou papier de discussion (*working paper* ou *discussion paper* dans la terminologie anglaise). Ce format rudimentaire de brouillons est le plus souvent destiné à circuler dans les conférences ou autres rencontres scientifiques à la recherche de feedbacks. Ces derniers vont contribuer à lui donner une version améliorée qui peut alors être considérée pour publication.

Dans certains cas, la version *working paper* est elle-même formellement publiée, généralement sur des plateformes dédiées qui leur offrent une plus grande exposition et une opportunité de recevoir des commentaires. Cette publication ne signifie toutefois pas que le document a atteint l'étape ultime qui n'autorise plus une publication ultérieure.

Enrichi par divers retours de collègues chercheurs ou d'acteurs de la sphère politique, le travail peut alors prendre le format d'article prêt à s'embarquer dans le processus de publication. Après évaluation par un comité de lecture (*referees*) et des rounds additionnels d'améliorations, le travail pourra alors apparaître sous sa forme définitive d'article publié dans une revue ou de chapitre dans un ouvrage collectif édité.

Parallèlement à ces produits de recherche relativement standard, il peut être cité bien d'autres, comme ceux issus de recherches diplômantes (thèse de Master ou de Doctorat) ou encore les rapports techniques. Dans les développements qui suivent, l'accent est mis d'une part sur le projet de recherche, du fait de son aspect central dans quasiment tout travail de recherche, et d'autre part sur l'article scientifique destiné à la publication. Tout autre produit de recherche essaie d'imiter la structuration et les règles générales qui fondent le projet ou l'article. Par exemple, le document de travail reflète quasi fidèlement l'article scientifique dans sa structuration et son contenu, la différence étant que le second (produit final) est plus achevé que le premier (produit intermédiaire).

C'est aussi le cas des produits de la recherche diplômante qui tendent de plus en plus à calquer le format et le contenu d'un article (thèse de Master) ou de deux à trois articles (thèse de Doctorat sous la forme d'un essai). Les exigences d'efficacité de la formation d'un chercheur dans un monde académique plus ouvert et plus concurrentiel commandent que dès la fin de l'apprentissage de la recherche, le diplôme décerné soit une véritable traduction de « la capacité du récipiendaire d'entreprendre en toute autonomie une recherche de qualité ». En faisant de la thèse de Master un article ou de la thèse de Doctorat un assortiment d'articles, le chercheur sera directement exposé à l'activité de recherche par excellence, à savoir la production d'articles scientifiques. Muni de ce produit final, il peut également être initié très tôt à la publication scientifique et à l'exercice pratique de communication, notamment la participation à des séminaires ou conférences où il pourra interagir avec d'autres chercheurs ou avec la sphère de la décision politique. Autant d'aspects importants que doit intégrer le curriculum de formation du chercheur.

À quelques variantes près, on retrouve les éléments suivants qui sont constitutifs du projet ou d'un article dans le cas d'une recherche appliquée :

(1) L'intitulé
(2) Le résumé (ou *abstract*)
(3) La problématique

(4) Les objectifs de recherche
(5) Les hypothèses de recherche
(6) Le cadre contextuel
(7) La revue de la littérature
(8) Le cadre conceptuel
(9) La méthodologie
(10) Les données et l'analyse exploratoire
(11) Les résultats attendus
(12) Les résultats (définitifs)
(13) La conclusion
(14) La bibliographie ou les références
(15) Les annexes

Les points de (3) à (13) forment le corps principal ou le texte de l'article. Ils constituent les sections qui doivent être préférées à toute autre forme de délimitation, comme les parties ou les chapitres, en raison principalement de leur longueur et de leur contenu relativement limités. Les parties et chapitres seraient plus adaptés à des documents suffisamment volumineux, de plusieurs centaines de pages, ce qui n'est point le cas d'un article final, encore moins d'un projet de recherche. En moyenne, la longueur du corps du texte d'un article tourne autour d'une quinzaine de pages, voire moins. Le minimum peut aller en deçà d'une dizaine de pages, le maximum jusqu'à la vingtaine. Les revues scientifiques posent le plus souvent des limites à la pagination. L'auteur est alors invité à aller droit à l'essentiel et à éviter des développements inutiles, comme les digressions ou détails qui ne rajoutent pas à la compréhension générale du texte. La page de garde qui contient les points (1) et (2) et d'autres éléments qui seront présentés plus bas, ainsi que les points (14) et (15), qui ne sont pas des sections, viennent rajouter quelque trois à cinq pages en moyenne à la longueur finale de l'article.

S'il s'agit d'un article, tous les éléments listés ci-dessus sont présents, à l'exception des résultats attendus, dans la mesure où les résultats définitifs sont obtenus. Il est de coutume d'avoir une première section qui porte sur l'Introduction dans le cas d'un article. Cette section regroupe alors la problématique, les objectifs et hypothèses de recherche, une synthèse de la méthodologie et des résultats et le plan de l'article. L'annonce du plan énumère les sections, du cadre contextuel ou la revue de la littérature à la conclusion.

Le projet de recherche est de longueur plus courte que l'article définitif. Le corps du texte contient en moyenne sur une dizaine de pages. Les points (12) et (13) sont absents du projet. À ce stade du travail qui démarre, le chercheur ne dispose en effet pas encore de résultats (économétriques ou issus de sa modélisation par simulation) qui pourraient servir de réponses définitives aux questions de recherche ou valider ou pas les hypothèses. À la place des résultats définitifs, il est plutôt mis les résultats attendus de l'application de la méthodologie. Pas de résultats définitifs, pas de conclusion non plus qui renseignerait sur la portée de ces résultats et leurs implications. Tout comme pour l'article, le résumé ou *abstract* est bien présent dans un projet de recherche. Il joue le même rôle d'informer de façon succincte sur le contenu, bien que ce dernier soit différent à plusieurs égards du résumé de l'article.

1. L'INTITULÉ

Sur la page de garde, appelé aussi page de titre, on retrouve le titre du projet ou de l'article. Il est formulé de façon à pouvoir révéler le plus fidèlement possible le contenu du travail. En peu de mots bien choisis, qui pourraient contenir sur une seule ligne, le titre indique pour l'essentiel l'objet du travail. Le lecteur doit ainsi comprendre ce que l'auteur se propose de faire dans le texte qui suit.

Considérons l'intitulé suivant : *« Analyse économique de l'impact des initiatives publiques de facilitation des échanges sur la participation des firmes africaines aux marchés extérieurs et sur l'intensité de leurs importations et de leurs exportations à l'aide d'un modèle de sélection.* »

Avec 36 mots, le titre est excessivement long (une taille de police plus grande conduirait peut-être à quatre lignes). L'auteur devrait alors chercher à le réduire, en élaguant les termes dont l'absence ne compromettrait pas la clarté du message sur l'objet de la recherche. Par exemple, « *analyse économique* » peut bien être supprimé. Il est en effet redondant, voire évident, dans la mesure où il s'agit bien d'une recherche qui consiste en un maniement des outils théoriques et empiriques d'analyse économique. Il en est ainsi des « *initiatives publiques* », étant entendu que les mesures qui améliorent la qualité des infrastructures commerciales d'un pays, notamment la réduction du nombre de documents requis dans le cadre d'une dématérialisation des procédures douanières, sont le fait de l'État.

Aussi, « *performances des entreprises en Afrique* » devrait également être préféré à « *participation (...) aux marchés extérieurs et intensité des échanges* ». Il est vrai que le terme « *performance* » peut paraître vague, et il pourrait laisser penser à des indicateurs autres que la participation ou la propension à échanger, notamment l'efficience productive des firmes. Si l'association « *performance* » et « *échanges* » peut éviter cette éventuelle confusion en suggérant des indicateurs de performance commerciale, alors la substitution peut être valide. En outre, « *importations et exportations* » pourraient être remplacées par « *échanges* » : si les premiers termes sont une indication directe que les flux des échanges sont abordés dans les deux sens (la firme exportatrice de son produit final et importatrice de produits intermédiaires ou de biens d'équipement), le second terme laisse également entendre, bien qu'indirectement, que l'analyse va aborder ces deux types de flux.

Enfin, il n'est pas courant de retrouver une indication de l'approche méthodologique utilisée (c'est valable aussi pour les données), à moins qu'il s'agisse d'un élément important qui fonde la valeur ajoutée du travail. En la mettant bien en exergue dans l'intitulé, le chercheur laisse entendre qu'il en est bien ainsi. Le cas échéant, il est admissible de procéder ainsi. Mais pour la grande majorité des recherches appliquées, la contribution scientifique se trouve bien ailleurs, et l'approche empirique est juste celle qui a pignon sur rue dans le champ littéraire considéré. Dans ce cas, il est souhaitable de l'élaguer de l'intitulé.

Un intitulé à la fois clair et parcimonieux devrait en définitive être conçu et formulé autour des mots clés. Pour le titre cité en exemple, ces concepts de base sont « facilitation des échanges », « performance », « firmes africaines ». Il vient alors la reformulation suivante : « *Facilitation des échanges et performance des entreprises en Afrique* »

Cette reformulation donne une idée claire du contenu du travail qui va suivre. En particulier, le lecteur comprendra qu'il s'agit d'analyser le lien entre l'environnement du commerce international et divers indicateurs de performance des firmes africaines et de montrer en quoi l'amélioration de la qualité des infrastructures commerciales pourrait contribuer à une performance accrue des entreprises.

Cette compréhension générale peut bien laisser la place à quelques interrogations qui sont permissibles, car l'intitulé n'a pas vocation à renseigner sur des détails très spécifiques du travail, mais seulement sur l'objet général tel qu'il peut être compris à partir des mots clés bien identifiés. En particulier, le titre ne pourra pas offrir des éléments de réponse aux questions suivantes que le lecteur peut se poser : (i) La facilitation des échanges est-elle à l'initiative des pays africains ou de leurs partenaires commerciaux ? (ii) Quels aspects des infrastructures commerciales (*hard* ou *soft*) la recherche va-t-elle privilégier ? (iii) Quels sont les indicateurs de performance ? (iv) Est-ce toute l'Afrique ou seulement l'Afrique subsaharienne ? Ces détails, somme toute, importants, et bien d'autres, seront rapidement renseignés, dès les prochaines lignes.

Il est souhaitable de rendre le titre captivant. Il devrait pouvoir frapper les esprits et amener les lecteurs à se le remémorer pour longtemps. C'est à l'image des prénoms et noms de personnes : si certains sont plus attrayants, à contenu jovial plus fort, plaisants et aisés à prononcer, donc plus faciles à retenir, d'autres par contre le sont moins et sombrent facilement dans l'oubli. Le titre est ainsi les prénoms et nom de l'article, avec la spécificité que l'article est seul à le porter dans sa formulation spécifique, contrairement aux personnes qui peuvent partager les mêmes prénoms et nom. Un titre sous la forme « *Divergence, Big Time* » est sans doute plus captivant et facile à remémorer que « *Persistent Economic Divergence between Rich and Poor Countries* ».

Le titre peut également être formulé de façon à rendre compte directement de la valeur ajoutée du travail. Supposons le thème sur la corruption et la croissance économique. Le chercheur part du constat que la recherche existante sur l'impact économique de la corruption privilégie une approche *absolue* qui lie la croissance d'un pays à l'incidence de la corruption dans ce pays. Il peut proposer une approche qualifiée de *relative* qui suggère que le gain économique associé à la réduction de la corruption est conditionnel à l'effort des autres pays dans le même sens. En d'autres termes, à côté du gain absolu relatif à la réduction directe des coûts de transaction et à la hausse des investissements domestiques, il existerait un gain relatif lié au profil institutionnel du pays qui devient meilleur que celui des autres pays, ce qui peut attirer relativement plus d'investissements étrangers. Le titre peut bien mettre en exergue cette contribution originale à la littérature et lire : « *Croissance économique et corruption relative* » ou tout simplement « *Corruption relative* ».

En termes de style, la liberté de choix de l'auteur est relativement restreinte. Un titre formulé en toutes lettres majuscules est à éviter. L'équivalent oral de l'écrit en majuscules est le cri. S'il est généralement déplaisant de crier dans les oreilles de ses interlocuteurs, écrire en toutes majuscules l'est d'autant. Pour le titre précédent, on ne voudrait donc pas l'avoir sous la forme « *FACILITATION DES ÉCHANGES ET PERFORMANCE DES ENTREPRISES EN AFRIQUE* » (rédiger en caractère **gras** ne ferait qu'augmenter le nombre de décibels).

Il est toutefois permis d'avoir les premières lettres des mots en majuscule, à l'exception des articles, prépositions, conjonctions de coordination ou termes similaires. Par exemple, le titre plus haut pourrait se réécrire « *Facilitation des Échanges et Performance des Entreprises en Afrique* » (« des », « et », « en » ne devraient pas démarrer avec une majuscule). En l'absence de règles universelles en la matière, le libre choix pourrait procéder du goût de l'auteur qui le porterait vers ce format ou celui avec les caractères minuscules (sauf pour la première lettre du premier mot). Il arrive cependant que, dans la perspective d'une publication, des revues exigent un format spécifique, auquel le chercheur est alors obligé de se conformer.

Il est de coutume d'avoir des titres dont le format est bien différencié du reste du texte. C'est ainsi qu'ils sont mis en caractère gras, centré, et avec une taille de police légèrement plus grande que celle du texte principal. Cependant, il n'est pas indiqué de le mettre en italique, de faire usage d'un type de caractère différent de celui du texte, encore moins d'utiliser une couleur différente. Le type de caractère devrait plutôt être uniforme tout au long du document. En outre, il est possible d'avoir un style interrogatif comme titre. Par exemple, on pourrait retrouver « *Why is Agricultural Trade within ECOWAS so High ?* » (Pourquoi les Échanges agricoles en Afrique sont-ils si élevés ?), ou proche du style interrogatif, comme « *How facilitating trade would benefit trade in sub-Saharan Africa.* »

Le point (.) est absent à la fin de l'intitulé. La virgule (,) ou les deux-points (:) sont par contre courants, comme dans « *Trade Costs, Trade Facilitation, and Trade Performance of sub-Saharan African Firms* » ou dans « *Access to Credit and Firms' Performance : A Gender Perspective.* » Cependant, il est rare de croiser les points d'exclamation (!), les points de suspension (…) ou encore les points-virgules (;). Ces ponctuations doivent donc être évitées pour ne pas verser le produit de la recherche dans une singularité stylistique qui risque d'entamer le sérieux et la rigueur du travail.

2. Le résumé (*Abstract*)

Cette composante essentielle de la recherche se retrouve également sur la page de garde ou page de titre. Le fait que le résumé s'y trouve est en soi révélatif de son importance. Le lecteur devrait pouvoir très rapidement s'approprier le contenu de l'article ou du projet. Le résumé offre un condensé du travail de recherche, en reprenant les points clés qui le constituent. C'est ainsi que bien conçu autour de ces points, le résumé peut constituer tout le travail en version miniaturisée. Ces éléments qui constituent le résumé sont les suivants :

(1) La problématique
(2) L'objectif général
(3) La méthodologie et les données
(4) Les résultats définitifs / attendus
(5) La principale implication

Le point (1) peut être absent du résumé dans le cas où l'auteur veut aller droit à l'objet de recherche. Sa présence peut toutefois être utile en renseignant par exemple sur ce qui fait l'intérêt de la recherche. Il est possible d'inverser les points (1) et (2), en renseignant d'abord sur l'objet de la recherche puis son caractère problématique. Pour ce qui est du point (4), l'article présente le principal résultat obtenu, alors que le projet s'intéresse aux résultats attendus. Bien souvent, dans le cadre du projet de recherche, les résultats attendus peuvent être omis, en raison principalement de leur caractère spéculatif.

Chacun de ces éléments constitutifs pourrait au mieux faire l'objet d'une phrase, pour rentrer dans l'esprit de synthèse d'un résumé qui se doit d'être court. Souvent décliné en une longueur comprise en moyenne entre 200 et 250 mots, le résumé ne devrait donc point laisser de place aux détails.

Considérons l'exemple précédent sur la facilitation des échanges et la performance des entreprises. Dans la version de projet de recherche, le résumé peut se présenter comme suit (les chiffres renvoient aux points listés plus haut) :

> « (1) L'Afrique subsaharienne est la région où les firmes font face aux contraintes les plus sévères lorsqu'il s'agit d'échange international. (2) Ce projet examine en quoi leur performance sur les marchés d'exportations et d'importations pourrait bénéficier d'une amélioration des infrastructures commerciales. (3) Il est envisagé un modèle de sélection explicatif de la participation et de la propension à l'échange, à partir des données d'Entreprises Surveys de la Banque Mondiale qui

> concernent près de 50.000 firmes, dont 20 pour cent sont en Afrique. (4) Il est attendu qu'une amélioration des procédures douanières, des régulations publiques, de l'accès au crédit et des infrastructures énergétiques et de communication puisse contribuer à accroitre la probabilité de participation aux échanges et l'intensité de ces derniers, et que les gains associés aux initiatives de facilitation des échanges soient plus importants en Afrique que dans le reste du monde en développement. (5) Ces résultats pourraient constituer une contribution importante à la littérature au moment où il existe une incertitude quant à la priorisation des accords commerciaux multilatéraux. »

En 165 mots, le résumé aura réussi à renseigner sur les principaux éléments constitutifs, en autant de phrases que d'éléments, y compris les résultats attendus. Le choix guidé du style et du vocabulaire devrait indiquer qu'il s'agit bien d'un projet et non d'un travail final. Par exemple, le mot « *projet* » au début du point (2) indique explicitement la nature du document. Dans le cas d'un article, il lui sera substitué le mot « *papier* » ou « *article* ».

En outre, le temps est plus au futur ou au conditionnel, pour marquer davantage l'idée de projet qui situe la recherche à entreprendre dans un horizon proche. Il laisse également entendre que les choix opérés ne sont pas définitifs, car sujets à des feedbacks pouvant contribuer à leur amélioration. C'est cet esprit qui guide le choix des mots comme « *Il est envisagé un modèle* » au début du point (3) qui seront remplacés dans l'article par « *Il est développé un modèle* » ; « *Il est attendu* » au début du point (4) qui cèderont bien évidemment la place à « *Les résultats montrent* » ; ou encore le conditionnel de l'implication (potentielle) des résultats au point (5) qui sera substitué par une plus grande précision guidée par la disponibilité effective des résultats dans l'article.

En définitive, le résumé de l'article peut se présenter comme suit :

> « (1) L'Afrique subsaharienne est la région où les firmes font face aux contraintes les plus sévères lorsqu'il s'agit d'échange international. (2) Ce <u>papier</u> examine en quoi leur performance sur les marchés d'exportations et d'importations pourrait bénéficier d'une amélioration des infrastructures commerciales. (3) <u>Il est développé</u> un modèle de sélection explicatif de la participation et de la propension à l'échange, à partir des données d'Entreprises Surveys de la Banque Mondiale qui concernent près de 50.000 firmes, dont 20 pour cent sont en Afrique. (4) <u>Les résultats montrent</u> en effet (i) que l'amélioration des procédures douanières, des régulations publiques, de l'accès au crédit et des

infrastructures énergétiques et de communication accroit la probabilité de participation aux échanges et l'intensité de ces derniers, (ii) que les exportations en bénéficient plus que les importations, (iii) que l'Afrique en moyenne tire plus de profit de la facilitation des échanges que le reste du monde en développement, (iv) et enfin que ces initiatives sont associées à des effets distributifs importants qui tiennent de l'hétérogénéité des gains entre les firmes du fait essentiellement de leur taille. (5) Ces résultats constituent une contribution importante à la littérature au moment où il existe une incertitude quant à la priorisation de ces accords commerciaux multilatéraux. »

On retrouve encore les cinq éléments constitutifs du résumé. Ce dernier est un peu plus long (ou plutôt moins court) que le résumé du projet de recherche, avec au total 200 mots. Les mots additionnels sont pour l'essentiel le fait des résultats obtenus.

En règle générale, au-delà des résultats, le résumé du projet et celui de l'article ne sont pas toujours aussi similaires, dans leur contenu et leur formulation. Dans le cadre de la production de l'article, le chercheur aura sans doute eu l'opportunité d'explorer davantage la littérature aussi bien théorique qu'empirique, de réévaluer la pertinence des outils méthodologiques, ou encore d'améliorer la formulation de quelques parties de son travail comme la problématique, ou le style rédactionnel. Par exemple, l'auteur pourrait entre-temps décider de ramener le champ d'analyse à une seule dimension des échanges commerciaux, à savoir les exportations. Il pourrait aussi choisir d'abandonner la mise en perspective des firmes africaines en se focalisant uniquement sur les entreprises du continent. Ces nouveaux choix le conduiront alors à revoir la conception même de la problématique de recherche et les objectifs de recherche, entre autres.

La configuration évolutive du processus de recherche suggère que le projet ne devrait nullement lier le chercheur en figeant les choix initiaux qu'il aurait réalisés. D'ailleurs, dans la perspective de la communication, les feedbacks qu'il aura reçus pourraient sans doute l'amener à mieux apprécier ses premiers choix, et au besoin à abandonner les options les moins adéquates au profit des alternatives plus appropriées. Cette propension à l'affinement et à la perfection de la recherche peut toutefois être limitée dans le cadre de recherche qui implique une supervision, notamment les recherches diplômantes, ou celles qui s'inscrivent dans le cadre de programmes plus vastes et qui impliquent un mentorat. Dans l'idéal, la liberté individuelle de corriger la trajectoire de recherche devrait pouvoir se conjuguer avec les prérogatives du directeur ou mentor dans un esprit de collaboration scientifique qui laisse suffisamment de place à l'initiative individuelle, ainsi qu'à l'échange bidirectionnel et à des discussions décomplexées.

Les points énumérés plus haut forment le contenu standard d'un résumé. Comme c'est généralement le cas, l'absence de normes clairement codifiées ouvre la voie à plusieurs variantes tout aussi admissibles. La formule « autant de phrases que d'éléments constitutifs » est alors à considérer à titre indicatif du caractère parcimonieux du résumé. Dans l'exemple, la phrase contenant la synthèse des résultats pourrait à juste titre sembler relativement longue. Elle peut être cassée de façon à isoler chaque résultat, ce qui fera alors quatre phrases à la place d'une, et un total qui passe à huit. En outre, si certains pourraient abandonner la phrase sur la problématique et aller directement à l'objectif général de la recherche, d'autres par contre seraient plutôt tentés de fusionner ces deux premiers points. Le début du résumé pourrait alors lire :

> « Cet article (ou projet) analyse l'impact de l'amélioration des infrastructures commerciales sur la performance des entreprises en Afrique qui demeurent confrontées à des contraintes plus élevées à l'échange international. »

Il est également de tradition, pour les recherches diplômantes, de donner une traduction anglaise du résumé, à côté de la version française. La raison, non démontrée et qui ne le sera sans doute jamais, est que des lecteurs anglophones pourraient un jour lire le document de la thèse. Sauf obligation explicite du superviseur, mentor ou responsable du programme d'enseignement ou de recherche, le chercheur devrait penser s'en passer.

En plus du titre et du résumé, d'autres éléments importants se retrouvent également sur la page de titre ou de garde. Dans le cas de projet de recherche ou d'article fini non encore publié, on retrouve juste après le titre et avant le résumé les prénoms et nom de l'auteur ou des auteurs, leur affiliation et la date (ces deux derniers, en plus des contacts physique et électronique, peuvent figurer en note de bas de page). Lorsqu'il existe plusieurs auteurs, certaines revues peuvent imposer un listing suivant l'ordre alphabétique appliqué aux noms des auteurs (pas aux prénoms). D'autres par contre, qui ont un sens plus équilibré de l'équité qui tient compte des contributions individuelles différenciées, leur laissent volontiers la liberté. Charge à eux d'établir l'ordre d'apparition qui devrait seoir à tous.

Juste après le résumé, on retrouve la liste des mots-clés (*keywords*). Ces derniers permettent de mieux circonscrire le contenu du travail. Pour l'essentiel, on retrouve ces mots clés dans l'intitulé, car ce dernier est en effet organisé autour des mots-clés.

Il est également possible de considérer des mots-clés mais qui ne se retrouvent pas dans l'intitulé. C'est le cas par exemple de l'approche méthodologique qui n'est pas mentionnée dans l'intitulé, mais ne constitue pas moins un aspect crucial du travail empirique. En reprenant l'exemple précédent, la liste des mots-clés pourrait inclure : Facilitation des échanges, exportations, importations, firmes, Afrique subsaharienne, modèle de sélection. Il est à remarquer qu'il n'y a pas la conjonction « et » entre les deux derniers mots-clés, ou encore que « mot-clé » ne signifie pas forcément un seul mot : « modèle de sélection » est compris comme un seul mot-clé.

Dans certains cas, le listing des mots-clés est limité à un nombre donné. Le chercheur devra alors s'y conformer. Si dans l'exemple on était à un mot-clé de trop, on aurait alors pensé abandonner « modèle de sélection », ou regrouper « exportations » et « importations » pour donner « commerce ».

On retrouve aussi à côté des mots-clés les codes de classification disciplinaire. Ils renseignent le champ de recherche dans lequel s'inscrit le thème. Dans la profession, cette délimitation des champs disciplinaires est le fait de *Journal of Economic Literature*, de l'*American Economic Association*. On parle à ce titre de « Codes JEL ». Cette indication des codes disciplinaires est requise pour la plupart des produits de recherche, comme l'article, le projet, le *working paper*, la thèse de Master ou de Doctorat, le livre ou encore la revue critique d'un livre.

Les codes sont une combinaison d'une lettre et de deux chiffres. La lettre indique la catégorie générale ou la discipline, comme « F » pour Économie internationale. Le premier chiffre offre une première subdivision, comme « F1 » pour Commerce, « F2 » pour Mouvements Internationaux de Facteurs, jusqu'à « F6 » pour Impacts économiques de la Globalisation. Le second chiffre offre un niveau additionnel de désagrégation. Par exemple, au sein de la catégorie F1, « F13 » renseigne sur la Politique commerciale, « F14 » sur les Analyses empiriques du Commerce, ou encore « F15 » sur l'Intégration économique.

Il est bien évidemment possible que le thème de recherche envisagé soit à l'intersection de plusieurs champs disciplinaires. Les analyses du commerce international par exemple qui ont comme cadre de référence les pays en développement vont convoquer le code « O » qui fait référence à Développement économique, Innovation, Changement technologique et Croissance. Pour ce qui est de l'exemple précédent sur le thème de la facilitation des échanges, les codes pourraient être F13, F15 et O55, le dernier portant sur le contexte spécifique de l'Afrique.

Le chercheur peut s'inspirer des travaux cités en références pour retrouver les codes appropriés à son travail de recherche. La précaution doit toutefois être de mise. Les codes retrouvés dans les publications similaires peuvent ne pas toujours accommoder les spécificités de la recherche. Il est souhaitable de consulter le listing des codes sur le site Internet de l'*American Economic Association.* En la matière, la confiance aveugle ou la solution de la facilité devrait être évitée.

Il est aussi de coutume de retrouver une expression de la reconnaissance du chercheur envers ceux qui auront contribué à la réalisation du travail. Ces contributions peuvent être de tous ordres, notamment financier et technique. Pour certaines revues par contre, les mots de gratitude se retrouvent vers la fin du document.

S'il s'agit d'un article publié, ces différents éléments peuvent se retrouver à différents endroits, selon le format général retenu et exigé par les éditeurs de la revue. Il est également intéressant de noter parfois, sur la page de titre, l'historique de la publication, depuis la date de sa première soumission jusqu'à la date de son acceptation finale et de sa disponibilité en ligne. On peut alors se rendre compte des délais souvent exagérément longs du processus de publications pour certaines revues. Ce fait pourrait être un critère non négligeable de choix de la revue lorsque le chercheur envisage à son tour de publier son article.

3. La problématique de recherche

Elle est le lieu d'expression de la valeur ajoutée du travail, de la question de recherche et de l'intérêt scientifique du travail envisagé. De façon plus spécifique, la problématique renseigne sur le domaine de recherche (littérature pertinente), positionne le travail dans cette littérature, spécifie les questions de recherche, indique la contribution au corpus de connaissances existantes et démontre son attrait du point de vue du monde réel. La problématique doit donc clairement offrir des éléments de réponse à la double question : Quel est le problème de recherche (et en quoi est-ce un problème) ? Quel est l'intérêt d'une telle recherche ?

La problématique constitue sans conteste une des composantes les plus essentielles d'un travail de recherche, voire la plus importante. Étant la première partie du corps du texte, elle indique l'orientation générale du travail. C'est donc à raison qu'elle peut être considérée comme le cœur battant de la recherche : elle conditionne le reste du travail et convainc le lecteur de son intérêt général en le renseignant sur ce qu'il ne sait pas encore, qu'il devrait savoir, et qu'il pourrait savoir en acceptant l'invitation à une aventure d'exploration et de découverte scientifiques. À ce titre, cette partie devrait pouvoir littéralement créer l'excitation d'un grand départ chez le lecteur. Bien conçue, elle pourrait en effet constituer un vecteur de transmission de l'excitation, de la passion et de l'intérêt du chercheur au lecteur.

Il est de coutume de distinguer deux composantes de la problématique recherche : le problème de recherche d'une part, l'intérêt, la motivation ou la justification d'autre part.

a. Le problème de recherche

Le problème de recherche rend compte d'une difficulté perçue, d'une contradiction ou encore d'un paradoxe, chacun étant indicatif soit d'un gap de connaissance dans la littérature pertinente, soit d'une portée limitée d'une connaissance établie. Le problème de recherche devrait suggérer une tension, voire un conflit, et le chercheur est amené alors à adopter une posture belligérante qui consisterait à renverser l'ordre scientifique préétabli, car il y décèle des failles. Cette posture peut parfois être guidée par la logique de « création destructrice », dans la mesure où la remise en cause porte sur les fondements même des connaissances. Le produit de la recherche envisagée pourrait conduire à substituer un ordre nouveau à l'ancien. C'est le cas d'une recherche qui démontre les limites fondamentales d'une approche ou de l'acception générale d'un phénomène. À la place, elle offre une nouvelle approche ou un nouvel entendement. La substitution peut être totale avec l'abandon du premier ordre au profit du second. Elle peut à l'opposé être partielle dans le cas d'une coexistence des deux approches ou acceptions qui soit se complètent alors, soit ont des logiques propres, fondements de leur validité dans des contextes ou scénarios différents.

Il peut être cité, à titre d'exemple, Joseph Cooper et ses collègues qui ont proposé dans un article de 2002 une nouvelle approche d'évaluation contingente de l'environnement dite « *One-and-One-Half-Bound Dichotomous Choice Contingent Valuation* ». Cette approche d'élicitation de la valeur commence par proposer une délimitation du coût moyen (qui reste inconnu) d'amélioration de la qualité ou d'un attribut donné de l'environnement. Il est ensuite demandé au répondant s'il est disposé à payer l'une des deux valeurs correspondant aux bornes et choisie au hasard. Si la valeur inférieure est présentée, alors une réponse positive conduit à proposer la valeur supérieure, au cas contraire, la seconde offre n'intervient pas. Il peut alors être constaté qu'en moyenne, la première question intervient dans tous les cas, alors que la seconde intervient dans un cas sur deux, d'où le nom donné à cette méthode (le titre de l'article). Les auteurs démontrent en quoi la méthode jusqu'alors très populaire du *double-bound*, qui amenait les deux offres dans tous les cas, était incapable de révéler les véritables préférences des consommateurs, et pire, tendait à sous-estimer la valeur moyenne. Cette nouvelle méthode n'a pas entièrement évincé la première, peut-être s'agit-il d'une question de temps.

Un autre exemple est la contribution importante de David Card et Alan Kruger de 1994 à la littérature sur l'impact du salaire minimum sur l'emploi. Dans la pensée qui semble dominante, l'introduction ou l'augmentation du salaire minimum contribuerait au renchérissement du coût du travail et à un excès d'offre de travail si le nouveau salaire est établi au-delà du taux d'équilibre. Il s'ensuivra alors une baisse de l'emploi. Cependant, les auteurs ont montré qu'il n'en était pas toujours ainsi, et que la hausse du salaire minimum n'a pas réduit l'emploi dans le cas d'un État américain (New Jersey) qui a introduit le 1er avril 1992 une loi qui augmentait le salaire minimum de près de 20 %. Ce résultat n'est toutefois pas allé jusqu'à altérer en profondeur les mécanismes jusque-là bien admis de détermination de l'emploi. La coexistence des résultats contradictoires a plutôt contribué à élargir les perspectives analytiques et donné naissance à un intérêt scientifique renouvelé autour de la question du salaire minimum et de son impact sur l'emploi (et le chômage).

La remise en cause de l'ordre littéraire préétabli peut également procéder d'une logique additive qui amène ainsi le chercheur à rajouter ses nouveaux résultats au stock existant de connaissances, soit en comblant directement un vide, soit en précisant la portée d'une connaissance. Dans le premier cas, il élargit le champ de connaissance en repoussant la frontière. Dans le second cas, il contribue à préciser le tracé de la frontière séparant la connaissance de l'ignorance. Cette logique additive est proche de la logique précédente de remise en cause qui aboutit à une configuration complémentaire des produits de recherche.

Soit le thème suivant sur l'inclusion financière dans sa dimension d'accès au crédit et son impact potentiel sur la performance des entreprises. L'approche dichotomique, jusque-là dominante, voire exclusive, dans la littérature consistait à considérer les deux groupes de bénéficiaires et de non-bénéficiaires. Le chercheur peut construire son problème de recherche sur la portée limitée de cette approche qui ne rend pas justice à l'hétérogénéité des contraintes d'accès au crédit. Cette dernière tient en grande partie à leur nature, les mécanismes générateurs, l'incidence éventuelle sur la performance des firmes et les implications en termes de schémas d'inclusion financière. Ce qui peut l'amener à formuler comme suit son problème de recherche :

> « Il existe une abondante littérature qui indique que les imperfections sur le marché du crédit, qui peuvent être synonymes d'impossibilité d'accès au crédit, ont des implications profondes pour ce qui est de la performance des firmes. Il est en effet établi que les contraintes d'accès au crédit contribuent à pénaliser l'accumulation du capital physique et technologique et, partant, à réduire les possibilités d'expansion de leur frontière d'efficience productive. Par conséquent, une réduction de ces contraintes qui améliorerait l'accès au crédit pourrait être bénéfique aux firmes (Seck, 2017). À l'opposé, ces gains de performance peuvent être modestes, voire nuls, si, comme l'indiquent Khan et al. (2013), les conditions de prêts apparaissent inappropriées, comme « un taux d'intérêt élevé, un retard dans la mise à disposition des fonds » (p. 1).
>
> En dépit de cette divergence, les différents segments de la littérature empirique analysant l'impact de l'accès au crédit sur la performance ne sont jamais allés aussi loin jusqu'à renseigner fidèlement sur l'hétérogénéité des contraintes d'accès. L'approche dichotomique jusque-là privilégiée consiste tout simplement à regrouper les firmes ne disposant pas de crédit sous le label unique de firmes contraintes. Une première imprécision dans cette catégorisation consiste à ignorer que même dans la catégorie des bénéficiaires de crédit, il peut être retrouvé des firmes qui font face à des formes données de contraintes, notamment celles qui se voient rationner pour avoir obtenu un volume de crédit en deçà du montant sollicité.
>
> Une seconde limite à cette approche dichotomique tient à l'hypothèse sous-jacente d'homogénéité des contraintes d'accès et, partant, des

firmes qui y font face. Les contraintes sont bien évidemment différentes les unes des autres. Cette hétérogénéité tient à leur nature : différentes raisons expliquent pourquoi certaines firmes avec une demande potentielle restent en dehors du marché, au moment où d'autres se voient opposer un refus, et où d'autres encore n'obtiennent pas les montants demandés. Il est également envisageable que cette hétérogénéité aille plus loin. Par exemple, dans quelle mesure ces contraintes, au-delà de leur nature et incidence relative, peuvent-elles également être différentes du point de vue de leurs mécanismes générateurs ? Quelles peuvent être les implications en termes de performance des entreprises d'une part, et de politique d'inclusion financière d'autre part ? »

Dans cet exemple, la structuration du problème distingue (i) un survol rapide de la littérature, (ii) une indication des limites qui y sont décelées et qui sont à la base d'un gap de connaissance, (iii) une suggestion d'approche alternative, une indication de sa supériorité et en quoi elle constitue une valeur ajoutée à la littérature existante et (iv) une série d'interrogations (questions de recherche) qui renforce davantage le caractère « tension » ou « conflit » que l'on souhaiterait retrouver dans une problématique. Autant d'ingrédients qui ne manqueront sans doute pas de renseigner sur les orientations principales de la problématique en répondant aux questions suivantes : (i) Quelle est la difficulté perçue ? (ii) En quoi est-ce un gap de connaissance ? (iii) Quelle est la contribution originale du chercheur ?

À la première question, le problème de recherche ainsi formulé suggère que l'approche jusque-là privilégiée dans la littérature n'offre pas les bases d'une bonne compréhension du fonctionnement du marché du crédit dans toute sa complexité. Et c'est là un problème, qui renseigne sur un gap inévitable de connaissance, objet de la deuxième question. Ce gap reflète une connaissance limitée des véritables mécanismes qui gouvernent l'interaction entre l'offre et la demande de crédit. La recherche adresse ce gap, d'une part, en offrant une démonstration du caractère « problème » qui détaille les limites et la portée d'une telle approche dichotomique, et, d'autre part, en indiquant la nécessité de considérer une approche alternative qui prend en compte la diversité des contraintes d'accès. Quelques détails de cette contribution de la recherche sont offerts, notamment à quoi elle consiste, ce qui fait son originalité, et en quoi elle peut potentiellement contribuer à accroître la compréhension du phénomène étudié.

Quelques points méritent une attention particulière. D'abord, la difficulté perçue qui est la base du problème de recherche apparaît relativement très tôt dans le texte. Il est généralement compris que le lecteur n'a sans doute pas suffisamment de temps pour tout lire. Il veut très tôt découvrir de quoi il s'agit (problème) et ce qui fait l'originalité de la perspective adoptée par le chercheur. Exposer rapidement ce gap de connaissance est mieux à même de gagner l'intérêt du lecteur et son adhésion dès le début du texte et satisfaire sa curiosité.

Il existe une autre approche relativement courante et qui consiste à une description préalable du contexte pour ensuite en tirer des éléments fondateurs du problème de recherche. Si une telle approche de formulation du problème est tout à fait admissible et valable, le risque est relativement important de perdre le lecteur qui ne peut continuer d'être mis en attente trop longtemps avant de prendre connaissance de ce que le travail apporte de nouveau (valeur ajoutée).

L'approche d'aller droit au but dès le début est ainsi plus en phase avec l'expérience aventurière de la recherche. Le lecteur, tout comme le chercheur qui s'y embarque, devrait sentir cette excitation dès les premiers mots ou premières phrases. Cette excitation ne devrait point tarder à se matérialiser. On se rappelle sans doute les films d'action qui annoncent la couleur dès les premières secondes avec des scènes de combat, gagnant ainsi l'adhésion du public tout au long de leur déroulement.

En outre, les questions de recherche doivent être bien en vue. Leur présence est rendue obligatoire par la nature même de l'activité de recherche, qui consiste à trouver des réponses rigoureuses et claires. Pas de questions, pas de réponses, donc pas de recherche. Si le style directement interrogatif est de loin préférable, il est tout de même possible d'avoir une formulation sans le point d'interrogation. Ces questions de recherche arrivent (en général) à la fin de cette partie dédiée au problème. Elles offrent une transition toute trouvée à la seconde partie de la problématique, à savoir l'intérêt scientifique et pratique de leurs réponses.

Dans la recherche de fondements à la pertinence de la question de recherche, il est courant chez certains chercheurs d'évoquer l'absence d'études similaires dans le contexte ciblé. Cette affirmation laisse supposer que le chercheur a fait un tour d'horizon complet de la littérature pertinente, en remontant aussi loin que possible dans le passé. Ceci n'est pas toujours le cas, et il est généralement admis que même pour le chercheur le plus vigilant, la connaissance de la littérature n'est pas toujours intégrale ou exhaustive. La prudence aurait alors commandé, dans le cas où le chercheur ne pourrait se passer d'une telle affirmation, de rajouter la mention « en ma connaissance » ou « en notre connaissance actuelle ».

Même s'il se trouve que le contexte envisagé n'a en effet jamais attiré l'attention de la littérature existante, il se pourrait alors qu'il ne soit pas digne d'intérêt scientifique. En envisageant une telle étude, le chercheur devra démontrer le contraire. Il s'agit pour l'essentiel d'indiquer dans quelle mesure des éléments particuliers du profil contextuel pourraient amener à envisager la possibilité d'une portée limitée des analyses antérieures ou d'une relecture des résultats subséquents. Ce n'est qu'alors qu'il aura gagné l'adhésion du lecteur qu'il aura convaincu que la transposition des schémas d'analyse qui ont fait leur preuve ailleurs peut aboutir à des résultats potentiellement intéressants. Ces derniers peuvent aller dans le sens de la validation des résultats antérieurs, leur offrant ainsi une robustesse accrue, ou par contre les contredire, précisant ainsi leur portée réelle et tout en permettant une compréhension améliorée du phénomène étudié.

b. La motivation ou la justification (de l'intérêt) de la recherche

Dans ce second segment de la problématique, l'auteur est appelé à convaincre le lecteur de l'intérêt et de la pertinence de sa recherche. Entreprendre une recherche donnée est en soi une indication de l'intérêt du thème ou de la question de recherche. La charge lui revient alors de démontrer cet intérêt ou encore de le justifier. Il doit donc indiquer en quoi le problème identifié en est réellement un et en quoi la réponse qui sera proposée contribuerait à améliorer les connaissances. S'il est vrai que l'intérêt de la recherche est avant tout scientifique, il est souhaitable, sous réserve de pertinence, d'indiquer dans quelle mesure les utilisateurs des produits de la recherche y trouveraient un intérêt, généralement en termes de guide d'actions.

Les éléments de motivation ou de justification de l'intérêt sont ainsi de deux ordres. Ils peuvent être scientifiques, en montrant ce que le travail pourrait apporter de nouveau dans la compréhension générale du phénomène à analyser. Il s'agit de la valeur ajoutée de la recherche. En outre, ils peuvent être pratiques, en s'appuyant sur la dimension politique du problème de recherche. Il s'agit alors d'indiquer en quoi la recherche pourrait améliorer l'action publique à partir des implications des résultats.

En reprenant l'exemple précédent du thème sur l'accès au crédit, l'intérêt peut être formulé comme suit :

> « Cette approche qui reconnait de façon effective l'hétérogénéité des contraintes d'accès au crédit est de nature à traduire avec plus de fidélité la complexité du marché du crédit dans ses interactions multifacettes avec les entreprises dans les pays en développement. Si de façon générale le défaut d'accès au crédit peut en effet contribuer à freiner la performance, il est en effet important de comprendre laquelle des contraintes spécifiquement identifiées est à la base de ce résultat général. Cette hiérarchisation des contraintes peut contribuer à mieux orienter les politiques visant à améliorer l'inclusion financière dans sa dimension d'accès au crédit. Un ciblage précis basé sur la connaissance d'une part de la nature, de l'incidence et de la contribution relative de ces différentes contraintes à la performance, et d'autre part des déterminants différenciés de la matérialisation effective de chacune d'elles, constitue en soi un gage d'efficacité des initiatives publiques d'amélioration de l'inclusion financière et une matérialisation effective des bénéfices potentiels qui peuvent lui être associés en termes de performance des entreprises. »

On voit bien dans ce paragraphe l'intérêt de la recherche du point de vue de la littérature économique. Il est en effet stipulé que la recherche pourra contribuer à une meilleure compréhension des mécanismes d'exclusion ou de rationnement sur le marché du crédit grâce à une approche présentée comme supérieure. La portée pratique ou politique de cette recherche appliquée est également bien présente, avec les implications possibles des résultats dans une perspective d'inclusion financière accrue.

Élaborée avec soin, la problématique ne devrait pas essuyer les critiques du genre (i) « la problématique n'est pas claire », (ii) « on ne sent pas une tension », ou encore (iii) « on n'est pas convaincu de l'intérêt scientifique ou politique de la recherche ». La première critique renvoie en général à la pauvreté du style qui rend difficile la compréhension du texte. Un effort répété de relecture est alors nécessaire. Il pourra conduire à des choix plus élaborés de vocabulaires ou de tournures linguistiques et un meilleur agencement des idées qui structurent le texte de façon plus harmonieuse grâce à un fil conducteur continu.

La deuxième critique porte sur le cœur même du problème de recherche : soit le caractère « problème » est inexistant, contrairement à ce que le chercheur voudrait faire croire, soit c'est encore la formulation qui est pauvre. Dans le premier cas, si une majorité d'avis soutiennent le manque d'attrait scientifique du travail, alors le chercheur devra réévaluer sérieusement la pertinence même de sa recherche. Dans le second cas, il se peut que des développements inutiles aient contribué à diluer la nature du problème. Le caractère diffus aura sans doute contribué à créer une confusion chez le lecteur. Un effort de réécriture est alors nécessaire.

La troisième critique est proche de la deuxième, mais elle est plus orientée vers la justification de l'intérêt de la question de recherche. Il se peut que le travail ne soit réellement pas digne d'intérêt (surtout scientifique), et il est souvent associé à la portée limitée du problème de recherche. Il se peut aussi que ce soit plutôt un problème lié à la faible qualité rédactionnelle ou organisationnelle de l'argumentaire de la motivation, qui requiert dans ce cas une relecture et une amélioration du texte.

S'il est vrai que le temps de la recherche est compté, c'est dans cette section que l'on peut comprendre pourquoi. Les termes d'une problématique sont généralement très glissants, voire élusifs, dans un contexte de production scientifique sans cesse en mouvement. Le gap de connaissance identifié plus tôt peut rapidement être comblé par une série de travaux de recherche très probablement en cours de publication au moment où le chercheur est à l'étape de projet. Ceci peut alors ébranler les fondements qui ont servi à échafauder sa recherche. La question de recherche jadis pertinente et acclamée risque alors de perdre son attrait scientifique. La recherche envisagée finit par être reléguée au rang des travaux à faible valeur.

Pour autant, le chercheur ne devrait point se lancer dans une course de vitesse qui risque de déboucher sur un produit final faiblement mûri, motif suffisant de rejet au moment de la publication ultérieure. Le sens de l'équilibre commande que le chercheur soit conscient de cet horizon temporel aussi latent qu'élusif et dont l'ignorance ou la non-prise en compte peut réserver bien des surprises désagréables.

Pour ce qui est de la forme, comme indiqué plus haut, une problématique devrait aller droit au but et éviter les détails superflus qui peuvent diluer le contenu. Elle ne devrait ainsi pas être longue et pourrait contenir sur une page, voire une page et demie. À titre indicatif, trois ou quatre paragraphes peuvent servir au problème : un ou deux qui exposent la portée de la littérature existante, un autre qui renseigne sur la nécessité de dépassement et la contribution (valeur ajoutée), et un autre qui offre quelques détails sur la contribution (de quoi s'agit-il ?). La justification de l'intérêt peut contenir dans un à deux paragraphes : un pour la portée scientifique de la contribution, un autre pour l'intérêt du point de vue politique. Dans l'exemple précédent, la problématique dans son ensemble pourrait tenir dans moins d'une page, avec seulement quatre paragraphes.

En plus d'être concis, le style doit être très clair. Le choix des mots, la simplicité de la structure des phrases et des paragraphes qui ne doivent pas être trop longs et le fil conducteur des argumentaires soigneusement élaboré devraient permettre au lecteur de saisir sans équivoque tout le message du texte. Après avoir parcouru les lignes qui constituent la problématique, le lecteur aura saisi avec une relative aisance le problème de recherche et ce qui en fait un problème digne de recherche.

Il est de tradition de ne pas mettre un article devant les titres des sections. Par exemple, pas de « La problématique », « Le résumé » ou « Les objectifs », juste « Problématique », « Résumé » et « Objectifs ». Pour les deux parties constitutives de la problématique, il n'est pas de coutume de subdiviser le texte en sous-sections, par exemple « 1.1. Problème » et « 1.2. Motivation ». Le texte est plutôt organisé sous la forme d'un bloc continu de paragraphes, et grâce à un style clair et précis, il est facile pour le lecteur de distinguer la transition entre ces deux parties de la problématique. Par exemple, le questionnement signale la fin de l'exposé du problème et le début de la motivation. L'usage de termes explicites peut également marquer la transition. Par exemple, un paragraphe qui démarre par cette phrase « *Répondre à ces questions revêt un intérêt réel du point de vue de la recherche et également de la politique* » indique sans équivoque que des éléments de justification de l'intérêt de recherche vont suivre.

4. Les objectifs de recherche

Qu'est-ce que le chercheur se propose de faire ? Que cherche-t-il à analyser, à comprendre, à accomplir, à déterminer, à mesurer, à estimer, ou encore à évaluer ? Cette section apporte des réponses précises en indiquant le but ou le résultat vers lequel tend l'activité de recherche. Ces réponses doivent être suffisamment claires pour renseigner sur l'intention du chercheur et la finalité de sa recherche. Si la problématique peut laisser entrevoir les objectifs de la recherche, cette section les affirme et les énumère de façon plus directe, plus explicite, plus détaillée, et donc plus précise.

Il est de tradition de distinguer deux types d'objectifs : l'objectif général et les objectifs spécifiques. À noter les nombres singulier et pluriel. L'objectif général est unique, alors que les objectifs spécifiques, qui sont une désagrégation de l'objectif général, sont au nombre de deux ou plus. Si l'objectif spécifique devait être unique, alors il se confondrait à l'objectif général dont il serait une reformulation inutile.

L'objectif général offre une indication claire et succincte, généralement en une phrase, de la tâche principale du travail. Il découle directement du problème de recherche. Il reprend quasiment le titre, mais en format de phrase standard (sujet-verbe-complément). L'unicité de l'objectif général est conforme à l'exigence de cohérence d'ensemble et de clarté du travail, et également à l'efficience de la recherche qui est ainsi ramenée à des proportions mieux gérables.

Il est facile d'imaginer en effet la tâche difficile d'un article qui poursuit deux objectifs généraux ou plus. Il est alors possible de retrouver deux champs littéraires qui coexistent, chacun avec son propre lot de tensions et de problèmes. Il est également possible que chacun de ses objectifs donne lieu à des approches méthodologiques différentes, qui renforcent alors la confusion dans la tête du lecteur (et du chercheur) avec la difficulté de devoir suivre des fils de raisonnement différents. C'est à la limite proche de l'exemple du chasseur qui court derrière deux lièvres, avec la forte probabilité de rentrer bredouille. En diluant ou saupoudrant ses efforts d'analyse dans plusieurs directions, le chercheur risque alors de ne point pouvoir servir au lecteur tout le raisonnement profond et complet auquel il est en droit de s'attendre d'une recherche de qualité appréciable. Tout comme la recherche porte sur un seul titre, un seul problème, elle devrait poursuivre un seul objectif général. Deux objectifs généraux devraient faire l'objet de deux recherches séparées.

Les objectifs spécifiques éclatent l'objectif général et offrent des dimensions plus précises et plus maniables du problème de recherche. Ils renseignent de façon détaillée sur l'orientation de la recherche et évitent ainsi une éventuelle confusion qui peut brouiller l'objet principal de la recherche. La réalisation de ces objectifs spécifiques contribue inéluctablement à l'atteinte de l'objectif général, et donc à la réponse directe à la question de recherche. Les objectifs spécifiques offrent également les bases de formulation des hypothèses de recherche et orientent le contenu des analyses statistique et économétrique qui seront proposées plus tard.

Pour contenir ces analyses dans des proportions raisonnables, il ne devrait pas y avoir un grand nombre d'objectifs spécifiques. Deux ou trois devraient suffire.

Considérons le thème précédant qui donne lieu à une recherche dont le titre est « Hétérogénéité des contraintes de crédit et performance des entreprises en Afrique ». Cette section sur les objectifs peut être formulée comme suit :

> « L'objectif général de cette recherche est d'analyser l'interaction entre les contraintes d'accès au crédit et la performance des entreprises en Afrique subsaharienne. De façon plus spécifique, il s'agit d'une part d'identifier les mécanismes générateurs différenciés de diverses contraintes d'accès au crédit, et d'autre part de mesurer l'impact de leur réduction sur la performance des entreprises. »

Il est à noter l'usage explicite des termes « L'objectif général » et « De façon plus spécifique » qui écarte toute ambiguïté dans le listing de l'objectif général et des objectifs spécifiques. Ces derniers sont au nombre de deux. Pris ensemble, ils montrent bien en quoi la compréhension des déterminants des différentes contraintes et de leurs impacts sur la performance forme la base d'une analyse des interactions entre le marché du crédit et les firmes.

Pour le thème « Facilitation des Échanges et Performance des Entreprises en Afrique », voici un exemple de formulation des objectifs :

> « Cet article (projet) a pour objectif général d'analyser l'impact de l'amélioration de l'environnement commercial sur les comportements d'exportations et d'importations des entreprises en Afrique. En d'autres termes, l'article se propose d'abord de montrer en quoi les initiatives de facilitation des échanges pourraient contribuer à accroitre la probabilité de participation des firmes aux marchés extérieurs, ensuite de mesurer leur impact sur l'intensité de leurs échanges. »

Là encore, un seul objectif général et deux objectifs spécifiques. Il est également clair que les deux objectifs spécifiques offrent plus de précision à l'objectif général de la recherche : le statut d'importatrice ou d'exportatrice et les volumes des échanges extérieurs sont autant de facettes de l'internationalisation des firmes.

5. Les hypothèses de recherche

Dans un cadre d'analyse empirique, les hypothèses renvoient aux résultats auxquels on pourrait s'attendre en termes de réponses aux questions de recherche. Dans la mesure où ces dernières sont reprises par les objectifs de recherche, plus précisément par les objectifs spécifiques, les hypothèses sont ainsi formulées à partir de ces objectifs spécifiques. Il doit ainsi y avoir autant d'hypothèses de recherche que d'objectifs spécifiques. Si les objectifs spécifiques indiquent ce que la recherche se propose d'analyser ou de mesurer, les hypothèses constituent des conjectures à propos des résultats de cette analyse ou du sens de la mesure. Les hypothèses offrent aux objectifs spécifiques un format qui se prête mieux aux analyses empiriques qui interviendront plus tard dans l'activité de recherche.

Les hypothèses de recherche s'apparentent dès lors, à bien des égards, aux hypothèses dans le cas de tests classiques en Statistique. Tout comme les hypothèses statistiques, les hypothèses de recherche sont formulées de façon directe. Le test statistique d'hypothèse nulle d'égalité d'un paramètre *beta* à zéro est formulé littéralement comme suit : « *beta* est égal à zéro ». Le style est bien direct, affirmatif, précis, point de conditionnel ou de suppositions. Il n'est ainsi pas dit : « *beta* serait égal à zéro » ou « *beta* pourrait être proche de zéro ».

La formulation de l'hypothèse de recherche emprunte ce style qualifié. Soit encore le thème sur les contraintes d'accès au crédit, dont les deux objectifs spécifiques sont (i) « *d'identifier les mécanismes générateurs différenciés de diverses contraintes d'accès au crédit* » et (ii) « *de mesurer l'impact de leur amélioration sur la performance des entreprises.* » Il vient la formulation suivante des deux hypothèses de recherche :

> « Il est envisagé les deux hypothèses suivantes : (i) les mécanismes générateurs des différentes contraintes sont liés aussi bien aux éléments caractéristiques des entreprises qu'aux modalités d'offre de crédit ; et (ii) les contraintes d'accès au crédit ont un impact négatif différencié sur la productivité des entreprises. »

Il apparaît ainsi clairement, à l'aide d'un style direct, que les hypothèses avancent des résultats qui vont dans le sens des objectifs spécifiques. À l'objectif spécifique d'identifier les mécanismes explicatifs de l'incidence des contraintes d'accès, la première hypothèse propose des éléments de demande et d'offre de crédit comme facteurs explicatifs du faible accès au crédit. La seconde hypothèse, relative à l'objectif spécifique portant sur l'impact des contraintes sur la performance, avance un effet négatif.

Il est à noter l'ordre d'apparition des hypothèses, qui suit celui des objectifs spécifiques. Cette correspondance facilite l'appariement entre les objectifs spécifiques et les hypothèses de recherche. Le lecteur peut alors aisément associer la première hypothèse listée dans cette section au premier objectif spécifique listé dans la section précédente, et la seconde au second.

Soit un autre exemple lié au thème de la facilitation des échanges et la performance des entreprises en Afrique. À l'objectif spécifique « *d'analyser en quoi les initiatives de facilitation des échanges pourraient contribuer à accroitre la probabilité de participation des firmes aux marchés extérieurs* », il peut être associé l'hypothèse suivante : « *l'amélioration de la qualité des infrastructures commerciales réduit les coûts fixes associés aux échanges qui, à leur tour, rendent plus attractifs les marchés extérieurs* ». Pour ce qui est du second objectif spécifique qui porte sur « *mesurer leur impact sur l'intensité des échanges* », l'hypothèse correspondante pourrait lire : « *faciliter les échanges augmente les volumes d'importations et d'exportations des firmes* ».

Cette section sur les hypothèses se limite à leur simple énumération. Il n'est généralement pas recommandé de les développer ou de les préciser, le style suffisamment clair ne devrait pas laisser place à une quelconque confusion. Il n'est point besoin non plus de les rationaliser ou de les justifier, ce serait alors en faire des éléments de réponse définitive à la question de recherche, et le reste du travail (en particulier la partie empirique) deviendrait, au mieux, redondant, au pire, caduc. C'est encore une fois à l'image des tests d'hypothèse en Statistique où il n'est pas demandé de préciser ou de justifier le pourquoi ou le comment de l'hypothèse « *beta* est égal à zéro ».

Toutefois, l'absence de justification des hypothèses de recherche dans cette partie du travail ne saurait exonérer le chercheur de veiller au réalisme des hypothèses qu'il avance. Leur formulation se réfère d'une part à la littérature qui aura proposé des analyses (quasi-) similaires, et d'autre part au contexte d'étude dont les spécificités pourraient renseigner sur la portée des résultats antérieurs. Une bonne connaissance de la littérature et une réelle maîtrise du cadre contextuel sont les deux ingrédients qui doivent guider la formulation d'hypothèses de recherche qui soient raisonnables et non farfelues.

Les hypothèses de recherche feront l'objet de tests formels dans la partie empirique du travail. Elles vont donc guider le choix d'approches méthodologiques. En précédant l'application des méthodes empiriques, les hypothèses ne doivent pas être formulées ou reformulées sur la base des résultats de la modélisation empirique. En particulier, il ne devrait être modifié la formulation d'une hypothèse sous prétexte de se conformer aux résultats empiriques. La crédibilité s'oppose à une telle démarche qui laisse entendre une inversion du processus de recherche : d'abord conduire les tests, ensuite poser les hypothèses. Ce serait l'équivalent d'une tactique de chasse qui consiste à tirer d'abord et à viser ensuite (*shoot first, then aim*) : que dire alors de la qualité du chasseur, même s'il retourne avec un gibier ?

Rejeter une hypothèse ne saurait être compris comme une indication d'une « mauvaise » hypothèse, ou d'une hypothèse « irréaliste », mais plutôt d'un mésalignement entre les schémas d'interprétation traditionnels des faits tels qu'ils découlent de la littérature antérieure et la réalité contextuelle telle qu'elle est captée par les données utilisées.

Par ailleurs, le caractère réaliste ou approprié d'une hypothèse ne saurait être appréhendé du point de vue de sa validité empirique, mais dans la mesure où elle s'adosse suffisamment à la littérature et au contexte d'étude. Le rejet des hypothèses est tout simplement une indication qu'une combinaison particulière d'éléments spécifiques du contexte et des mécanismes généraux identifiés par la littérature offre juste une lecture différente. Un tel résultat et la curiosité qu'il peut susciter devraient donner plus matière à découverte qu'un résultat qui verse dans la compréhension et l'acception générales.

6. Le cadre contextuel

Cette section propose une analyse détaillée du cadre d'étude. Le contexte fait référence au cadre institutionnel dans lequel opèrent les unités de décision ainsi que le profil de ces dernières. Son analyse renvoie d'une part à une description critique des éléments caractéristiques majeurs qui fondent sa configuration actuelle, et d'autre part à leur rôle contributif dans les schémas comportementaux observés. Bien menée, cette analyse du cadre contextuel offre des éléments additionnels d'appréciation du caractère problématique du thème de recherche et de la portée de la question de recherche.

En effet, si des aspects spécifiques du contexte ont été convoqués dans l'élaboration du problème de recherche, cette partie se propose d'aller plus en détail dans ce qui fait du problème de recherche un « véritable problème ». Elle permet ainsi de mieux apprécier la difficulté perçue ou encore la portée limitée d'une connaissance établie, à la lumière des éléments caractéristiques majeurs du cadre d'étude. Il ressort de cette analyse une plus grande précision des contours de la tension ou du conflit à la base du problème de recherche.

Pour servir ce but, l'analyse devrait être très sélective du profil contextuel, en ne faisant appel qu'aux traits saillants pertinents au regard du problème ou de la question de recherche. Cette pertinence renvoie au lien étroit entre ces aspects contextuels et le problème de recherche et à leur capacité à renseigner davantage le lecteur sur le quoi de la recherche. Dès lors, tout élément descriptif du contexte qui n'est pas directement lié au problème ou à la question de recherche, ou dont le contenu informationnel est maigre voire nul de ce point de vue, ne devrait pas être convoqué dans l'analyse, au risque de contribuer à une digression ou à une distraction.

En guise d'illustration, soit le thème sur la facilitation des échanges et les comportements des entreprises sur les marchés extérieurs. Une analyse contextuelle devrait renseigner sur les quatre points suivants : (i) Quel est le profil des infrastructures commerciales du pays ? (ii) L'internationalisation est-elle une réalité pour les entreprises ? (iii) Quel est le niveau de performance des entreprises en relation avec le commerce international ? (iv) Existe-t-il des initiatives publiques ou privées qui justifieraient une quelconque mise en relation entre les objectifs d'amélioration du cadre commercial et la performance extérieure des entreprises ?

Le premier point devrait pouvoir indiquer la facilité (ou difficulté) avec laquelle le commerce transfrontalier se déroule. Il peut par exemple être évoqué les procédures douanières (nombre de documents requis pour exporter ou importer, les délais d'épuisement de ces procédures, ou encore les coûts directs associés) et la qualité perçue des infrastructures par les acteurs et telle qu'on la retrouve par exemple dans les rapports *Doing Business* de la Banque Mondiale, ou dans les rapports périodiques du Forum Économique Mondial. Une approche comparative qui inclut une dimension temporelle ou qui introduit d'autres contextes comme références serait la bienvenue. Elle offre une possibilité de mise en perspective du profil contextuel en question. Le lecteur pourra alors mieux apprécier la qualité relative de l'environnement commercial du pays : est-ce plus favorable que par le passé (amélioration au fil du temps) ? Est-ce meilleur que dans les autres pays de référence ?

Les deuxième et troisième points portent sur le second volet du thème de recherche, à savoir le comportement des entreprises sur les marchés extérieurs. Conformément à l'orientation générale du travail, il sera question de renseigner d'une part sur la proportion d'entreprises qui participent à l'échange international en qualité d'exportatrices ou d'importatrices, et d'autre part sur l'intensité avec laquelle les entreprises participantes échangent avec le reste du monde. Là encore, la mise en perspective temporelle et spatiale des éléments contextuels est souhaitable.

Le quatrième point porte sur la mise en relation de ces deux pans du thème, avec un accent particulier sur la perspective pratique qui appelle un exposé détaillé de la portée politique du problème de recherche. Il est ainsi indiqué en quoi la qualité des infrastructures commerciale d'une part, et l'internationalisation des entreprises d'autre part, sont prises en compte dans les stratégies publiques. Le cas échéant, ces dernières sont appréciées de façon critique, en mettant en avant les objectifs, les outils et les résultats éventuels. Si ces stratégies publiques se recoupent dans une approche qui reconnaît l'interdépendance de la qualité des infrastructures commerciales et la performance des entreprises, alors il est crucial d'en parler en détail. En la matière, il peut être évoqué les accords commerciaux sous l'égide de l'Organisation mondiale du Commerce (OMC) de 2013 portant sur la facilitation des échanges : (i) De quoi s'agit-il ? (ii) Quelles sont les finalités ? (iii) Quelles sont les initiatives envisagées dans ce sens ? (iv) Quel est le degré d'appropriation nationale ?

En se limitant à ces aspects saillants et pertinents, et seulement à ces aspects, il est bien possible de renseigner le lecteur sur ce qui fait du problème de recherche « un problème ». Le lecteur aura ainsi gagné une bonne compréhension du contexte de recherche à travers ses éléments caractéristiques les plus pertinents. Ceci évite les possibilités de digression ou « hors sujet ». Par exemple, il ne devrait pas être évoqué la question de la diversification du commerce, en termes de produits ou de partenaires, qui devrait en soi faire l'objet d'une recherche séparée.

Cette analyse contextuelle pourrait, au besoin, s'appuyer sur des tableaux ou graphiques. Ces derniers rajouteraient à la clarté de l'exposé et à la facilité de lecture et de compréhension. Rien de mieux en effet qu'un tableau récapitulatif de statistiques pour comparer à une référence donnée, ou un graphique pour montrer une tendance à la hausse ou à la baisse (ou à la stagnation). Cependant, le chercheur devrait résister à la tentation d'en faire un usage excessif, voire abusif. Le sens de la mesure et de l'équilibre devrait guider le choix de convoquer ces outils, étant donné la longueur relativement réduite du texte final.

Rappelons aussi que cette section isolée peut être absente du travail de recherche. Cette éventualité ne signifie point que le contexte est absent du travail. Ses éléments descriptifs sont plutôt bien présents à d'autres endroits, comme la problématique où ils auraient servi dans l'élaboration du problème de recherche. Si cette partie (et d'autres) offre tous les éléments pertinents pour une bonne appréciation du profil contextuel, alors point besoin de recourir à cette section séparée, au risque de se répéter inutilement. À l'opposé, si une section séparée dédiée à l'analyse contextuelle devrait contribuer à la compréhension générale du problème de recherche en offrant des détails fort utiles, alors le chercheur devrait envisager cette éventualité.

Il est possible qu'il y ait similitude d'objet entre cette section sur le cadre contextuel et celle sur les données (développée plus bas). Cette similitude peut aller jusqu'à prêter à confusion entre le contenu des deux sections, ce qui est d'autant plus le cas si ces données servent également à l'analyse contextuelle. Cependant, la similitude d'objet n'indique point une finalité commune. Si l'analyse contextuelle offre des éléments descriptifs du cadre d'étude dans le sens de mieux apprécier la portée du problème et de l'intérêt de recherche, la section sur les données, après une présentation de la nature de ces dernières, offre des éléments de réponse préliminaire aux questions de recherche ou de validation initiale des hypothèses de recherche. En d'autres termes, l'analyse du contexte est accès sur la problématique dont elle offre des éléments additionnels d'appréciation, alors que l'analyse exploratoire portant sur les données est plus orientée vers une première tentative de validation (ou pas) des hypothèses de recherche.

En outre, dans la plupart des cas, l'analyse contextuelle va bien au-delà du cadre statistique des données et fait appel à des informations additionnelles provenant de sources différentes, dans la mesure où ces dernières rentrent dans l'esprit de précision du problème de recherche.

À ce titre, ces deux sections offrent des contributions bien différentes, bien que parfois proches, au travail de recherche.

7. La revue de la littérature

Tout travail de recherche, aussi original ou novateur soit-il, s'inscrit dans un corpus de connaissances existant. Ce dernier est la somme de contributions courantes et antérieures à la compréhension générale du phénomène étudié. Si le travail de recherche s'inscrit dans cette dynamique productive à laquelle elle ambitionne de contribuer, cette section se propose alors de bien placer la recherche envisagée dans cette lignée de productions scientifiques. Ce positionnement littéraire, objet de la revue de la littérature, est réalisé en renseignant sur l'état actuel de l'édifice des connaissances et la nature du gap, ce dernier permettant une appréciation de la portée scientifique de la contribution.

Il peut être évoqué la métaphore de l'architecte qui cherche à rajouter un étage à un bâtiment qui en compte déjà un bon nombre. Il s'agit pour lui de procéder d'abord à un état des lieux, avec un accent particulier sur le dernier étage. Ensuite, à partir des éléments qu'il aura recueillis de l'analyse de l'intégrité structurelle de l'édifice, il indiquera le bien-fondé du rajout qu'il propose.

Il est ainsi demandé au chercheur qui aborde cette section de dresser l'état actuel de la connaissance sur le thème de recherche et d'offrir les éléments justificatifs de sa contribution à l'édifice scientifique. Ce travail descriptif qui privilégie une approche critique devra ainsi renseigner sur ce que l'on sait et ce que l'on ne sait pas encore. De cette connaissance détaillée de la littérature découle une claire indication de la portée de la contribution envisagée par le chercheur.

La parcimonie devra guider l'auteur dans cette analyse littéraire, étant donné l'abondance des travaux de recherche récents d'une part, et l'hétérogénéité des produits de cette recherche en termes de pertinence et de qualité d'autre part. Dans le choix des références à convoquer, le chercheur reconnaît ainsi que toute publication sur le thème n'est pas pertinente. Tout comme l'architecte qui ne va pas fonder ses calculs devant guider sa décision de rajout de l'étage sur la peinture utilisée ou tout autre élément impertinent, le chercheur devra ignorer toute contribution scientifique qui ne rajoute pas à la discussion littéraire qu'il construit.

Cette discussion peut être envisagée dans le sens d'un débat auquel participent des auteurs ayant abordé la même question de recherche. En jouant le rôle de modérateur (chairman), le chercheur organise les échanges, en précisant au préalable les contours de ces derniers et en veillant à ce que les apports soient bien circonscrits et qu'il n'y ait pas de digression ou de « hors sujet ». Tour à tour, il distribue la parole aux auteurs qui, non seulement renseignent sur la nature de leur contribution, mais également en offrent des éléments d'appréciation de la pertinence en rapport avec les contributions précédentes et de la portée. Cette dernière peut constituer une transition vers les contributions suivantes, dans un schéma d'échange qui repose sur des interventions précises et succinctes et sur l'esprit critique des auteurs intervenants et du chercheur chairman.

En plus d'organiser les échanges, le chercheur contribue à ces deniers de deux autres façons. D'abord, il offre une évaluation critique de chaque contribution, en plus de celle des auteurs, en indiquant le sens et la portée. Ensuite, au terme des échanges, en guise de conclusion, il offre une évaluation générale des contributions qui constituent la littérature, en insistant sur ce que l'on sait et ce qui reste à savoir. Il indique ainsi la frontière actuelle de la recherche. Il positionne son travail dans ce débat général en indiquant sa contribution qui se doit d'être différente de celles des autres. Cette originalité fonde la valeur ajoutée de son travail.

Il ne devrait alors point s'agir de répéter ce qui est déjà clairement exposé par un autre auteur dans son article, à moins que la recherche envisagée offre un meilleur exposé. Ce dernier pourrait par exemple reposer sur une réévaluation de la portée des arguments mis en avant. Il ne devrait point s'agir non plus de ramener un argumentaire qui est dépassé par le débat scientifique en constante évolution. Ce qui peut être le cas si l'auteur n'est pas suffisamment au fait de l'état actuel de la connaissance, en considérant son intervention comme une valeur ajoutée qui n'en est pas une. Une bonne compréhension des contributions pertinentes devrait permettre d'éviter une duplication inutile de travaux qui, en définitive, n'a pas d'intérêt scientifique véritable.

Comme toute activité de production qui cherche à créer de la valeur reconnue comme telle par le marché, la recherche devrait, à partir des connaissances existantes (inputs), créer une connaissance nouvelle qui rajoute à la valeur des connaissances existantes. Une recherche qui consiste en un dédoublement de travaux existants est à l'image d'un produit final (article fini du chercheur) qui est identique au produit intermédiaire (articles existants), ce qui est symptomatique d'une valeur ajoutée nulle. Si, par un processus de recherche médiocre, cette duplication produit une recherche de moindre qualité, ou si elle aboutit à un produit qui ramène la recherche plusieurs décennies dans le passé, alors elle aura détruit de la valeur. De tels exercices sont à éviter, par souci d'efficacité et de rentabilité. L'activité productive de recherche n'a d'intérêt scientifique que lorsque « produire vaut mieux que ne pas produire », ce qui exige en soi la garantie d'une valeur ajoutée strictement positive.

Dans l'élaboration pratique de cette section sur la revue de la littérature, il est de tradition de distinguer séparément la revue de la littérature théorique et la revue de la littérature empirique. Il est à remarquer que le qualificatif ne porte pas sur la revue. Il est en effet difficile de trouver un véritable sens à une « revue théorique » ou une « revue empirique », étant donné que l'approche d'évaluation critique de la littérature, théorique ou empirique, est unique dans son objet fonctionnel (état des lieux et portée). C'est plutôt la littérature qui est ainsi qualifiée.

La littérature théorique concerne les contributions scientifiques qui offrent les mécanismes explicatifs du phénomène étudié tels qu'ils découlent de constructions logiques (théoriques). L'approche analytique typique des travaux théoriques porte sur l'usage d'outils mathématiques. Ces derniers permettent de définir des équations de comportements qui sont régentées par des contraintes de divers ordres (en particulier le cadre opératoire institutionnel) dans la réalisation d'un objectif donné. La résolution de ce système formé par ces équations aboutit à une forme réduite du modèle représentatif du phénomène étudié. De cette forme réduite découlent des résultats aussi appelés hypothèses testables. Ces dernières, dans le cadre d'une analyse qui privilégie la statique comparative, font des prédictions relatives aux réponses du phénomène à une modification des autres grandeurs ou des paramètres.

Par exemple, soit une recherche qui porte sur l'impact de différents types d'envoi (monétaire et réels) de migrants sur le bien-être des ménages. Un article typique cité dans la revue de la littérature théorique peut avoir construit un cadre d'analyse qui part d'une fonction d'utilité dont les arguments distinguent les consommations de biens acquis à partir du revenu du ménage (y compris les transferts monétaires) et celles portant sur des biens envoyés par le migrant. Ensuite, il est précisé la contrainte budgétaire dont la composante revenu inclut le transfert monétaire et la valeur des dotations (y compris les biens reçus du migrant). À partir des hypothèses et postulats traditionnels du comportement du consommateur, la résolution du programme d'optimisation peut donner un niveau d'utilité (indirecte) qui dépend ainsi des deux types d'envois. Il en découle alors les hypothèses testables suivantes : (i) « les transferts monétaires comme non-monétaires ont un impact positif sur le bien-être des ménages impliqués dans la migration », et (ii) « les envois monétaires ont un impact plus important que les envois réels ».

En élaborant la revue de la littérature théorique, le chercheur évoque alors ces principaux résultats. Ils discutent leur sens et leur portée. Il les compare aux résultats issus d'analyses qui font également appel à des constructions théoriques, en indiquant en quoi ils sont différents ou similaires.

La littérature empirique part des résultats de la littérature théorique et offre une synthèse des tentatives de validation empirique qui les ont confrontés aux données. Les travaux empiriques ont pour objet de tester les hypothèses testables. Par exemple, une recherche empirique qui porte sur le thème de la migration et du bien-être peut partir des résultats du modèle théorique élucidé plus haut. À partir de données sur le bien-être (approche subjective du bonheur – *happiness*), les transferts monétaires et réels et les caractéristiques complémentaires servant pour les variables de contrôle, elle développe un modèle de régression qui lie le premier au reste. Les résultats produits peuvent alors aller dans le sens de la validation des hypothèses testables ou dans le sens opposé.

La revue de la littérature empirique présente et discute ces résultats et bien d'autres issus de travaux empiriques ayant abordé le thème. La revue ne manquera ainsi pas d'indiquer la diversité des résultats, du point de vue des approches analytiques utilisées, de leur nature, de leur portée et de leurs implications. En confrontant ces résultats les uns aux autres, la revue permet ainsi de mettre à jour les différences et les similitudes entre les résultats empiriques, ainsi que les raisons. C'est le lieu de repréciser la contribution (valeur ajoutée) de la recherche empirique envisagée, dans la mesure où elle est plus directement rattachée à cette littérature empirique discutée.

L'élaboration pratique de la revue de la littérature, théorique ou empirique, peut procéder de façon chronologique ou de façon thématique. L'approche chronologique ou évolutive, renseigne sur le processus continu d'accumulation de connaissances à partir des différentes contributions. Cette approche indiquera alors, à partir d'un point de départ qui n'est pas toujours l'avènement de la recherche dans le domaine, les contributions successives qui ont constitué des rajouts significatifs. Chaque référence sera inscrite dans une lignée bien claire, avec d'abord les fondements de son originalité, ensuite son contenu, puis sa portée, cette dernière ouvrant la voie à la prochaine contribution à la littérature. Cette trajectoire évolutive amène le chercheur jusqu'aux toutes dernières références qui forment la frontière contemporaine de la recherche. Le travail qu'il envisage va rajouter un pan à cette évolution.

À cette approche évolutive, il peut être préféré une approche thématique qui organise la discussion littéraire autour de segments bien précis qui, mis bout-à-bout, renseignent sur l'état actuel de la connaissance. La revue précise alors les principaux résultats issus des travaux théoriques et empiriques et renseigne sur les contributions majeures qui les sous-tendent. S'il est vrai que chacun de ses résultats principaux peut être développé de façon relativement isolée, il doit être évoqué leur éventuelle complémentarité dans l'explication générale du phénomène.

Cette approche thématique est souvent privilégiée pour des travaux de recherche portant sur l'identification de facteurs explicatifs ou déterminants d'un phénomène donné. Chaque facteur constitue en soi une thématique. Il s'agit alors de proposer les différents résultats portant sur chaque facteur, le sens et l'ampleur de l'effet, les sources de divergence potentielles et les éléments de rationalisation. L'approche évolutive pourrait plus aisément se prêter à l'analyse d'une relation particulière et dont le champ est relativement circonscrit à un nombre limité de variables.

Par exemple, la recherche sur l'impact du salaire minimum sur l'emploi peut adopter une telle approche. Elle peut démarrer avec des travaux fondés sur l'approche néoclassique de base qui indiquent un résultat négatif, puis introduire la contribution importante de Card et Kruger en 1994 qui aboutit à un effet non-négatif, ensuite convoquer l'abondante littérature qui a suivi, en particulier celle de Card et Kruger en 2000 qui offre une première synthèse et enfin les travaux subséquents les plus récents qui forment la frontière actuelle. Cette dernière vague de contributions servira à poser les fondements d'une nouvelle problématique pertinente.

Dans tous les cas, la revue de la littérature ne devrait point être une juxtaposition de travaux ou une compilation décousue de références. La cohérence d'ensemble, née de la démarche critique de confrontation des produits de recherche passée ou en cours, commande l'usage d'un style narratif approprié. Il s'agit en effet de raconter une histoire (*tell a story*) qui est guidée par un fil conducteur continu dont la nature est définie par l'approche adoptée (évolutive ou thématique). À l'image d'un débat, tel que développé plus haut, la structuration de la revue de la littérature pourrait par exemple (i) commencer avec une introduction qui rappelle l'intérêt littéraire de la question de recherche et la portée générale des résultats théoriques et empiriques (aspect conclusif ou contradictoire), (ii) puis aller en détail dans la discussion de ces résultats (description et évaluation critique), (iii) et enfin offrir une synthèse générale qui d'une part dégage les perspectives et d'autre part offre un positionnement de la recherche envisagée (contribution ou valeur ajoutée).

Une des difficultés pratiques dans l'élaboration de la revue des littératures, voire de façon plus générale dans la conduite de la recherche, est de disposer des publications scientifiques de référence, notamment les plus récentes. Cette difficulté est de deux ordres : d'abord la connaissance de l'existence même de ces produits, ensuite leur accessible. Si l'effort individuel est attendu pour aller soi-même vers cette connaissance de la littérature, le chercheur peut passer par des collègues, en particulier ceux ayant travaillé ou travaillant encore sur la question, pour accéder à l'information sur les dernières contributions scientifiques.

Ensuite, il devrait chercher à se procurer ces références et à bien s'approprier leur contenu. Le caractère onéreux de certaines publications peut rendre leur accès difficile, voire impossible. Là encore, le recours à d'autres chercheurs peut aider dans la mesure où ils disposent de ces produits et qu'ils sont suffisamment généreux pour partager et peu regardants des dispositions restrictives des droits de propriété détenus par la revue de publication. Le chercheur peut aussi solliciter directement l'auteur de la publication qui serait ravi de l'intérêt porté à son travail et la perspective d'être cité dans une autre recherche.

À défaut, il reste l'option risquée de se rabattre sur des versions antérieures des articles qui sont en général sous la forme de *working paper*. Le risque tient à la nature transitoire de ce format intermédiaire qui peut, dans beaucoup de cas, être bien différent de la version définitive qui est publiée. Le chercheur qui fait recours au *working paper* doit citer cette version. S'il a la certitude que la version intermédiaire et la version définitive ont le même contenu, par exemple après lecture du résumé, des points saillants ou *highlights*, ou d'autres extraits sur lesquels il peut mettre la main, alors il peut faire référence à la version définitive publiée. Le poids scientifique de cette dernière est plus important, en raison du processus d'évaluation scientifique de la revue par laquelle elle est passée (*refereeing*).

Certains chercheurs font souvent référence à des publications auxquelles ils n'ont pas eu un accès direct (et qu'ils n'ont pas lues). Ils se contentent alors des citations ou références trouvées dans d'autres publications. Une telle démarche est symptomatique d'une paresse intellectuelle du chercheur, voire de sa mauvaise foi. En citant directement cette référence, le chercheur laisse entendre qu'il a bien lu le contenu, ce qui ne serait pas le cas. En décidant de faire usage des citations secondaires, le chercheur devrait plutôt indiquer l'accès indirect et mentionner la référence primaire qui donne la citation. Par exemple, si un argument développé par Hummels et Schaur (2013) est lu dans l'article de Seck (2017), le chercheur peut mentionner l'argument dans le texte, suivi de la référence de Hummels et Schaur (2013), puis indiquer en note de bas de page « Cité par Seck (2017) ».

Dans la recherche d'articles devant étoffer la revue de la littérature (ou toute autre section), le chercheur doit veiller à ne jamais convoquer des publications issues de revues dont la portée scientifique est limitée. C'est particulièrement le cas des revues dites « prédatrices ». Il s'agit de tentatives criminelles de délinquants éhontés de tirer profit de l'incrédulité et de la naïveté de jeunes chercheurs ou de chercheurs moins avertis. Leur existence n'est nullement motivée par la dissémination de produits scientifiques, encore moins par l'avancement de la science. Elles exigent une contrepartie financière relativement importante (de l'ordre de plusieurs centaines de dollars, avec possibilité de marchandage), en échange d'une publication quasi-assurée suite à un *refereeing* expéditif et très vraisemblablement le fait de chercheurs de petit calibre, voire de profanes. Même si les frais de publication ne sont pas l'apanage de ces revues prédatrices (certaines revues qui ont bien la cote l'exigent – j'en ai fait l'expérience avec le célèbre *Journal of International Economics* en 2010), ces paiements ne sont point à la hauteur de la médiocre qualité des publications.

Tout comme un virus, ces publications contaminent la qualité générale d'un travail de recherche qu'elles dégradent en le vidant de toute crédibilité scientifique. Il est également compris du recours à ces revues une incapacité du chercheur à discerner le bon grain de l'ivraie, ou à évaluer proprement et savoir reconnaître le caractère frauduleux de ces références. Éviter ces revues criminelles devrait aller jusqu'à ne point les utiliser comme support de publication ou à répondre à leur invitation pour évaluer un projet de publication (en qualité de *referee*). Interagir avec ces revues, c'est la garantie certaine d'anéantir le fruit de son travail dont la valeur devient nulle (voire négative) ou de verser dans la complicité de délinquance.

Il est souvent aisé de reconnaître ces revues frauduleuses. Leurs agissements les trahissent le plus souvent. Elles font le plus souvent usage d'une agressivité remarquable dans leur stratégie marketing par le biais de sollicitation par messagerie électronique et dont l'adresse est des plus standard (@yahoo ou @gmail). Les revues authentiques sollicitent très rarement des contributions ou des évaluations (sauf si le chercheur sollicité justifie d'une posture scientifique de premier rang dans la discipline et qu'il est familier de la revue). La règle d'or est de ne pas donner suite à ces sollicitations indésirables qui sont en réalité des appâts. Il est également possible que les sollicitations soient collectives, avec des messages envoyés à beaucoup de victimes potentielles. Il est alors souhaitable d'alerter les autres récipiendaires et leur faire comprendre les desseins criminels des solliciteurs.

Il est heureux de constater la multiplicité des initiatives salutaires provenant de coalitions interprofessionnelles ou d'individus isolés visant à prévenir les chercheurs face à ces risques liés à la prédation. À la faveur de ces initiatives, il est possible de retrouver sur Internet des listings relativement exhaustifs et actualisés de revues prédatrices.

Le libraire Jeffrey Beall a développé une liste (*Beall's List of Predatory Journal and Publishers*) répertoriant les revues prédatrices. Cette liste est accessible à partir du site Internet dédié[3]. Ce dernier contient également des liens fort utiles pour le chercheur, notamment des conseils pour ne pas tomber dans ces pièges, ces derniers pouvant également cibler de supposées « conférences scientifiques ».

---

[3] Adresse électronique : https://beallslist.weebly.com/ (accédée le 17 mai 2018).

Outre des revues à éviter, certains chercheurs devraient également l'être. Leur crédibilité scientifique est entamée par des pratiques douteuses, voire répréhensibles, qui peuvent aller de la manipulation au trucage des résultats et au plagiat. Référencer ces auteurs ou leurs publications pourrait également nuire à la qualité d'un travail de recherche, voire à la crédibilité du chercheur peu attentif. Le site Internet suivant offre une évaluation de la crédibilité des chercheurs à partir de leurs publications : https://pubpeer.com/.

Comprendre le processus de choix de la revue permet également d'éviter de tomber dans les pièges des prédateurs. Par exemple, la coalition « *Think. Check. Submit* » offre un guide précieux dans le choix de revues, en renseignant sur leur niveau de crédibilité.[4] « Penser, vérifier et soumettre » devrait bien être le principe qui guide l'auteur cherchant à publier son manuscrit : penser d'abord aux critères de choix des revues, ensuite vérifier le profil de la revue ciblée avant de procéder à la soumission.

À l'opposé, on retrouve des bases de données qui répertorient des revues scientifiques dont la crédibilité est bien établie dans la profession. Elles offrent un classement des revues, du point de vue de leur qualité relative, et à partir de différents critères tels que l'existence et la constitution d'un comité de lecture (*referees*), le nombre de citations des articles publiés et le prestige des auteurs. À partir de ces critères, il est développé des indicateurs bibliométriques, comme le facteur d'impact dans ses versions simple et normalisée, mis à jour chaque année par *Journal Citation Reports*, ou encore *Scimago Journal & Country Rank* (SJR) développé par Scopus et qui porte sur les revues gratuites. Il existe également des répertoires de ces bases de données, comme Scopus développé par le groupe éditorial Elsevier et qui compte plus de 16.000 revues répertoriées, ou sa concurrente *Web of Science* (WoS) de l'*Institute for Scientific Information* (ISI) qui a mis en place le *Science Citation Index* (SCI). Une autre règle d'or est d'éviter toute revue qui n'est répertoriée dans aucune base de données connue (si n'est une base de données de revues prédatrices).

Il est vrai que ces efforts individuels, institutionnels ou collectifs peuvent également connaître leurs limites dans le ciblage des revues prédatrices ou des auteurs à crédibilité scientifique douteuse. En effet, certaines bases de données jugées crédibles par la profession peuvent

[4] Adresse électronique : https://thinkchecksubmit.org/ (accédée le 17 mai 2018).

lister des revues prédatrices dans la catégorie des revues authentiques. La prudence, qui devrait exclure toute confiance aveugle à ces initiatives, somme toute, salutaires, commande dès lors que le chercheur interroge plusieurs bases de données pour mieux fonder ses choix.

La liste des références à éviter inclut également toute publication non-scientifique, c'est-à-dire qui n'est pas passé par un processus rigoureux d'évaluation par les pairs. C'est ainsi qu'il faudrait écarter les publications issues des « revues-maison », en raison de la pauvre qualité des publications et du profil peu attrayant de leurs promoteurs et des membres de leur comité de lecture (à supposer que ce dernier existe). Dans la plupart des cas, ces revues sont montées pour servir de tremplin à des chercheurs en mal de publications et voulant accéder à des grades académiques supérieurs ou une quelconque promotion professionnelle.

En outre, les articles de presse ne devraient pas contribuer à la revue de la littérature, tout comme les produits d'une recherche diplômante, comme les thèses de Master ou de Doctorat. Ces dernières font souvent l'objet de publications ultérieures. Il faudrait alors faire référence à ces publications qui sont passées par un processus d'appréciation plus rigoureux et plus crédible que celui d'un jury de thèse.

Le chercheur peut également faire référence à des informations contenues sur des sites Internet. Il peut s'agir de données ou de textes d'analyse. Dans ce cas, l'auteur doit indiquer, en note de bas de page, la source (adresse Internet complète) et la date d'accès au site. Par exemple, on peut avoir : « Source : http://lpi.worldbank.org/ (accédé le 12 avril 2014) » (sans les guillemets).

Une autre difficulté pratique est relative à la façon de référencer les auteurs convoqués dans la revue de la littérature (et dans les autres parties du texte). Cette difficulté est souvent associée au risque de plagiat. Il est de tradition de mentionner uniquement les noms des auteurs (pas les prénoms ni les surnoms) et l'année de publication.

Par exemple, si la publication d'Abdoulaye Seck de 2016 est utilisée, elle est citée comme suit, sous la forme active : « *Seck (2016) a montré que le consentement à payer des visiteurs est en moyenne plus de trois fois plus élevé que le prix administré des services de recréation du Parc Zoologique de Hann.* ». La citation peut également être sous une forme passive, pour lire : « *Il a été montré que la valorisation monétaire des services récréatifs du Parc Zoologique de Hann est plus du triple du prix du ticket d'entrée (Seck, 2016)* », ou « *Il a été établi par Seck (2016) que les visiteurs du Parc Zoologique de Hann sont disposés à payer en moyenne 1300 FCFA, soit plus de trois fois le tarif en vigueur* ».

S'il s'agit de deux auteurs, comme Adjaratou Djakher Dianko et Founty Alassane Fall pour une publication collective de 2017, la citation procède comme suit : « *Dianko et Fall (2017) ont suggéré une analyse détaillée du phénomène dans le contexte du Sénégal* ». Ou encore : « *Une analyse récente du phénomène fut suggérée dans le contexte du Sénégal (Dianko et Fall, 2017)* ».

Il est à noter l'ordre d'apparition des noms des auteurs qui est ici alphabétique. Mais ce n'est pas toujours le cas. Cet ordre devrait suivre celui retenu dans la publication. Également, il est à noter le pluriel dans « *ont suggéré* » : il est en effet fait mention directe des auteurs plutôt que de la publication.

Si le nombre d'auteurs est de trois ou plus, il est de tradition de mentionner juste le premier auteur (supposé être l'auteur principal), suivi de « *et al.* », généralement en italique, comme il est d'usage lorsqu'il s'agit d'une langue différente de celle du texte. Il s'agit de l'abréviation de la locution latine *et alius* (qui signifie « et autre » – singulier) ou *et alii* (« et autres » – pluriel). Il n'est cependant pas courant de prononcer « et al », mais plutôt « et ses collègues » ou « et ses co-auteurs » ou encore « et ses collaborateurs ». Ce terme latin a une traduction française : « et collab. » ou « et coll. », mais dans les publications économiques, il est préféré la locution latine.

Pour l'anecdote, quelqu'un avait pensé que « al. » était un auteur. Ce serait alors sans conteste l'auteur le plus prolifique de toute l'histoire de la recherche, avec une connaissance si encyclopédique qu'il transcende toutes les disciplines des Sciences économiques.

Par exemple, pour citer la publication collective de Lassana Cissoko, Jonathan Haughton, Kossi Makpayo et Abdoulaye Seck en 2013 dans *Journal of African Economies*, plus précisément dans le volume 22, numéro 1 et aux pages 22-51, la citation est alors comme suit : « *Cissoko* et al. *(2013) ont montré que l'intensité des échanges agricoles dans la CEDEAO est très élevée, en dépit de l'importance relative des barrières non-tarifaires* ». Ou encore : « *Il a été montré que les échanges de produits agricoles dans l'espace CEDEAO sont restés très élevés, nonobstant l'incidence des barrières non-tarifaires (Cissoko* et al.*, 2013)* ». Dans le corps du texte, il ne doit pas être fait mention des détails de la publication : revue, volume, page, etc. De telles informations se retrouveront plus tard dans la liste bibliographique.

S'il est fait référence à deux publications du même auteur et parues la même année, il faudrait les distinguer par les lettres alphabétiques « a » et « b ». Soit par exemple l'auteur Seck qui a deux publications sur le thème du commerce international et des firmes parues en 2017. Il s'agit alors de les distinguer par Seck (2017a) et Seck (2017b), chacune faisant référence à une publication précise qui sera indiquée dans la liste des références, avec une reconduction des lettres qui suivent l'année. L'alternative aurait été de faire référence à la revue ou au mois de publication, s'ils sont différents, pour les distinguer. Mais la profession a une préférence pour les lettres distinctives.

En outre, si les deux références du même auteur sont de deux années différentes, alors il faudrait les séparer. On aura donc, par exemple : « *Seck (2016) et Seck (2017) ont montré que…* » ; ou encore : « *Il a été montré que… (Seck, 2016 ; Seck, 2017)* ».

Dans le cas de plusieurs références portant sur un aspect identique, il faudrait lister ensemble toutes les références. Par exemple, s'il est fait appel aux contributions de Melitz (2003), Eaton et Kortum (2002), Bernard *et al*. (2003) et Eaton *et al*. (2008) pour analyser l'impact de la réduction des coûts des échanges sur la performance à l'exportation des entreprises, la citation peut lire : « *À partir des contributions des toutes dernières théories du commerce international, il a été établi que la baisse des coûts associés aux échanges affecte différemment les entreprises dont les profils de performance sont bien hétérogènes (voir, par exemple, Melitz, 2003 ; Eaton et Kortum, 2002 ; Bernard* et al., *2003 ; et Eaton* et al., *2008)* ».

Si la citation est directe, avec un emprunt de texte, ce denier doit être bien mis en exergue. Par exemple, soit la recherche sur le thème du rôle économique de l'État qui veut faire référence à la publication de Seck de 2012 dans laquelle il peut être lu à la page 17 : « *l'Etat ne crée pas des emplois, il crée plutôt les conditions de création d'emplois* ». La citation directe devrait alors procéder comme suit : « *Un des arguments dans le débat sur le rôle potentiel de la politique publique voudrait que « l'État ne crée pas des emplois, il crée plutôt les conditions de création d'emplois » (Seck, 2012, page 17) »* » ; ou : « *Selon Seck (2012, page 17), « L'Etat ne crée pas… »* » ; ou encore : « *D'après Seck (2012), « L'État ne crée pas… » (page 17)* ». Il faudrait bien remarquer les guillemets qui contiennent le texte emprunté et la référence de la page (ou des pages).

Il faut toutefois éviter d'abuser des citations directes en convoquant des textes relativement longs. À la place, il faudrait préférer la paraphrase (ou citation indirecte), qui peut également se substituer aux courtes citations directes. Par exemple, en reprenant l'exemple précédent, l'auteur peut être paraphrasé comme suit : « *Un des arguments soutient que l'État n'a pas vocation à créer des emplois, mais qu'il devrait plutôt se limiter à améliorer l'environnement des affaires de façon à ce qu'il soit propice à la hausse de la demande de travail des entreprises qui, en définitive, sont les véritables créatrices d'emplois (Seck, 2012)* » ; ou encore : « *Selon Seck (2012), le rôle de l'État serait plutôt de contribuer à l'émergence d'un climat des affaires suffisamment incitatif à la création des emplois qui est le fait quasi-exclusif du secteur privé* ».

C'est dans les citations inappropriées que l'on retrouve le plus souvent un des problèmes les plus récurrents et les plus graves dans la recherche scientifique, à savoir le plagiat. Le dictionnaire Larousse le définit comme l'acte de quelqu'un qui, dans le domaine artistique ou littéraire, donne pour sien ce qu'il a pris à l'œuvre d'un autre. Il s'agit d'un vol littéraire, d'un accaparement, ou encore d'une appropriation indue des produits de la recherche d'autrui. Il fait référence à ce qui est emprunté, copié ou démarqué, sans reconnaissance appropriée des droits de propriété d'autrui. Il peut porter sur un texte, une idée, une opinion spécifique, des données ou statistiques ou un graphique.

L'origine romaine du terme plagiat renvoie au vol ou kidnapping. Cette acception du plagiat est néanmoins arrivée relativement très tard dans le monde scientifique. Le mot originel de *plagiaire* est attribué au poète Martial, né vers l'an 40, connu pour ses œuvres littéraires qui dépeignaient la société romaine de l'époque. Il dénonçait par ce vocable ceux qui s'inspiraient trop étroitement de ses textes. Par la suite, jusqu'au 18e siècle, le plagiat était plutôt valorisé, et il était admis comme un moyen d'apprentissage efficace. Il n'y avait pas de mal à ce que l'élève copiât ou imitât son maître. Ce n'est qu'en 1710 avec le vote du *Copyright Act* en Angleterre et la reconnaissance officielle des droits d'auteurs en France qui garantissaient des redevances qui pouvaient s'étendre jusqu'à 10 ans après leur mort que le vent a définitivement tourné. Le plagiat est depuis lors apparu comme une faute d'ordre moral qui peut aller jusqu'au crime et à tel point que se faire accuser de plagiat constitue une insulte suprême.

À ce titre, il fait l'objet de sanctions multiformes dans le milieu de la recherche. Dans beaucoup d'universités ou d'institutions de recherche, l'étudiant doctorant ou de Master ou le chercheur pris en flagrant délit de plagiat est traduit devant une commission habilitée qui, après établissement des faits, procède à son expulsion définitive. Cette dernière peut également impliquer d'autres universités ou structures de formations qui refuseront de l'accueillir.

Le plagiat peut également rattraper son auteur bien plus tard dans sa vie professionnelle. Ce fut par exemple le cas d'un jeune ministre de la Défense dans un pays européen dont il est ressorti qu'il avait plagié dans ses recherches de Doctorat. En plus de perdre son poste ministériel et de compromettre à jamais sa carrière politique prometteuse, l'université lui retira le Doctorat. L'excuse qu'il a servie alors, à savoir que la copie fut involontaire, n'a été d'aucune utilité.

Le sérieux avec lequel les institutions approchent le plagiat est indicatif de sa nature moralement répugnante et scientifiquement inacceptable. En témoignage de ce sérieux des universités face au penchant criminel des étudiants et des chercheurs, L'Université Toulouse 1 Capitole a pris la décision en 2013 de faire passer les travaux des doctorants au détecteur de copier-coller avant toute présentation devant un jury de soutenance. Il est arrêté qu'au-delà de 15 % d'emprunts, la soutenance ne sera pas autorisée et le coupable devra reprendre ses recherches. Le contenu de cette décision laisse entendre que le crime du plagiat est une question de degré : est-ce que l'emprunt est total ou partiel ? Si le seuil de tolérance est de 15 % pour cette université, il peut bien être inférieur pour les institutions dont l'aversion au plagiat est plus prononcée. Les institutions laxistes se rapprocheraient de 100 % en fermant les yeux sur le fléau.

Il est devenu relativement facile de détecter le plagiat. L'efficacité de la multitude d'outils de détection tend à se hisser à la hauteur du génie créatif des plagiaires, dans le jeu de course-poursuite du policier et du voleur. S'il est admis que le policier investigateur ne révèle jamais tout son arsenal pour capturer les criminels, certaines méthodes sont relativement bien connues. Par exemple, un lecteur avisé peut facilement déceler une rupture de style dans un texte qui est généralement révélatrice d'un plagiat.

En effet, chacun a tendance à avoir un style expressif qui lui est propre, qui se décline le plus souvent en des mots ou expressions qui reviennent régulièrement dans l'écrit, ou des tournures et une structuration des phrases relativement uniques qui forment une signature linguistique personnelle. Dès lors que cette dernière est absente d'une partie du texte, le lecteur peut alors constater une discontinuité dans le style de rédaction, très probablement révélatrice d'un emprunt indu. Ce texte suspicieux peut simplement être copié et collé sur un moteur de recherche (Google par exemple) qui, dans le cas d'un plagiat, pourrait conduire à la source originelle. Il ne reste alors plus qu'à confondre le coupable et à procéder à une sanction dont l'application intégrale devrait pouvoir révéler tout son caractère dissuasif.

Il existe également des sites Internet et des logiciels qui ont été conçus pour démasquer le plagiat et les plagiaires. Ils font un travail de détection plus spécialisé que les moteurs de recherche conventionnels. C'est le cas par exemple de *PlagScan*, *Plagium*, *Positeo*, *TurnItIn*, *Scribbr*, ou encore *Compilato*. La liste est bien évidemment interminable, à tel point qu'il est devenu quasi-impossible de s'en tirer à bon compte, sauf si le système, peu soucieux de sa crédibilité scientifique, renonce à tort à lui accorder toute l'attention qu'il mérite.

Éviter le plagiat passe par le leitmotiv *rendre à César ce qui est à César*. Il s'agit de reconnaître les droits d'autrui sur des produits externes dont il est fait usage dans sa recherche. Savoir bien référencer est alors la clé. Il faut reconnaître que dans certains cas, l'acte de plagiat peut être involontaire, comme chez le chercheur débutant qui ne sait pas correctement citer les travaux d'autrui. Il est espéré que la connaissance et l'application rigoureuse des règles de standard en matière de citation et de référencement, élucidées plus haut, en plus de l'intégrité morale qui accompagne la démarche scientifique, pourront définitivement mettre le chercheur à l'abri de cet opprobre, cette abjection, cet avilissement que constitue le plagiat.

Le niveau de similarité entre le travail de recherche et d'autres travaux de référence peut également donner à croire à des actes frauduleux. Toutefois, similarité et plagiat sont bien différents : si le plagiat correspond à un indice de similarité relativement élevé, une forte similitude n'est pas toujours synonyme de plagiat. D'ailleurs, la plupart des logiciels qui testent la similarité ne retournent jamais un indice nul, comme c'est le cas pour un texte qui cite correctement d'autres textes.

L'indice indiquera alors la propension à l'emprunt de l'auteur, qu'il faudra réduire au minimum en conformité avec les exigences d'originalité.

La revue de la littérature devrait-elle toujours apparaître en section bien distincte dans le texte final ? La réponse est non. Dans certaines publications scientifiques, les auteurs se contentent d'une bonne discussion littéraire dans la problématique. Ils y exposent clairement la frontière de la recherche, identifient le gap de connaissance et précisent leur contribution (valeur ajoutée). Si la discussion est suffisamment fournie pour permettre au lecteur d'avoir une bonne compréhension de la littérature pertinente, alors il peut être redondant de recourir à une section séparée portant sur la revue. Dans tous les cas, la littérature est bien présente tout au long du texte, avec des références à des auteurs dans toutes les sections existantes, sauf celles portant sur les objectifs et les hypothèses de recherche.

En définitive, bien élaborée suivant ces règles canoniques qui sont pour l'essentiel tacites, la revue de la littérature devrait permettre (i) d'éviter une duplication inutile des travaux antérieurs, (ii) d'identifier les frontières de la connaissance tant du point de vue théorique que du point de vue empirique, (iii) de savoir comment, où, et de quelle manière la recherche envisagée va contribuer à la littérature existante, (iv) d'évaluer les travaux précédents en termes de ce qui a été réussi et ce qui ne l'a pas été, (v) d'identifier les approches empiriques qui ont été expérimentées et celles qui ne l'ont pas été et (vi) d'offrir une base formelle devant servir à l'élaboration du cadre conceptuel et à la formulation des hypothèses de recherche. À ce titre, certains auteurs pourraient préférer une structuration du texte qui place la revue de la littérature avant les hypothèses de recherche. Enfin, pour des raisons liées à la crédibilité scientifique, la discussion de la littérature devrait être épouillée de toutes références issues de revues prédatrices ou de revues sans contenu scientifique véritable.

8. Le cadre conceptuel

L'analyse conceptuelle met en avant des mécanismes permettant de mieux comprendre les contours du problème de recherche. Elle démontre, à partir d'une abstraction qui caractérise en grande partie la démarche scientifique, dans quelle mesure l'impact envisagé peut se matérialiser, ou encore comment des variables potentiellement explicatives peuvent concourir à la dynamique du phénomène étudié.

L'analyse conceptuelle offre une définition précise des concepts utilisés. C'est d'autant plus souhaitable que certains concepts de base ou mots-clés peuvent se décliner en plusieurs acceptions. Par exemple, le bien-être fait-il référence au bonheur (*happiness*) tel que capté par des approches subjectives, ou à partir de variables dites *proxy* comme le niveau de consommation par tête du ménage ? Quant à la performance des entreprises, s'agit-il de la simple participation aux marchés d'exportation ou de l'intensité des échanges, de la productivité totale des facteurs ou d'un facteur isolé (travail), ou de l'efficience dans son approche non-paramétrique ? En indiquant le sens privilégié des concepts polysémiques, le chercheur évite ainsi toute confusion.

Si le terme « concept » fait référence à quelque chose conçu dans l'esprit, l'analyse conceptuelle du problème de recherche est alors comprise comme une construction logique ou mentale qui met en relation plusieurs variables et des mécanismes qui sous-tendent leurs interactions. Elle permet aussi de placer le problème dans un cadre de recherche théorique. À ce titre, l'analyse conceptuelle peut consister en l'élaboration d'un cadre théorique tout neuf qui, à partir d'hypothèses précises, propose des relations représentées par des équations. La résolution de ces dernières renseigne alors sur le problème de recherche.

L'analyse conceptuelle peut également faire appel à des théories existantes dans son effort d'abstraction. Elle peut aussi recourir à de simples déductions/inductions, sans référence directe à des théories existantes bien établies ou sans formulation mathématique.

À titre d'illustration, envisageons le cas d'une recherche qui porte sur la productivité de l'activité de recherche des universitaires. Le problème de recherche peut être bâti autour de l'apparente faiblesse des publications (en nombre), en dépit des ressources publiques considérables sous la forme par exemple de voyages d'études sponsorisés par l'État ou encore de primes de recherche semestrielles. La conceptualisation de ce problème peut partir d'une fonction de production classique. Cette dernière est bien en phase avec l'activité productive que constitue la recherche. L'output est le nombre de publications, éventuellement pondéré par la qualité de ces revues.

Le vecteur d'inputs pourrait inclure les initiatives publiques de promotion de la recherche académique, le profil scientifique, les caractéristiques sociodémographiques des chercheurs et les autres charges académiques, entre autres. L'efficience productive suppose également la prise en compte de la technologie (le facteur « A »), qui renseignerait par exemple sur l'environnement général de la recherche, tel que la qualité des relations humaines. Ce cadre permet alors d'envisager le niveau de productivité à travers les variables inputs retenues et leur relation avec la variable output.

Une autre illustration peut être considérée. Supposons le thème qui porte sur un programme d'électrification reposant sur l'énergie solaire et son impact sur le bien-être des ménages. L'analyse conceptuelle pourrait d'une part renseigner sur des mécanismes par lesquels l'impact pourrait se matérialiser (les moyens par lesquels le programme pourrait améliorer le bien-être), et d'autre part identifier le profil général des bénéficiaires potentiels.

L'impact pourrait par exemple reposer sur deux points essentiels : d'abord la disponibilité de réfrigération et de système de conservation des aliments, ensuite le mode d'éclairage lampant qui se substitue à des moyens traditionnels qui font usage du kérosène ou du bois. Le premier point est associé à des bénéfices potentiels comme la réalisation d'économies dans les dépenses de consommation grâce à la possibilité d'achat en gros et donc à un prix plus faible, ou encore une meilleure gestion du temps avec moins de déplacements au marché et sa réallocation à des activités sociales ou productives qui concourent directement au bien-être. En outre, la disponibilité de la source d'énergie propre est synonyme de réduction de la pollution de l'air ambiant et des problèmes de santé associés et également un accroissement du temps d'apprentissage pour les jeunes scolarisés.

L'autre pan de la conceptualisation pourrait identifier comme bénéficiaires potentiels les segments de la population qui sont en dehors du réseau électrique national (généralement les résidents de zones déshéritées comme le milieu rural), les ménages urbains à revenu faible, ou encore les ménages riches avec une conscience environnementale élevée.

S'il est généralement souhaitable d'en faire une section séparée, l'analyse conceptuelle peut figurer dans la revue de la littérature théorique, dans la mesure où elle s'inspire généralement de cette dernière pour bâtir son cadre logique. S'il n'existe pas de section séparée sur la revue de la littérature, et que l'auteur veut toujours faire l'économie de cette section isolée sur le cadre conceptuel, ce dernier devrait alors être présent à d'autres endroits, comme la problématique, ou la méthodologie. Dans ce dernier cas, elle peut servir directement de justification du choix de l'approche d'analyse empirique.

Dans tous les cas, la contribution de l'analyse conceptuelle au travail général de recherche est fondamentale. Elle permet à l'auteur de se détacher de son travail et d'interroger la logique intrinsèque qui guide ses analyses. Le chercheur qui s'intéresse par exemple au thème de l'impact de l'électrification sur le bien-être devra en effet pouvoir répondre à la question : dans quelle mesure l'accès à l'énergie solaire pourrait améliorer le bien-être des ménages ? De façon similaire, le chercheur qui aborde le thème de la productivité scientifique des universitaires devra indiquer les inputs potentiels qui rentrent dans la productivité scientifique et la nature et le sens de leur contribution potentielle.

L'analyse conceptuelle est sans doute l'un des lieux privilégiés d'expression de l'esprit analytique du chercheur. Elle convoque en effet toute la capacité mentale du chercheur à bâtir un édifice intellectuel qui brille par la logique et la cohérence des interactions qui le sous-tendent. Le travail de conceptualisation se nourrit pour l'essentiel d'une bonne connaissance des mécanismes économiques tels qu'ils découlent des théories existantes, ou tout simplement du « bon sens ».

Un cadre conceptuel mal conçu est le plus souvent révélateur d'une méconnaissance de la littérature théorique, ou d'une capacité intellectuelle limitée. Un des premiers pas pour réussir ce travail d'abstraction intellectuelle est une familiarisation avec le raisonnement économique exemplifié dans les conceptions de modèles théoriques.

En définitive, le cadre conceptuel est le lieu de définition des concepts de base (mots-clés) et de précision des sens privilégiés, d'une part, et d'exposition des mécanismes théoriques qui sous-tendent la question de recherche (à travers par exemple des relations logiques ou équations structurelles), d'autre part. Il est directement lié au problème de recherche, pas aux objectifs ou à la méthodologie, et elle peut offrir une orientation générale dans le choix des outils d'analyse empirique.

9. La méthodologie

Dans son acception générale, la méthodologie de recherche fait référence à l'analyse et à l'organisation systématiques des principes et processus rationnels qui guident le travail d'investigation scientifique. De façon spécifique, elle porte sur les méthodes ou outils d'analyse d'une part, et l'organisation ou la procédure qui guide leur maniement, d'autre part. Elle représente la technologie du producteur-chercheur qui renseigne sur les techniques utilisées (inputs) et le schéma d'organisation de ces dernières (proportion et séquence). Les méthodes ne devraient alors pas se confondre avec la méthodologie dont elles renseignent sur les spécificités et détails.

La méthodologie indique comment le chercheur compte s'y prendre pour répondre directement à la question de recherche. Elle montre comment les objectifs seront réalisés. De façon plus spécifique, dans le cas d'une recherche appliquée, elle précise dans les moindres détails (i) comment les techniques sont liées aux objectifs de recherche, en particulier les objectifs spécifiques, (ii) comment le modèle empirique sera développé, avec la nécessité de faire référence aux théories, (iii) comment les estimations seront réalisées et la validité empirique des résultats testée, et (iv) comment les résultats seront interprétés, entre autres. La méthodologie offre ainsi des indications claires et détaillées sur le *comment* de la recherche.

La méthodologie est comprise comme une base formelle de tests des hypothèses. Si le choix est porté sur une méthode donnée et une organisation spécifique, c'est alors en raison de leurs spécificités qui font qu'elles offrent une meilleure base empirique de tests des hypothèses de recherche que les alternatives. Le chercheur devrait dans cette section en apporter la preuve et convaincre le lecteur du caractère approprié du choix opéré au regard des hypothèses de recherche, ou des objectifs spécifiques dont elles découlent. Les approches *ad hoc*, dont les fondements servant à leur justification sont absents, devraient être évitées. Il y va de la crédibilité de la recherche et du degré de confiance que les lecteurs auront des résultats qui seront générés.

Dans sa quête d'une approche méthodologique appropriée, le chercheur peut s'inspirer de la littérature. La recherche s'appuyant sur la recherche, les travaux antérieurs proposent plusieurs approches possibles qui ont servi à aborder la même problématique dans des contextes donnés. À partir d'une bonne connaissance des spécificités de chacune de ces méthodes, d'une part, et de la particularité éventuelle de l'analyse qu'il compte mener par le truchement de ces hypothèses de recherche, il porte alors son choix sur une approche spécifique. Ce choix ne devrait point procéder d'un hasard, ou d'un goût personnel, encore moins d'une volonté d'impressionner des membres de jurys ou des éditeurs ou *referees* des revues.

Le choix peut également combiner deux approches différentes, dont il faut alors distinguer la privilégiée et l'accessoire. Cette dernière pourrait par exemple servir à tester la robustesse des résultats obtenus à partir de la première approche. Cette hiérarchisation des approches se matérialise également à travers leurs traitements dans le travail. Cette section sur la méthodologie mettra plus l'accent sur la description de l'approche privilégiée, dont les résultats figureront dans le corps du texte, alors que ceux de l'approche secondaire se retrouveront dans les annexes.

Le souci de l'efficience devrait également guider le choix méthodologique. En effet, l'approche méthodologique la plus complexe ou la plus sophistiquée n'est pas toujours la plus appropriée. Complexité n'est pas forcément synonyme d'efficience. Si deux approches ont un niveau proche d'efficacité, c'est-à-dire une aptitude similaire à répondre à la question de recherche, alors il faudrait opter pour la plus simple ou la moins onéreuse. Le chercheur pourra ainsi produire des résultats fiables en temps réduit, avec moins d'effort, de données, d'angoisse ou de stress.

Cependant, il faut reconnaître que bien souvent la différence entre ces deux approches peut porter sur des aspects qui touchent à leur validité intrinsèque relative. Par exemple le modèle linéaire général qui privilégie l'estimateur des moindres carrés ordinaires (MCO) va s'opposer au modèle à variables instrumentales sur la question de l'endogénéité d'un ou plusieurs régresseurs. Dans le cas où ce biais est absent, alors le choix devrait être porté sur la première approche, car étant meilleure (d'après le théorème de Gauss-Markov). La sophistication supposée de la seconde approche ne devrait point tenter le chercheur à l'adopter, au risque d'envisager la pénible recherche de variables instrumentales adéquates et surtout de devoir convaincre de la validité empirique des résultats obtenus (qui ne le sont point).

Une fois la méthode bien identifiée et rationalisée, la section en offre un exposé détaillé. Dans le cas d'une régression, il faudrait alors bien spécifier la relation et les variables impliquées. Le plus souvent, le modèle économétrique peut impliquer plusieurs équations. Par exemple, si le choix est porté sur un modèle probabiliste explicatif du choix discret de faire travailler les enfants (modèle Probit ou Logit, entre autres), alors il peut être présenté d'abord le phénomène latent puis le phénomène observé qui en découle, chacun faisant l'objet d'une équation. Dans le cas d'un modèle de sélection retenu pour expliquer le comportement des entreprises sur les marchés d'exportations (participation et propension aux échanges), les deux équations correspondant aux deux étapes devraient être présentées.

Les équations devraient être bien mises en exergue par rapport au reste du texte. Les éléments distinctifs sont liés au style : police différente, centré, gras, etc. Les équations doivent aussi être numérotées pour en faciliter les référencements dans les parties du texte qui les expliquent et les commentent. La numérotation peut ne pas porter sur toutes les équations. En l'occurrence, elle procède suivant le niveau d'importance des équations. Celles considérées comme les plus cruciales, c'est-à-dire dont les formulations sont définitives, porteront des numéros. Le reste, qui peut servir à obtenir les relations définitives, peut ne pas être numéroté. Par exemple, dans le modèle Probit du travail des enfants, la première équation qui lie la variable latente et les variables explicatives et la dernière équation seront numérotées. Les équations intermédiaires qui offrent une démonstration du passage de la première à la dernière équation et qui sont basées sur l'introduction de la fonction de densité de la loi normale, peuvent ne pas être numérotées.

Si le nombre d'équations est relativement élevé, comme c'est le cas pour une série de démonstrations devant établir le passage de la forme structurelle d'un modèle (plusieurs équations) à la forme réduite (généralement une seule équation servant à la régression), alors il faudra penser utiliser les annexes. Le corps du texte devra alors, par exemple, indiquer les équations structurelles et l'équation réduite, qui seront alors proprement numérotées. Les équations traduisant les étapes de la démonstration sont déplacées vers les annexes. Une mention portée dans le texte devra renvoyer le lecteur aux annexes pour plus de détails. Dans certains cas, ces démonstrations peuvent tout simplement être absentes de l'article et mises à la disposition du lecteur qui les solliciterait. En règle générale, rien ne devrait entamer la lisibilité et la fluidité du texte. Ce dernier devrait être axé sur l'essentiel et continuer de capter l'attention du lecteur pour qui de tels développements seraient une distraction indésirable, voire inutile.

Les équations listées dans le texte ne devraient pas non plus être réunies en un bloc compact et isolé. Elles devraient plutôt s'insérer harmonieusement dans le texte explicatif et épouser le rythme relativement fluide de progression de l'exposé.

Tout élément qui rentre dans la spécification de chaque équation doit être défini, qu'il s'agisse des variables expliquées et explicatives, des paramètres, du terme d'erreur, des expressions logarithmique ou autres. La façon dont les variables sont spécifiées doit être indiquée : niveau, logarithme, ratio (simple rapport), pourcentage, indices, unités de mesure (monnaie – courants/constants, tonnes ou kilo, etc.), catégories pour les variables discrètes, etc. Le sens des variables devra être indiqué, en particulier lorsqu'il s'agit de *proxy*. Par exemple, il sera précisé que le ratio (éventuellement en pourcentage) du commerce international au produit intérieur brut (PIB) est un indicateur du degré d'ouverture commerciale du pays, ou encore que la variable « masse monétaire au sens large rapportée au PIB » est indicatrice du degré de monétisation de l'économie et constitue une mesure du degré de développement financier. Il en va de même pour les paramètres du modèle : les effets marginaux devront-ils être compris comme des élasticités, semi-élasticités, ou juste indicatif d'un rapport de variation à niveau ?

Il est ensuite précisé les approches d'estimations qui seront utilisées. En général, pour un thème donné, il existe une grande diversité d'estimateurs envisageables qui se déclinent en différentes variantes. Si le modèle linéaire est considéré, faut-il utiliser l'estimateur des MCO ou un des estimateurs des moindres carrés généralisés (MCG), comme l'approche de Cochran-Orcutt ou celle de Prais-Winsten qui suppose une autocorrélation des résidus ? Dans le cas d'un modèle de sélection, lequel des cinq types de Tobit faudrait-il considérer ? Faut-il utiliser le Tobit simple pour lequel les processus générateurs des données dans les deux étapes sont identiques ? Faut-il lui préférer l'approche dit *hurdle* ou celle de Heckman qui considèrent que les processus sont plutôt distincts, avec une hypothèse additionnelle sur leur dépendance ou indépendance ?

Dans certains cas, le choix peut être motivé par une simple recherche de robustesse des résultats, bien que les approches envisagées puissent présenter des différences significatives. Par exemple, dans l'estimation d'un impact, le chercheur peut envisager la méthode de l'appariement (*propensity score matching – PSM*) et le modèle de régression à variables instrumentales. Une des différences entre ces deux approches réside dans le traitement des facteurs non-observables, qui sont absents dans la première approche, et pris en compte directement dans la seconde. Si les deux approches produisent des résultats identiques (statistiquement), ce serait alors une indication de la robustesse de ces derniers (à supposer que les facteurs non-observables aient un rôle significatif).

Dans d'autres cas, la structure des données et la nature de la question de recherche pointent vers des approches précises. Par exemple, dès lors qu'il est envisagé d'analyser deux questions (participation à l'échange et intensité de l'échange), le choix porte alors sur un modèle à deux étapes. La nature censurée de la variable expliquée (telle qu'elle apparaît à la seconde étape) écarte l'estimation d'un modèle mono-équation par la méthode des MCO, par exemple. En outre, une recherche portant sur la diversification des échanges basée sur un simple dénombrement des produits ou partenaires devrait envisager des modèles de comptage (Poisson ou loi binomiale négative ou leurs variantes), excluant par exemple le modèle linéaire général.

Dans la majeure partie des cas par contre, le choix entre différentes approches repose sur des tests d'hypothèses qui comparent leur degré de convenance au profil statistique des données. Néanmoins, à ce stade du travail, il peut être impossible de savoir précisément l'approche d'estimation qui sera retenue. Ces tests interviennent en effet plus tard dans la section consacrée aux résultats s'il s'agit d'un article fini, et sont absents dans le cas du projet de recherche. Le chercheur est alors tenu d'indiquer les approches d'estimations concurrentes, et renseigner sur les tests qui seront utilisés pour les comparer. S'il existe une batterie de tests envisageables, ils doivent alors être comparés. De cette comparaison devrait découler le choix de la procédure qui sera retenue. Encore une fois, le choix ne devrait point être fortuit : il devrait être rationalisé en convoquant les propriétés spécifiques qui fondent leur niveau supérieur d'adéquation aux données disponibles.

Aux fins de robustesse des résultats, plusieurs protocoles de tests peuvent être considérés, tout comme pour les estimations. Cet avantage de la robustesse peut toutefois céder la place, une fois les résultats obtenus, à une situation bien délicate. Il peut en effet arriver que les procédures alternatives d'estimation ou de tests aboutissent à des résultats différents. Le cas échant, le chercheur ne devrait point se précipiter vers des résultats donnés et les tests ou estimateurs qui les ont générés sous prétexte qu'ils s'aligneraient mieux sur la théorie (une parmi tant d'autres) ou qu'ils rentrent dans un narratif préconçu. Déjà dans cette section sur la méthodologie, les différences entre les approches alternatives doivent bien être exposées, de façon à préparer le lecteur à l'éventualité d'un conflit entre les résultats qui, en définitive, ne sont qu'une indication de la diversité des grilles de lecture.

Enfin, la section sur la méthodologie indique comment les résultats seront interprétés sous l'angle des hypothèses. À partir des résultats potentiels, le chercheur précise directement en quoi les hypothèses pourraient être validées et les objectifs spécifiques et l'objectif général réalisés. Par exemple, en ciblant les coefficients des variables *proxy* de la qualité des infrastructures commerciales dans le modèle explicatif du commerce des entreprises, il s'agit de dire qu'un signe positif et significatif sera suggestif d'une probabilité de participation accrue aux marchés extérieurs (première étape du modèle de sélection) et d'une propension plus élevée à l'échange (seconde étape). Et de continuer pour annoncer que ces deux résultats montrent que l'amélioration de l'environnement du commerce extérieur est source de gain de performance pour les firmes. Si les deux résultats rentrent dans la validation des hypothèses et donc concourent aux objectifs spécifiques, leur synthèse pointe vers l'objectif général et la question de recherche.

À titre illustratif, en reprenant les points développés plus haut, il peut être proposé la structuration générale suivante de la section sur la méthodologie :

- à partir d'un listing (exhaustif) des approches méthodologiques couramment utilisées dans la littérature, indiquer l'option retenue (au préalable, la revue de la littérature empirique aura indiqué les approches retenues par différents auteurs, servant ainsi de guide au choix méthodologique du chercheur) ;
- offrir les éléments de rationalisation du choix, en renseignant par exemple sur les spécificités qui en font l'approche la plus appropriée, au regard de la nature des données et des hypothèses à tester ;
- exposer minutieusement l'approche ainsi retenue et spécifier les équations de régression en expliquant leurs éléments constitutifs ;
- renseigner sur les procédures d'estimations du modèle et d'appréciation de la validité empirique des résultats ;
- indiquer en quoi les résultats permettront, tour à tour, de valider ou pas les hypothèses, d'atteindre les objectifs (spécifiques et général) et de répondre à la question de recherche.

En indiquant comment les hypothèses de recherche seront testées, comment les objectifs de recherche seront réalisés ou encore comment il sera répondu à la question de recherche, cette section sur la méthodologie aura donc renseigné, étape après étape, et de façon détaillée, sur le *comment* de la recherche.

10. Les données et l'analyse exploratoire

Ce segment du travail de recherche empirique a un double objectif. D'abord, elle présente en détail les données qui seront utilisées. Ensuite, elle offre une première série d'analyses empiriques dans le sens de répondre à la question de recherche.

a. Sources et nature des données

Le lecteur devrait retrouver une indication claire de la nature des données, de leur provenance, de leur qualité. Il devrait également être renseigné sur le degré de fiabilité et le niveau d'adéquation des données dans la perspective de la modélisation empirique.

Les données qui sont d'ordre quantitatif ou qualitatif (selon qu'elles sont mesurables – comme le revenu ou le volume de production – ou pas – comme le genre ou le statut d'exportateur) peuvent être primaires ou secondaires. Les premières sont recueillies au moment présent dans le cadre de l'étude qui en fera la première utilisation. Elles sont souvent générées par des enquêtes ou suivant une procédure expérimentale pour satisfaire les besoins d'analyse de la recherche envisagée. Cette section dédiée aux données doit alors faire la lumière sur toute la procédure de collecte, en indiquant par exemple la base d'échantillonnage et les modalités de sélection des enquêtés et d'administration du questionnaire. Ces éléments renseignent sur le niveau de représentativité de l'information statistique ainsi recueillie, c'est-à-dire la fidélité avec laquelle elle traduit le profil général de la population d'où est tiré l'échantillon.

À l'opposé, les données secondaires sont collectées par un tiers et généralement pour d'autres raisons. Elles peuvent consister en une compilation de données primaires. Elles sont pour l'essentiel plus facilement accessibles et relativement peu onéreuses. Étant donné que le chercheur n'a pas été directement ou indirectement impliqué dans le processus de collecte de ces données, il devrait prendre connaissance de ce dernier et s'assurer de la qualité et de la fiabilité des données. Une telle précaution s'applique même pour des données collectées par des institutions à crédibilité reconnue.

Pour mieux apprécier la qualité et la portée de l'information statistique dans le cas de données secondaires, il peut être très utile, voire fortement recommandé, de disposer de l'outil de collecte (questionnaire). La formulation des questions et les indications des types de réponses envisageables permettent en effet de bien lire la base de données. Disposer du rapport de l'enquête peut également être utile. On y retrouve des éléments importants comme le descriptif détaillé des différentes phases de collecte de l'information et une synthèse des résultats à partir d'une analyse statistique.

Le chercheur devrait éviter d'utiliser directement des données dont il ne connaît ni la nature ni le processus de génération. Il y va de la fiabilité des résultats de la recherche. La qualité des données, qui sont des inputs, détermine en grande partie celle des résultats ou output dans le processus productif de l'analyse empirique. Tel un moulin qui produit de la farine à partir du blé, l'analyse empirique reproduit la qualité (ou défaut de qualité) des données dans les résultats. Il est alors aisé de comprendre la formule « *garbage in, garbage out* » (GIGO) : pauvre qualité à l'entrée, pauvre qualité à la sortie (ou déchet à l'entrée, déchet à la sortie).

La qualité générale des données, outre leur représentativité née de la rigueur dans leur collecte, inclut également leur complétude. La portée des analyses, voire la possibilité même de les mener, peut souffrir de données manquantes ou parcellaires, de séries pas suffisamment longues, ou encore d'un échantillon qui renseigne insuffisamment sur un fait donné. Le temps peut également être un souci majeur, dans la mesure où le profil contextuel dont les données offrent une description statistique à la date de collecte pourrait bien avoir évolué à tel point qu'il serait différent de l'image contemporaine. Le caractère alors caduc des données peut sérieusement limiter la pertinence des analyses et la portée des résultats et implications. L'intérêt de la recherche peut s'en trouver diminué si le contexte a servi de base de conception de la problématique ou si la recherche a un fort contenu politique.

À l'opposé, si le chercheur veut coûte que coûte faire usage de bases de données relativement vieilles, faute de disposer de plus récentes statistiques, il devra renseigner sur la pertinence contemporaine du profil statistique du phénomène étudié. Il devra démontrer que la portée empirique et politique des résultats n'est pas significativement affectée. C'est généralement le cas si des bouleversements majeurs, d'ordre politique ou institutionnel par exemple, ne sont pas intervenus pour entre-temps modifier significativement le profil comportemental à analyser ou le contexte d'étude.

La complétude des données ainsi que leur capacité à renseigner précisément sur le profil actuel du contexte de recherche sont également des éléments permettant d'apprécier l'adéquation des données aux besoins de l'analyse empirique. Dans le cas d'une régression économétrique, les données devraient en effet permettre une bonne spécification de toutes les variables retenues par la méthodologie, tant du point de vue de leur construction que de leur contenu informationnel. En outre, les données devraient aisément permettre l'application des techniques d'estimation des modèles et des procédures de tests de validité empirique des résultats.

b. Analyse statistique exploratoire

Une fois précisées la nature des données, leur source, leur qualité et leur adéquation, il est procédé à une série d'analyses exploratoires à partir de statistiques descriptives. L'objet est de renseigner sur le profil statistique du phénomène étudié d'une part, et d'offrir des tentatives de réponse à la question de recherche, d'autre part.

Considérons l'exemple du thème de recherche sur les déterminants du travail des enfants. L'analyse descriptive à partir de la base de données devra indiquer l'incidence générale du phénomène, à travers par exemple la proportion d'enfants travailleurs. Elle devra également aller plus loin, dans la limite permise par les données, pour offrir un descriptif des occupations (types d'activité, niveau de formalité, temps de travail, conditions de rémunération, entre autres) et du profil des enfants travailleurs (âge, genre, milieu de résidence, niveau de scolarisation, caractéristiques des ménages et des autres membres, etc.). La mise en perspective de ce profil des enfants travailleurs, c'est-à-dire la comparaison avec celui des enfants non-travailleurs, permet d'avoir une idée sur les facteurs explicatifs potentiels du choix des ménages de faire travailler les enfants (ou tout au moins les facteurs statistiquement corrélés au statut de travailleur - *correlates*). Par exemple, le statut de travailleur des enfants peut être confronté au niveau de revenu du ménage pour indiquer si la probabilité de travailler est plus ou moins élevée chez les ménages à faible revenu. En distinguant les garçons et les filles, il est également possible de voir si le genre est un facteur potentiellement discriminant.

L'analyse statistique fait usage de statistiques descriptives et de graphiques. La moyenne ou fréquence obtenue à partir de l'échantillon (avec usage de pondération) suggère alors l'incidence du travail des enfants. En calculant les fréquences entre différents groupes (par exemple suivant le statut de pauvreté, le genre de l'enfant ou le milieu de résidence), il est possible d'avoir une idée de la distribution du phénomène. Il est généralement souhaitable d'indiquer dans quelle mesure ces différences seraient importantes ou significatives. Les tests statistiques de comparaison de fréquences ou de moyennes sont les bienvenus.

Toutes ces statistiques descriptives pourraient figurer dans des tableaux bien structurés et faciles à lire. Leur nombre devrait être réduit. Ils doivent être numérotés, suivant l'ordre d'apparition dans le corps du texte. Les tableaux portés dans les annexes font l'objet de numérotation séparée. Les tableaux doivent également porter des intitulés qui sont à la fois courts et suffisamment expressifs du contenu. De façon générale, les numéros et les titres sont positionnés avant le tableau, et les références aux tableaux dans les commentaires du texte pourraient utiliser la majuscule pour la lettre « T » et indiquer le numéro correspondant. Par exemple, une discussion des statistiques consignées dans le premier tableau peut lire : « *Le Tableau 1 montre une incidence du travail des enfants plus élevée en milieu rural qu'en milieu urbain* ».

L'analyse statistique ne devrait pas se limiter à une simple « lecture » du tableau. Il s'agit d'indiquer la signification des statistiques et en quoi elles renseignent sur les objectifs spécifiques, ou de façon plus générale, sur la question de recherche. En d'autres termes, l'analyse devrait pouvoir pointer vers une direction donnée, correspondant à la validation ou pas des hypothèses de recherche.

Le style et le format doivent être consistants d'un tableau à l'autre. Le type de caractère et la taille de la police doivent être identiques pour tous les tableaux. Le type de caractère est le même que celui du corps du texte, mais la taille de la police est en général plus réduite que celle du texte. Pour les tableaux relativement volumineux et qui risquent de déborder sur les marges, il est possible d'utiliser une orientation en mode paysage pour les pages correspondantes, le texte principal restant en mode portrait. Les titres des colonnes peuvent être mis en gras, pour les différencier des informations chiffrées du contenu. L'utilisation adéquate de traits séparatifs peut améliorer la présentation d'un tableau et faciliter sa lecture.

Le bas du tableau est réservé aux notes et la source des informations portées dans le tableau. Les notes peuvent fournir des détails importants non précisés dans le tableau, comme la signification des variables (par exemple, à niveau ou en proportion) ou des symboles (par exemple, les étoiles indicatrices des niveaux de significativité). Le chercheur étant l'auteur des calculs à partir de données externes, la source peut lire : « *Source : Calculs de l'auteur, à partir des données d'enquêtes ESPS-II de 2011* » ; ou encore : « *Source : Calculs des auteurs, à partir des données de la Banque Mondiale (World Development Indicators Online)* ». Pour les notes et sources figurant en bas du tableau, le format des caractères devrait être la réplique de celui du corps du tableau.

À titre d'illustration, le tableau suivant offre des statistiques qui permettent d'apprécier le degré d'inclusion financière (dimension de l'accès au crédit) dans le secteur agricole, pour le thème sur l'impact de l'accès au crédit sur la performance agricole. En distinguant les deux catégories de bénéficiaires et de non-bénéficiaires de crédit, les statistiques permettent diverses comparaisons fort utiles qui renseignent sur la question principale de recherche. Ainsi, le crédit apparaît associé à des rendements plus élevés, mais pas à une productivité du travail plus élevée. L'association entre performance et accès au crédit semble ainsi dépendre de l'indicateur de performance retenu. Les statistiques additionnelles permettent d'aller plus loin dans la caractérisation différenciée des deux groupes qui permet de renseigner sur le différentiel observé de performance. Les éléments retenus favorisent les agriculteurs qui ont accès au crédit et pourraient expliquer le supplément de performance (mesurée par les rendements à l'hectare).

Tableau 2 : Statistiques descriptives

	Statut sur le marché du crédit			Échantillon
	Access au crédit	**Pas d'accès**	**Différence**	
Rendements (millions FCFA/hectare)	**1.4**	**1.0**	**0.4*** **	**1.2**
Productivité du travail (millions FCFA/travailleur)	**0.5**	**0.6**	**-0.1***	**0.6**
Superficie de la parcelle (hectare)	**3.5**	**1.4**	**2.1*** **	**2.5**
Nombre de spéculations cultivées	**2.7**	**2.4**	**0.3***	**2.5**
Durée dans l'activité (années)	**25.3**	**23.8**	**1.5***	**24.6**
Affiliation à une organisation paysanne (%)	**92.5**	**64.7**	**27.8*** **	**84.9**
Propriété de la terre (%)	**90.2**	**87.2**	**2.9***	**88.1**

Notes : Les statistiques sont obtenues à l'échelle des spéculations. Les étoiles dénotent les niveaux de significativité conventionnels des tests de comparaison de moyennes.

Source : Calculs de l'auteur, à partir de données d'enquêtes auprès d'agriculteurs de la Vallée du Fleuve Sénégal.

Les graphiques peuvent également offrir une appréciation visuelle de l'ampleur du phénomène et de sa distribution au sein de l'échantillon ou de la population. Bien conçus, ils peuvent être plus informatifs que les tableaux et les chiffres qu'ils contiennent. Ce qui est dit plus haut sur la forme générale des tableaux s'applique également aux graphiques : numérotation, titre, notes et source en bas des graphiques, etc. Il faudrait faire prudemment usage des couleurs, en pensant à la possible impression ou copie en noir-et-blanc. Les axes doivent être bien titrés, et la légende éventuelle (tout comme l'intitulé) doit être suffisamment informative de l'objet représenté. Tous ces éléments devraient faciliter la lecture du graphique et l'information contenue devrait pouvoir être extraite aisément. En règle générale, un tableau ou un graphique devrait pouvoir être aisément compris par le lecteur qui n'aura pas besoin de recourir au texte descriptif pour s'approprier le contenu informationnel ou le message.

Comme mentionné plus haut, en offrant des éléments statistiques descriptifs du contexte de recherche, cette section sur les données se rapproche de l'objet de la section sur le contexte d'étude. L'orientation plus analytique (empirique) de la première, qui est ainsi plus tournée vers une tentative de tester les hypothèses de recherche, la distingue de la seconde. Cette dernière se contente le plus souvent d'un exposé général du contexte, à partir de sources statistiques bien souvent différentes de celles utilisées dans l'analyse empirique. Au-delà de ces différences d'orientation et d'objet, ces deux sections concourent à offrir une bonne appréciation du caractère « problème » du thème de recherche.

L'analyse descriptive, dont l'approche est purement statistique, produit des résultats et des implications qui sont loin d'être définitifs. Il s'agit de *tentatives de validation empirique*. L'analyse économétrique qui suit offre une base plus formelle de tests de ces hypothèses. Elle va au-delà de simples corrélations partielles isolées pour renseigner en profondeur sur les véritables mécanismes générateurs des relations observées. Le cadre économétrique permet de replacer la relation particulière dans un contexte plus réaliste marqué par un faisceau complexe d'interactions entre des phénomènes observables et non-observables. Il en découle alors des résultats plus précis du point de vue empirique.

Il est dès lors possible que les résultats de l'analyse descriptive soient différents de ceux qui seront issus de l'analyse économétrique. Cette dernière, en contrôlant ou isolant les effets potentiels de variables tierces sur l'interaction entre deux variables cibles, va montrer en quoi ces dernières seraient liées. L'analyse descriptive par contre qui se focalise sur ces deux variables dans le cas d'une corrélation partielle peut révéler l'existence d'une relation qui en réalité est le reflet de l'incidence d'un phénomène externe.

Par exemple, considérons le thème sur l'accès au crédit des firmes. En partant des taux d'accès (fréquences) de 15 % pour les femmes, et de 18 % pour les hommes, soit une différence de 3 points de pourcentage qui est statistiquement différente de zéro, l'analyse descriptive peut alors suggérer l'existence d'une discrimination à l'encontre des entrepreneures. S'il se trouve que les femmes ont un choix d'activité qui les amène à opérer dans les secteurs où les demandes de crédit sont plus rationnées, le différentiel d'accès obtenu à l'aide de l'analyse statistique serait alors plus révélateur du choix de la branche d'activité qu'un quelconque mécanisme de rejet systématique de demandes de crédit des femmes. Là où l'analyse descriptive pointe vers l'existence de discrimination sur la base du genre, l'analyse économétrique qui contrôle les secteurs d'activités dans le cadre d'une régression générale pourra révéler que le genre n'est en définitive pas un discriminant significatif. Elle sera alors parvenue à isoler l'effet du choix d'activités (qualifiée de variable confusionnelle – *confounding*) dans la relation entre le genre et l'accès au crédit. En outre, elle aura permis d'aller au-delà de la corrélation et d'envisager une relation causale basée sur des mécanismes qu'elle aura réussi à révéler.

Cet exemple montre la nécessité d'aller au-delà de l'analyse statistique qui offre une description générale du phénomène étudié tel qu'il est présent de façon brute dans les données utilisées. Les résultats statistiques consignés dans des tableaux ou sur des graphiques doivent être compris comme des indications préliminaires du sens de validation des hypothèses de recherche. L'analyse économétrique constitue un cadre plus formel de confirmation ou d'information de ces résultats : elle offre ainsi les réponses définitives aux questions de recherche. Une recherche qui se limite à l'analyse statistique peut alors être d'un attrait empirique relativement limité. Après l'exploration statistique, la recherche doit embrayer sur la découverte économétrique.

L'analyse statistique exploratoire peut être d'une réelle utilité à l'analyse économétrique plus rigoureuse, en lui offrant des éléments additionnels de rationalisation de ses approches. Les graphiques ou les tableaux peuvent en effet révéler des faits dont la prise en compte pointe inexorablement vers des choix méthodologiques spécifiques. Par exemple, un graphique peut révéler une discontinuité dans la trajectoire temporelle de la variable expliquée, ce qui nécessite alors un test formel qui confirme cette rupture structurelle et éventuellement une correction appropriée dans la régression. En analysant les exportations horticoles du Sénégal, le chercheur peut remarquer l'émergence d'une tendance devenue régulière et très forte depuis 2003, année de mise en œuvre d'une politique de soutien à la filière d'oignons, première culture maraichère du pays. L'analyse en séries temporelles devrait alors penser inclure une variable *dummy* pour capter ce changement majeur. Pour ce qui est du thème sur l'impact des coupures d'électricité sur la performance des entreprises, les statistiques descriptives peuvent indiquer que, en moyenne, l'association entre la fréquence des coupures et la performance est différente suivant la taille des entreprises. Ce résultat statistique peut servir de justificatif à l'introduction d'un terme d'interaction entre la taille et la fréquence des coupures comme variable explicative additionnelle dans l'équation de performance.

En définitive, cette section aura (i) indiqué la nature des données et de leurs sources (ii), procédé à une analyse exploratoire qui, à partir de statistiques descriptives consignées dans des tableaux ou de graphiques, aura fait ressortir les tendances majeures (faits stylisés – *stylized facts*), (iii) permis de dégager les premières impressions eu égard à la validation des hypothèses de recherche ou réponses à la question de recherche et (iv) offert des éléments justificatifs additionnels du choix méthodologique. Les résultats préliminaires issus de l'analyse descriptive seront à confirmer (ou infirmer) par l'analyse économétrique plus rigoureuse.

11. Les résultats attendus

Cette section est présente uniquement dans un projet de recherche, qui n'aura pas encore produit de résultats économétriques ou des réponses définitives à la question de recherche. Les seuls résultats présents dans le projet sont ceux issus de l'analyse statistique descriptive de la section sur les données. On ne retrouve pas cette section sur les résultats attendus dans l'article final, étant donné que les résultats définitifs y sont déjà disponibles.

Cette section renseigne sur les résultats auxquels on est en droit de s'attendre à partir de l'analyse économétrique qui sera faite plus tard. Elle offre également les raisons qui fondent ces attentes. Ces résultats renseignent donc sur la possible validation des hypothèses de recherche. Si la section sur les hypothèses n'avait pas autorisé la rationalisation de ces dernières, cette partie offre au chercheur toute la latitude de développer les arguments qui militent dans le sens de la validation ou pas des hypothèses. Ces justifications reposent en grande partie sur la connaissance de la littérature, une bonne maîtrise du cadre contextuel et éventuellement à partir de l'analyse exploratoire de la section précédente sur les données.

La littérature qui aura abordé le même problème de recherche a en effet produit des résultats qui peuvent constituer des ingrédients dans la formulation et la justification des résultats potentiels de la recherche. Une bonne compréhension de cette littérature suppose que le chercheur est en mesure de lier la nature, le sens et la portée des résultats des travaux antérieurs aux éléments caractéristiques des profils contextuels. La connaissance de ce qui fait la spécificité de son propre contexte de recherche devrait lui permettre d'envisager la mesure dans laquelle les résultats obtenus ailleurs pourraient s'appliquer. Il pourra par exemple chercher à calquer les paramètres structurels du cadre d'analyse empirique sur le profil du contexte envisagé et conjecturer sur l'éventail de réactions possibles du phénomène étudié.

Si la formulation des hypothèses est directe, celle des résultats attendus par contre peut user d'un style moins affirmatif. C'est le cas s'il existe, d'une part, des arguments littéraires ou contextuels qui militent pour la validation des hypothèses de recherche et, d'autre part, des arguments qui abondent dans le sens opposé. C'est aussi le cas lorsque les mécanismes générateurs des résultats, tels qu'exposés dans la littérature existante, ne sont pas suffisamment connus, ou encore lorsque la recherche est fondée sur une remise en cause des travaux antérieurs.

Le cadre méthodologique peut souvent servir dans la rationalisation des résultats. C'est le cas lorsque le travail décèle une portée limitée des résultats antérieurs qui est due en grande partie à l'approche utilisée jusque-là. Par exemple, en reprenant le cas de l'évaluation environnementale, les travaux antérieurs peuvent avoir produit des résultats basés sur la technique d'évaluation contingente dite du « *double-bound* » qui propose deux prix à l'interviewé. Le chercheur peut faire remarquer que la seconde offre de prix tend à introduire un biais dans les réponses, avec comme conséquence une sous-évaluation du prix moyen du service. En suggérant une version alternative dite de « *one-and-one-half-bound* » qui corrige ce biais réducteur, le chercheur peut s'attendre à obtenir une valorisation plus importante que celle proposée jusque-là. Des arguments servant à la rationalisation de ce résultat attendu peuvent être trouvés dans l'article originel de Cooper et ses collègues de 2002 mentionné précédemment.

Dans tous les cas, un effort est exigé du chercheur pour suggérer des résultats potentiels et des éléments servant à apprécier leur caractère raisonnable et réaliste. À titre d'illustration, considérons le thème sur les infrastructures commerciales et la performance externe des entreprises, dont les hypothèses, à titre de rappel, sont : « *l'amélioration de la qualité des infrastructures commerciales réduit les coûts fixes associés aux échanges qui, à leur tour, rendent plus attractifs les marchés extérieurs* » ; et « *faciliter les échanges augmente le volume des importations et des importations des firmes* ». La section sur les résultats attendus peut être élaborée comme suit :

> « De façon générale, il est attendu de l'amélioration des infrastructures du commerce extérieur des gains importants en termes de performance des entreprises. En effet, le profil des infrastructures commerciales, par exemple le nombre de documents requis ou encore les délais associés, explique en grande partie l'ampleur des coûts de transaction liés aux échanges transfrontaliers. Les initiatives de facilitation des échanges contribueront à réduire ces coûts qui sont vus comme des barrières à l'entrée sur les marchés extérieurs. Il peut dès lors être envisagé, dans la lignée des toutes dernières théories du commerce international (voir Melitz, 2003), que la réduction subséquente du seuil critique des coûts fixes d'entrée dans un contexte d'hétérogénéité des firmes contribuera à accroitre le taux de participation de ces dernières aux échanges internationaux.
>
> En outre, pour les firmes déjà impliquées dans le commerce international, il est attendu d'une amélioration de la qualité des infrastructures une intensité accrue des échanges commerciaux, tant du point de vue des exportations que des importations. Ce résultat est conforme à l'idée que la réduction des coûts liés aux échanges va contribuer à améliorer la profitabilité de ces derniers, ce qui accroît davantage l'attractivité relative du marché extérieur, et partant la propension des firmes à échanger des volumes relativement plus importants. »

Les deux résultats attendus vont ainsi dans le sens de la validation des deux hypothèses de recherche, et par construction, ils renseignent directement sur les deux objectifs spécifiques. Ils pourraient être davantage développés, en faisant appel à différentes contributions empiriques qui ont établi des résultats similaires. Les éléments qui fondent leurs résultats peuvent être évoqués pour expliquer davantage le sens des résultats attendus dans le projet de recherche. Il est également possible, voire souhaitable, de convoquer les contributions qui ont produit des résultats négatifs (opposés). Dans ce cas, il s'agira d'indiquer dans quelle mesure ces résultats ne s'appliqueraient pas au contexte particulier de la recherche envisagée : est-ce dû à des éléments spécifiques du contexte qui fondent sa particularité, ou à l'approche méthodologique, ou encore aux indicateurs choisis et leur mesure ? En exposant les sources des différences, le chercheur pourra convaincre davantage du bien-fondé des résultats attendus.

Il est vrai que les résultats attendus ont un relent spéculatif. Le chercheur s'efforce d'imaginer ce que l'analyse économétrique produira, même s'il est fait appel à des éléments probants tirés de la littérature ou du contexte pour mieux asseoir les prédictions. Cependant, l'incertitude liée à leur réalisation effective demeure bien réelle, et elle peut amener beaucoup de chercheurs à ne pas inclure cette section dans leur projet de recherche. Une telle option ne rend toutefois pas justice à l'esprit même qui guide l'élaboration de cette section. En indiquant les réponses probables bien renseignées à la question de recherche, à travers les résultats attendus, le projet renforce davantage l'intérêt de la recherche, par un suspens entretenu, auprès des lecteurs. Ces derniers seraient alors très curieux de découvrir la plausibilité des arguments avancés pour rationaliser les résultats attendus. Cette section peut également accroître l'intérêt auprès des acteurs de la sphère décisionnelle qui pourront souhaiter être davantage convaincus de la portée pratique de la recherche. Les résultats attendus peuvent répondre directement à leurs préoccupations politiques. Autant de raisons qui font de cette section un segment crucial dans le dispositif général du projet de recherche.

12. Les résultats

Cette section offre une présentation et une discussion circonstanciées des résultats obtenus à partir de l'application de la méthodologie de recherche. Elle expose clairement ces résultats, généralement à l'aide de tableaux (et, au besoin, de graphiques). Elle procède à l'appréciation de leur validité empirique. Elle offre une grille de lecture à partir d'une interprétation de leur sens économique. Elle montre également en quoi ces résultats valident ou pas les hypothèses de recherche, concourent aux objectifs spécifiques et général et répondent à la question de recherche.

a. Présentation des résultats

Les résultats sont consignés dans des tableaux bien synthétiques et soigneusement conçus. Accessoirement, le chercheur peut également recourir à un graphique pour mieux exposer ses résultats. C'est le cas de résultats issus de l'estimation non-paramétrique qui porte plus sur la forme fonctionnelle d'une relation entre deux variables données (par exemple le salaire et le niveau d'éducation).

Il existe un format de présentation des tableaux de résultats que le lecteur attentif peut retrouver dans toutes les références qu'il aura consultées dans le cadre de sa recherche. Copier-coller directement les sorties (output) des logiciels économétriques doit être absolument évité. Tout n'est pas utile dans la batterie de statistiques fournies par le logiciel : certaines sont redondantes, d'autres sont à contenu informationnel relativement maigre du point de vue de l'analyse que le chercheur va proposer dans cette section. En outre, les exigences de lisibilité des tableaux commandent une organisation spécifique qui est guidée par le souci de parcimonie.

À titre d'illustration, considérons le thème sur la valorisation des véhicules sur le marché américain. Copier et coller les résultats obtenus à partir du logiciel Stata donne l'image suivante que l'on ne voudrait voir ni dans le texte principal de l'article, ni dans ses annexes.

lprix	Coef.	Robust Std. Err.	t	P>|t|	[95% Conf.	Interval]
energie	-.0014765	.0096081	-0.15	0.878	-.0206709	.0177179
reparations	.0335949	.040825	0.82	0.414	-.0479625	.1151522
poids	.0004692	.000096	4.89	0.000	.0002775	.0006609
origine	.5077989	.1220356	4.16	0.000	.2640047	.7515931
_cons	6.979208	.4547209	15.35	0.000	6.070798	7.887617

Plusieurs éléments rendent ce tableau peu exploitable. En plus de la pléthore d'informations, les abréviations peuvent dérouter le lecteur moins familier au langage du logiciel. Les termes étrangers à la langue française peuvent rajouter à la difficulté de lecture. Le format des nombres est loin d'être uniforme, notamment la longueur des parties décimales pour une même colonne.

Quelques règles générales à suivre pourraient offrir une meilleure lecture des tableaux des résultats. Il s'agit des mêmes règles que pour tous les autres tableaux et telles que présentées plus haut : numérotation, intitulé, taille et police et notes de bas de tableau, entre autres.

La structuration du tableau repose généralement sur trois parties bien distinctes : (i) la première ligne renseigne sur la signification des statistiques, (ii) les lignes qui suivent portent sur le contenu principal, à savoir les estimations des paramètres (coefficients et écarts-types) et (iii) la dernière partie présente des statistiques donnant divers renseignements sur la qualité générale des estimations. Le tableau présenté ci-dessus est repris comme suit :

Tableau 2 : Résultats des estimations

	Coefficients
Énergie	-0.0015
	(0.01)
Réparations	0.0336
	(0.04)
Poids	0.0005***
	(0.00)
Origine	0.5078***
	(0.12)
Constante	6.9792***
	(0.45)
N	69
R2	0.56
F	18.8

Notes : La variable expliquée est le prix des véhicules (en logarithme). Les valeurs entre parenthèses représentent les écarts-types (corrigés de l'hétéroscédasticité). La significativité à 1 % est représentée par ***.

Les trois parties sont ainsi bien visibles grâce à des traits de séparation clairs. La partie principale indique les variables explicatives et les estimations des coefficients (beta) et des écarts-types (sigma). Les estimations sont bien distinguées : d'abord par des parenthèses qui contiennent les écarts-types, ensuite par le format utilisé pour les nombres, avec une partie décimale plus longue pour les coefficients estimés.

Les écarts-types estimés permettent d'apprécier la significativité individuelle des coefficients. Ils sont préférés d'une part aux statistiques de la loi de Student (*t*) ou à leurs équivalents de la loi normale centrée réduite (z), et d'autre part aux probabilités associées. Porter toutes ces statistiques sur le tableau serait un bourrage inutile qui risque de rendre sa lecture difficile, d'autant plus qu'elles sont reliées les unes aux autres et l'information qu'elles contiennent est identique (degré de significativité). Par exemple, le *t* de Student, dans l'hypothèse nulle d'égalité du paramètre à zéro, est le rapport entre ce dernier et l'écart-type, et la probabilité est obtenue à partir de la table de la loi en question.

Le niveau de significativité individuelle des coefficients (ou variables explicatives, par abus de langage) est indiqué par des étoiles placées à côté des coefficients (et non des écarts-types). Le nombre d'étoiles le plus élevé correspond au degré de significativité le plus fort. Il est de tradition d'utiliser trois étoiles (***) pour le seuil (alpha) de 1 %, correspondant à une forte significativité, deux étoiles (**) pour le seuil de 5 % et une étoile (*) pour celui de 10 % qui est indicatif d'une faible significativité. Il est possible de choisir d'autres seuils, comme 0,1 %, 1 % et 5 % que l'on retrouve par défaut dans le logiciel Stata. Dans ce cas la même règle s'applique : *** pour 0,1 %, ** pour 1 %, et * pour 5 %.

Les noms complets des variables doivent être préférés aux abréviations utilisées pour les désigner dans la spécification du modèle de régression et que l'on retrouve dans la base de données. Le tableau doit pouvoir se lire aisément et sans référence au texte descriptif qui l'accompagne. Par exemple, « énergie » dans le tableau remplace « X_1 » ou « *energ* » dans la spécification du modèle.

La dernière partie du tableau liste des statistiques tout aussi importantes. C'est le cas du nombre d'observations (*N*), du coefficient de détermination (*R-squared*) qui est indicative du pouvoir explicatif de la variabilité du phénomène analysé par le modèle, et la statistique de Fisher (*F*) qui renseigne sur la significativité globale du modèle.

De la multitude d'informations produites par le logiciel, il n'est reporté que les statistiques jugées plus pertinentes. Par exemple, pas besoin d'amener la probabilité associée au test de Fisher ou la moyenne des carrés des erreurs (*Root MSE*), ou encore le coefficient de détermination ajusté (*Adjusted R-squared*) dans le cas de non-correction de l'hétéroscédasticité. Si certaines statistiques sont toujours présentes, quel que soit le cas envisagé (par exemple nombre d'observations), le choix d'en inclure d'autres dépend de leur apport direct dans l'analyse à partir de leur contenu informationnel. En règle générale, toute statistique reportée dans le tableau doit servir directement à l'appréciation de la qualité générale des estimations.

Les notes de bas de tableau offrent des précisions additionnelles devant permettre une meilleure lecture du tableau. On y retrouve par exemple un rappel de la variable expliquée (qui ne figure pas dans le corps du tableau), la signification des parenthèses et une indication des niveaux de significativité par les étoiles. Il est possible d'ajouter d'autres informations. Par exemple, lorsque le tableau contient plusieurs séries d'estimations portées dans des colonnes additionnelles, une note signalera alors dans quelle colonne se retrouve chaque série d'estimations. Ces informations additionnelles peuvent également porter sur des contrôles dans les régressions qui ne sont pas répertoriées dans le tableau, comme les effets fixes pays ou effets temporels. Leur inclusion aura sans doute rendu le tableau relativement long et compromis sa lisibilité.

Contrairement aux tableaux situés ailleurs dans le texte (comme dans les sections sur l'analyse contextuelle ou sur les données), les tableaux de résultats d'estimations ne devraient pas mentionner leur source. Il est bien évident que c'est le chercheur en personne qui en est l'auteur. Au cas où le chercheur aurait fait appel à un concours externe dans les estimations, il ne devrait pas le mentionner à ce niveau. Il pourrait plutôt témoigner sa gratitude à ces tierces personnes à des endroits appropriés du travail (comme la page de garde).

En règle générale, le logiciel utilisé dans les estimations ne devrait pas être mentionné, surtout lorsqu'il est très populaire (comme Stata ou EViews). Deux exceptions sont toutefois envisageables. Le chercheur peut avoir utilisé un logiciel spécifique, qui n'est pas très populaire, développé par des auteurs pour répondre à un besoin précis. C'est le cas par exemple des nombreux logiciels qui appliquent l'approche *Data Envelopment Analysis* (DEA). La mention du logiciel est une précaution de la part du chercheur, car le fait que le logiciel ne soit pas populaire peut être lié à sa performance potentiellement limitée dans l'exécution de la tâche envisagée. Dès lors, la portée des résultats obtenus devrait être comprise dans le sens spécifique de la configuration relative du logiciel.

Une autre exception tient à la situation où différents logiciels aboutissent à différents résultats d'estimations d'un même modèle de régression. C'est l'exemple de la régression paramétrique de modèles de durée. Pour une loi de probabilité donnée (exponentielle, Weibull, Gompertz ou log-logistique), différents packages (SAS, Stata ou R) peuvent sortir différents résultats. Ces différences peuvent aller jusqu'au signe des coefficients estimés. Confronté à cette situation, le chercheur devrait reporter ces différences (et éventuellement les résultats produits par d'autres logiciels). En réalité, beaucoup de chercheurs ne s'encombreraient pas de telles règles d'usage et se contenteraient de résultats obtenus avec le seul logiciel auquel ils seraient plus familiers.

En dépit de règles relativement standard qui gouvernent l'élaboration des tableaux de résultats, cette dernière offre beaucoup de flexibilité. Il peut par exemple être introduit une quatrième partie avec des lignes additionnelles pour augmenter le contenu informationnel du tableau, sans toutefois alourdir leur structure ou rendre la lecture relativement difficile.

b. Analyse empirique des résultats : validité empirique

À partir des tableaux bien conçus, il est procédé à l'analyse économétrique, puis à l'analyse économique des résultats. L'analyse économétrique renseigne sur la validité empirique des résultats : en quoi les estimations sont-elles *bonnes*, du point de vue économétrique ? Le chercheur devra ainsi convaincre de la qualité de ses résultats avant d'en offrir une lecture économique. Quel type de lecture ferait-on d'un résultat erroné ? « GIGO » voudrait que l'interprétation soit aussi imprécise que le résultat.

La validité des résultats empiriques repose pour l'essentiel sur les hypothèses qui fondent l'approche méthodologique génératrice. Par exemple, conformément au théorème de Gauss-Markov, la portée empirique des résultats obtenus avec l'estimateur des MCO porte, entre autres, sur l'absence d'autocorrélation des résidus, la constance de la variance de l'erreur d'une observation à l'autre et l'exogénèité des variables explicatives. Si ces hypothèses sont violées, alors les résultats d'estimation ne sont pas valides, car souffrant de divers biais. Autre exemple : l'usage d'un modèle à variables instrumentales suppose qu'il existe bien une variable explicative endogène qui rendrait inapproprié l'usage de la méthode des MCO. Cependant, l'absence du biais que pourrait révéler un test d'hypothèse rendrait les résultats du modèle invalide.

Pour renseigner sur la qualité des résultats d'estimations, le chercheur doit effectuer les tests appropriés et les indiquer dans la discussion. Par exemple, dans le cas de résultats obtenus avec la méthode d'estimation par les MCO, l'auteur devra parler de résultats du test de Breusch-Pagan ou du test de White sur l'homoscédasticité des erreurs si les données utilisées sont de type transversal, ou de Durbin-Watson (ou *h* de Durbin) ou de Breusch et Godfrey sur l'autocorrélation des résidus pour les données longitudinales. L'approche par la méthode des variables instrumentales devra évoquer les résultats de tests d'endogénéité (Durbin-Wu-Hausman), de la qualité des instruments utilisés (R2 partiel ou Fisher) et de la nature de l'identification (Sargan ou Basman).

Les résultats de ces tests d'hypothèse, notamment les statistiques associées et une indication du degré de significativité, peuvent figurer dans le tableau des résultats d'estimations, par exemple dans une quatrième partie avec des lignes additionnelles. Si par contre ils alourdissent le tableau en le surchargeant, alors il peut être considéré un tableau séparé qui sera soit mis dans cette section, soit porté en annexes. Le recours aux annexes est plus courant, car plus en phase avec le souci de concision du texte principal qui commande de ne pas y porter des informations qui risquent de distraire le lecteur en l'éloignant de l'essentiel.

S'il existe plusieurs procédures de tests d'hypothèse, il peut être utile d'en utiliser autant que possible suivant leur degré d'adéquation. Si les résultats aboutissent à la même conclusion, alors cette dernière n'en sera que renforcée (robustesse). Si par contre les issues sont conflictuelles, il faudra alors évoquer ce qui différencie les procédures de tests et qui peut permettre d'apprécier la portée relative de leurs résultats. De cette discussion découle le choix des résultats de tests à privilégier. Par exemple, les conclusions du test de White seront retenues devant celles issues du test de Breusch-Pagan, en raison du caractère plus général du premier.

Dans le cas où les tests ont une validité statistique identique, la règle de la majorité peut guider le choix final : la conclusion issue d'un plus grand nombre de procédures de tests est à considérer. Le chercheur qui ne voudrait pas s'encombrer de conflits potentiels entre différents tests peut envisager une seule procédure, à l'exclusion des alternatives. Il devra alors justifier ce choix, et une argumentation valide pourrait par exemple évoquer le caractère plus général ou plus approprié de la procédure choisie. Comme rappelé plus haut, tout choix devrait être rationalisé, et ne saurait procéder de considérations subjectives.

c. Analyse économique des résultats : sens, signification et portée

Une fois la validité empirique des résultats démontrée, la tâche suivante consiste alors à interpréter les résultats en termes économiques. Il s'agit d'en offrir une grille de lecture qui s'appuie sur différentes théories économiques, à la lumière de la littérature existante, avec au besoin une référence au contexte d'étude pour étoffer le contenu des argumentaires. Ce travail est tout aussi crucial que l'application rigoureuse de la méthodologie, voire plus. Aussi sophistiquée que puisse être la méthodologie et aussi novateurs que puissent être les résultats, le caractère économique de la recherche commande une attention particulière à la lecture économique détaillée des résultats.[5]

Cette analyse économique peut commencer par distinguer tour à tour deux séries de résultats, dans la mesure où le thème l'autorise : d'abord ceux axés sur la ou les variables d'intérêt, ensuite ceux liés aux variables de contrôle. Les variables d'intérêt sont directement associées à la question de recherche, alors que les variables de contrôle

---

[5] Face à la tendance abusive de l'usage de l'Économétrie qui donne à croire, à tort, que la qualité de la recherche repose sur le niveau de technicité des approches empiriques utilisées, Zvi Griliches, cité par Mairesse (2003, p. xiv) aimait rappeler : « *The cost of computing has dropped significantly, but the cost of thinking is what it always was. That is why we see so many articles with so many regressions and so little thought.* » G. Maddala, cité par Hsiao (2003, p. vii) offre ce conseil : « *Think first why you are doing what you are doing before attacking the problem with all the technical arsenal you have and churning out a paper that may be mathematically imposing but of limited use.* »

contribuent principalement à une spécification correcte du modèle en améliorant son pouvoir explicatif général du phénomène analysé. Par exemple, s'agissant du thème sur l'impact de l'accès au crédit sur la performance des entreprises, la variable d'intérêt est le statut sur le marché du crédit (variable *dummy* qui prend 1 si l'entreprise dispose d'un emprunt ou d'une ligne de crédit, 0 si c'est le contraire). Ce modèle explicatif de la performance inclura également des variables explicatives additionnelles (contrôles) qui pourraient potentiellement renseigner sur les disparités de performance. Il s'agit de la taille (volume de l'emploi), le statut légal (formalité), le genre du dirigeant, la qualité du management, l'intensité de la concurrence dans la branche d'activité, ou encore la participation au marché d'exportations. Autant de variables dont l'absence pourrait perturber la relation entre crédit et performance.

En interprétant le sens économique des résultats de la régression, l'accent est mis sur la variable accès au crédit. Elle est au cœur de la recherche. La discussion portant sur les résultats autour de cette variable d'intérêt devra occuper une proportion importante de l'analyse économique des résultats.

La discussion des résultats pourrait d'abord s'intéresser à la significativité du coefficient associé à la variable d'intérêt. Si l'impact est significativement différent de zéro, alors l'intérêt est porté sur le signe indicatif d'une relation positive ou négative. En cas de non-significativité, pas besoin de mentionner le signe, car le coefficient est statistiquement égal à zéro (qui ne serait ni positif ni négatif). Il n'existe alors pas de relation entre la variable d'intérêt et la variable expliquée : l'accès au crédit n'est pas un discriminant important de la performance.

En cas de significativité du coefficient par contre, il est indiqué la magnitude de la relation, en veillant au sens particulier lié à la nature de la variable (continue ou discrète), de sa spécification (en logarithme ou à niveau) et de la forme fonctionnelle de la relation (linéaire ou non-linéaire). Les variables continues abordent l'impact en termes de variation infinitésimale (ou unitaire), alors que pour les variables discrètes (*dummy* par exemple), il s'agit d'une comparaison directe entre les modalités, l'une étant choisie comme la référence. La spécification logarithmique se prête à une interprétation des coefficients en termes de pourcentage. Avec la forme fonctionnelle linéaire, les coefficients estimés représentent les effets marginaux, alors que pour les spécifications non-linéaires (comme les modèles Probit ou Logit), ces effets marginaux sont souvent obtenus à partir de transformations additionnelles (notamment les dérivations de fonctions composées).

L'étape suivante est de comparer les résultats ainsi obtenus pour la variable d'intérêt à ceux de la littérature. Cette comparaison est une suite logique à la revue de la littérature dans laquelle l'auteur a fait mention de travaux qui, en général, ont abouti à une palette bien diversifiée de résultats. Il s'agit alors d'offrir des éléments d'appréciation de la portée des résultats obtenus : (i) en quoi sont-ils similaires ou différents des résultats antérieurs ? (ii) En cas de similitude de signe ou de magnitude, les arguments économiques ou autres évoqués dans la littérature s'appliquent-ils au cas spécifique de la recherche ? Dans le cas où les résultats sont différents de la littérature, quelles sont les raisons ?

L'interprétation des résultats portant sur la variable d'intérêt devra aussi indiquer en quoi les hypothèses de recherche sont validées ou pas, en quoi les objectifs (spécifiques et général) de recherche sont atteints, et également comment la question de recherche a été répondue. Tel est en effet l'objet ultime, voire le kernel, de la recherche. Le chercheur devra s'y prendre avec une clarté et une cohérence de l'exposé.

Après cette discussion exhaustive et profonde des résultats portant sur la variable d'intérêt, l'analyse économique peut tourner vers les variables de contrôle. Même si les interprétations n'auront pas le même degré de profondeur, et donc le même espace dans le texte, elles doivent néanmoins avoir les mêmes orientations en termes d'objet. Elles doivent ainsi renseigner sur le sens des résultats, les mettre en perspective en les comparant avec les résultats de la littérature existante et expliquer les différences ou similitudes.

Cette structuration de la discussion économique des résultats qui distingue entre variable d'intérêt et variables de contrôle est pertinente pour des thèmes qui mettent directement en avant le rôle d'un mécanisme explicatif donné. À l'opposé, une telle distinction n'est pas opportune pour un thème portant sur l'identification de mécanismes explicatifs ou déterminants. L'ordre d'apparition de ces variables dans les discussions peut favoriser le critère du pouvoir explicatif individuel tel qu'il apparaît dans les estimations des coefficients, ou encore refléter le poids des variables dans les discussions de la littérature antérieure.

Il peut arriver que les résultats obtenus soient très atypiques. C'est le cas de résultats qui prennent le contre-pied de la littérature théorique ou empirique bien établie. Par exemple, supposons le cas d'un résultat qui indique un effet statistiquement nul du taux d'intérêt sur le volume des investissements, ou encore d'un autre résultat qui montre que la hausse du salaire minimum n'aurait pas d'impact significatif sur l'emploi.

La littérature aussi bien empirique que théorique montre majoritairement qu'une hausse du taux d'intérêt, en renchérissant le coût du crédit, réduit les demandes de financement bancaires et donc les investissements. Elle suggère également que l'augmentation du salaire minimum, synonyme d'un accroissement du coût de la main-d'œuvre, devrait réduire la demande de travail devenu plus cher pour les entreprises et conduire à une baisse de l'emploi. Fort de ces considérations théoriques et de leur validation empirique dans beaucoup de recherches appliquées, le chercheur formule alors des hypothèses de recherche et des résultats attendus qui vont dans le sens d'une relation négative entre taux d'intérêt et accumulation de capital, ou entre salaire minimum et emploi.

En aboutissant à des résultats fort contentieux, le chercheur se retrouve dans une situation qui peut être bien embarrassante. Il peut alors être tenté d'envisager les options suivantes qui ne sont point recommandées : (i) « faire la cuisine » en prenant soin de ne pas servir une tambouille, (ii) manipuler ou truquer les résultats d'estimation, par exemple en changeant juste le signe, (iii) abandonner l'approche méthodologique et opter pour une alternative qui donne les résultats voulus, (iv) réfuter la théorie de base avec laquelle le résultat obtenu est en contradiction, ou encore (v) chercher coûte que coûte à rationaliser l'irrationalisable.

L'orthodoxie scientifique s'oppose à chacune de ces options. Elles défient la rigueur et l'éthique qui fondent la démarche de la recherche. Elles doivent ainsi être évitées à tout prix. L'option (i) s'inscrit dans la formule de Ronald Coase qui stipule qu'à force de torturer les données suffisamment longtemps, elles finissent par confesser. Elle suppose que le chercheur pose un résultat à l'avance et se débrouille pour l'obtenir, en modifiant par exemple la nature des variables ou la spécification de la relation à estimer. En outre, elle donne du crédit à la boutade qui veut que le chercheur dise à l'utilisateur potentiel des produits de sa recherche : « *Dites les résultats que vous désirez, je me débrouille pour vous les servir* ». Une telle démarche soulève des questions plus profondes sur la nature scientifique de l'Economie qui serait ainsi capable, par le truchement de la magie de l'alchimie, de produire des résultats préétablis. Cette critique peut être fondée pour certains chercheurs, mais ne devrait point être généralisée à la profession dans laquelle on retrouve une grande majorité de chercheurs dont le profil moral les amène à se détacher personnellement de leur objet de recherche et des résultats obtenus.

L'option (ii) de manipulation ou de trucage des résultats touche le plus à l'intégrité morale du chercheur. Quelle est la valeur scientifique de résultats manipulés ou truqués ? Qu'est-ce qui reste de moralité à ce chercheur qui sert du faux à la communauté scientifique ou aux utilisateurs des produits de la science ? Il est aisé d'imaginer l'effet potentiellement dévastateur de tels résultats dans la pratique. Considérons le scénario suivant dans lequel un pays fait face à un risque de crise financière et économique. L'honnêteté scientifique aurait commandé une évaluation rigoureuse et désintéressée qui pourrait *in fine* suggérer des pistes de réformes pour éviter la crise. Mais le chercheur véreux à la solde des politiques soucieux de calmer les marchés voudra plutôt démontrer une supposée stabilité du système financier du pays. L'inaction politique qui s'ensuivrait aurait toutes les chances de conduire le pays dans une crise dont le coût humain serait inestimable (pertes d'emploi et de revenu, désagrégation des cellules familles, suicides, etc.).[6]

De telles conséquences devraient constituer des motifs suffisants de renonciation à la manipulation et au trucage des résultats de recherche. Les risques personnels devraient également être pris en compte. Il est en effet facile dans la plupart des cas de déceler ces pratiques frauduleuses, car comme tout crime, il y a souvent des indices qui trahissent l'acte délictueux. Un chercheur par exemple qui voudrait coûte que coûte avoir un « bon » signe peut juste changer ce que la régression lui donne, ignorant que le coefficient et la statistique de Student (t) doivent être de même signe. Plus généralement, dans la mesure où les différents résultats d'estimation sont plus ou moins liés, modifier un résultat isolé n'échappera pas à l'attention du lecteur bien avisé.

Cette pratique qui aurait atteint les proportions d'un fléau a donné lieu à différentes réponses. Par exemple, la plupart des revues obligent le chercheur engagé dans le processus de publication à soumettre

---

[6] Un tel scénario est bien une réalité : c'est le cas de l'Islande à l'orée de la crise financière de 2008. Le film documentaire « *Inside Job* » de Charles Ferguson (2010) offre une description très révélatrice de la corruption dans la recherche académique.

également les données utilisées et éventuellement les routines ayant servi à la génération des résultats. C'est le cas depuis quelques années de la revue *Journal of Development Economics*. Une généralisation de ces pratiques à toutes les revues et aux comités d'éthique des universités ou instituts de recherche pourrait définitivement fermer la voie à cette option.[7]

L'option (iii) est tout aussi suggestive d'un profil scientifique limité. Elle est équivalente à un attelage qui met la charrue avant les bœufs. Elle renverse ainsi la hiérarchie des procédures de la recherche qui commande plutôt la définition de l'hypothèse de recherche, puis le choix méthodologique et son application, ensuite les résultats issus de l'application de la méthodologie. Cet ordre logique qui guide le travail de recherche écarte l'option d'abandonner une approche méthodologique au profit d'une autre sous prétexte que cette dernière produirait de « bons » résultats, « faciles à défendre ».

L'option (iv) est également à écarter, car une théorie ne devrait point être rejetée par des résultats empiriques qui établiraient un faible contenu empirique, à supposer que le travail empirique à la base de ces résultats soit de qualité irréprochable. En règle générale, il faudrait plutôt une théorie pour rejeter une autre théorie.[8] Si la théorie dominante n'est d'aucun secours, alors il faudrait penser à d'autres possibilités de rationalisation des résultats, comme le recours à une théorie concurrente ou encore le développement d'une toute nouvelle théorie.

L'option (v) est, dans beaucoup de cas, difficile à appliquer. La théorie concurrente peut ne pas faire le poids devant la théorie dominante d'une part, et l'élaboration d'une nouvelle théorie n'est sans doute pas l'objet de la recherche empirique en question d'autre part. Alors il reste au chercheur le recours au contexte pour interpréter le sens de ses résultats. Le caractère atypique des résultats peut parfois trouver sa source dans le caractère également atypique du cadre contextuel. La connaissance de ces éléments qui font la spécificité du contexte, combinée à une bonne maîtrise des mécanismes qui fondent la théorie, peut servir dans la rationalisation des résultats.

---

7 Christiensen et Miguel (2018) offre une discussion détaillée de l'intérêt grandissant que la profession accorde à la transparence, à la reproductibilité et à la crédibilité de la recherche.

8 La citation de Samuelson dans Card et Kruger (1995, p. 355) peut lire : « *In Economics, it takes a theory to kill a theory, fact can only dent a theorist's hide.* »

À titre d'illustration, reprenons l'exemple du résultat de l'absence d'effet du taux d'intérêt sur les investissements privés. Une interprétation de ce résultat peut mettre en avant la proportion relativement faible de firmes qui ont accès au crédit bancaire. Même si ces dernières réagissaient effectivement aux variations du taux d'intérêt dans le sens de la théorie qui stipule un effet négatif, leur faible représentativité peut être telle que l'investissement global demeurerait inchangé. C'est là tout le sens de l'absence de significativité : sans doute une réaction négative tel qu'indiqué par le signe du coefficient estimé associé, mais statistiquement égal à zéro. L'analyse contextuelle qui vient en appui à ce raisonnement pourra renseigner sur le chiffre de la proportion de firmes ayant accès au crédit bancaire.

Il est possible que de telles interprétations ne soient pas accessibles au chercheur. C'est le cas du jeune chercheur n'ayant pas une expertise suffisamment profonde sur la question, ou embarquée dans une recherche diplômante avec une supervision ineffective. Il se trouve ainsi démuni face à ce résultat qu'il ne peut expliquer. Faute d'argumentation assez crédible, il ne devrait toutefois pas tenter d'expliquer ce résultat coûte que coûte, car ce serait peine perdue. Le lecteur se rendra compte de la limite du raisonnement proposé. À la place, il devra honnêtement avouer son impuissance, en des termes à peine voilés.

Par exemple, après avoir reporté ces résultats dans le texte, il peut commencer par reconnaître leur caractère peu conventionnel, puis expliquer en quoi ils s'opposent aux résultats de la littérature théorique ou empirique, et enfin indiquer qu'il s'agit plus d'une curiosité statistique qu'une manifestation d'un quelconque mécanisme économique. Au préalable, il aura revérifié que les fondements empiriques sont bien solides, en s'assurant que la méthodologie a été rigoureusement appliquée et que les résultats ne souffrent d'aucun biais.

S'il est vrai que la théorie ne peut être rejetée sur la base des résultats empiriques, la validité empirique de ces derniers ne saurait, à l'inverse, être appréciée du point de vue de la théorie économique. S'il fallait rejeter systématiquement des résultats empiriques sur la base de conformité avec la théorie, sans doute beaucoup de travaux empiriques et des théories auxquelles ils ont donné naissance plus tard n'auraient jamais vu le jour. Le résultat de Card et Kruger sur l'absence d'effet d'une hausse du salaire minimum sur l'emploi n'aurait alors pas donné lieu à un pan important de la littérature qui a amélioré la connaissance du fonctionnement du marché du travail. En outre, le faible contenu empirique des théories révélé par des résultats contradictoires est souvent le point de départ de nouvelles théories plus explicatives du phénomène étudié. Le chercheur aura peut-être, par ses résultats, posé les premiers jalons d'une recherche qui aboutira au développement de nouvelles théories.

En définitive, cette section sur les résultats aura proposé une analyse économétrique dont l'objet est d'établir la validité empirique des résultats obtenus, en renseignant par exemple sur la qualité générale de l'ajustement. L'analyse économique qui s'ensuit aura permis quant à elle d'extraire le contenu économique des résultats empiriques et de répondre directement à la question de recherche.

13. La conclusion

La conclusion porte sur les implications des résultats. Dans la logique d'ensemble du travail qui arrive à ce stade, il s'agit pour l'auteur, qui vient de préciser la réponse empirique à sa question de recherche dans la section précédente, de considérer la question finale « ET ALORS ? ».

Cette section ne devrait pas être confondue à la section précédente sur les résultats. À ce titre, il n'est pas souhaitable de reprendre ou de réaffirmer les résultats obtenus, contrairement à ce que l'on observe dans bien des articles publiés. La conclusion n'est pas non plus le résumé (*abstract*) du travail de recherche qui rappellerait par exemple le problème de recherche ou encore l'approche méthodologique utilisée. Une conclusion qui ne peut résister au désir de rappeler les principaux résultats et autres aspects importants du travail devrait plutôt s'intituler « Résumé et Conclusion » (*Summary and Conclusion*), tel qu'on peut lire dans des articles dont les auteurs ont bien le sens de la nuance : la première partie se charge des rappels, la seconde des implications.

La conclusion doit aller droit au but en présentant son objet, à savoir les implications des résultats. Il s'agit plus spécifiquement d'indiquer en quoi ces résultats constituent une contribution à la littérature existante d'une part, et dans quelle mesure la nouvelle compréhension du phénomène qu'ils offrent permet d'envisager une nouvelle perspective en termes d'approche politique. La conclusion part des résultats pour offrir une appréciation de la portée scientifique ou politique de la question de recherche.

De façon plus spécifique, le chercheur démontre dans quelle mesure les résultats ont permis de repousser les frontières de la connaissance, en précisant les contours de la valeur ajoutée de la recherche à partir des résultats obtenus. Si la recherche avait pour objet de combler un vide, ou de tester la portée d'une connaissance bien établie dans la littérature, ou encore de réévaluer le contenu empirique de mécanismes théoriques, la conclusion est le lieu et le moment de signaler comment les résultats ont contribué à combler le vide, quelles sont les nouvelles délimitations de la connaissance, ou encore quelle est la nouvelle portée empirique des résultats théoriques.

Pour ce qui est de la portée politique des résultats, la conclusion devra montrer en quoi les résultats de la recherche peuvent offrir une base d'évaluation de la pertinence des approches politiques existantes, d'une part, et dans quelle mesure ils peuvent servir à une réorientation de l'action publique, d'autre part. Ce dernier aspect parle des recommandations de politiques publiques visant à résoudre le problème identifié. Cette portée politique peut toutefois être omise, en particulier dans le cas de thèmes de recherche dont la problématique n'a pas suffisamment fait appel aux éléments contextuels.

Pour mieux indiquer jusqu'où la portée des résultats peut aller, il est possible, voire obligatoire, d'évoquer les limites du travail. Ces dernières ne devraient pas être entendues dans le sens de relativiser, voire de réduire, la qualité générale de la recherche ou de la fragiliser. Elles ne devraient pas non plus chercher à ébranler les fondements structurels de l'édifice scientifique dont la construction s'approche du point d'achèvement et de livraison. Elles offrent plutôt des éléments additionnels permettant de mieux cerner les implications des résultats. Elles indiquent par exemple ce que les résultats ne disent pas, ce qu'ils ne signifient pas, ce qu'ils n'impliquent pas.

Ces limites partent de l'idée que la recherche n'est jamais une activité définitive, et que qualité scientifique très appréciable ne signifie point portée scientifique illimitée. Elles peuvent par exemple mentionner ce que la recherche aurait pu faire, mais que divers facteurs l'en ont empêché. Par exemple, le contenu et la qualité des données n'auront peut-être pas permis d'aborder des aspects spécifiques de la problématique. Il pourrait s'agir de l'approche méthodologique adoptée qui n'aurait pas autorisé des analyses plus poussées. Il serait peut-être question des contraintes liées à la nature de la question de recherche qui devait être ramenée à des proportions gérables dans le cadre d'un article à contenu relativement restreint. La liste des limites d'un travail est sans doute interminable. Toutefois, le chercheur devrait se contenter de mentionner un nombre suffisamment réduit de façon à ne pas donner l'impression d'un travail de recherche à qualité amoindrie, tout en satisfaisant leur objet général de précision de la portée des résultats.

À partir des limites, le chercheur peut offrir de nouvelles perspectives de recherche. Dans le cas d'exercices littéraires courants, comme la dissertation, il s'agit de proposer des ouvertures, sans toutefois s'y engouffrer avec des développements ou précisions détaillées. À l'image de l'athlète qui passe le témoin à un autre, la conclusion lance une invitation aux pairs à entreprendre des recherches additionnelles qui s'approprient les limites identifiées. Ce sera alors la traduction concrète de l'élan collectif de repousser continuellement les frontières de la recherche.

14. La bibliographie ou liste des références

La bibliographie liste de façon détaillée les références littéraires citées dans les discussions et analyses. En règle générale, toute référence citée dans le travail doit être listée. Il y a toutefois lieu de distinguer entre « Bibliographique » et « Références » comme intitulé de cette partie. En choisissant « Références », il n'est listé que les travaux cités explicitement dans le texte. Quant à la « Bibliographie », elle peut en outre inclure des travaux qui ne sont pas nommément cités dans le texte, à condition qu'ils aient contribué aux analyses. Par exemple, supposons que le chercheur se soit beaucoup inspiré de l'ouvrage de Cameron et Trivedi intitulé « *Microeconometrics : Methods and Applications* » et publié en 2005, sans le citer directement dans le texte. Cet ouvrage sera listé dans la « Bibliographie », mais il sera absent des « Références ». Il est courant de retrouver une conjonction des deux termes, par exemple « Références bibliographiques ». La règle à privilégier sera alors celle de « Références » qui veut que seuls les travaux cités dans le texte soient listés.

Il est fréquent d'omettre, par inattention ou pour d'autres raisons, des références dans le listing bibliographique, ou encore de garder des références qui sont absentes du texte. C'est le cas lorsque le travail final est le fruit de divers rounds de modifications et d'améliorations qui ont vu des rajouts de nouvelles références et de suppressions d'anciennes qui étaient présentes dans les versions antérieures. Le chercheur devra veiller à ce que la liste soit exhaustive. En particulier, si l'option « Références » ou « Références bibliographiques » est utilisée pour l'intitulé, il devra s'assurer que la liste ne comprend pas des références absentes du texte. Quelle que soit l'option d'intitulé, toutes les références présentes dans le texte doivent se retrouver dans la liste.

Pour aider à établir une liste exhaustive de références, en plus d'un formatage adéquat et d'une bonne organisation, le chercheur peut faire appel à une large gamme de packages ou logiciels de gestion bibliographique. Ils fournissent une aide précieuse au listing, à la description et au formatage de références bibliographiques. Parmi les plus populaires figurent *BibTeX*, *BibDesk*, *EndNote*, *Citavi*, *Papers*, *Mendeley* (*RefMan*), *RefWords*, *Zotero*, *ReadCube*. MS Word inclut également un outil de gestion des références. Si certains sont disponibles gratuitement, d'autres requièrent un paiement. Se familiariser avec un de ces outils et en faire usage dans les référencements, plutôt que de recourir à l'option manuelle, pourra éviter au chercheur des critiques qui soulèveront plusieurs défauts dans la conception de la liste des références : des références citées dans le texte mais absentes de la liste, ou à l'inverse des références listées mais absentes du texte, ou encore un formatage incohérent avec un style non-homogène.

L'existence de ces outils de gestion des références révèle que l'élaboration de la liste des références obéit à diverses règles et ne saurait être reléguée au rang d'accessoire. Alors que certaines règles sont quasi-universelles, d'autres reflètent les préférences des revues scientifiques. Parmi les premières, il peut être cité l'ordre alphabétique, ou encore la distinction entre articles scientifiques publiés et le reste (livres, *working papers*, etc.). Cette distinction, par le moyen du format des caractères (italique ou pas), apparaît à deux niveaux : d'abord le titre, ensuite la revue ou organe de publication, tel qu'illustré ci-dessous :

Seck, A. (2012) : International Technology Diffusion and Economic Growth: Explaining the Spillover Benefits to Developing Countries. *Structural Change and Economic Dynamics*, 23:4, pp. 437-451.

Cissokho, L., J. Haughton, K. Makpayo et A. Seck (2013): Why is Agricultural Trade within ECOWAS so High? *Journal of African Economies*, 22:1, pp. 22-51.

Blaug, M. (1980) : *The Methodology of Economics, or How Economists Explain*. New York: Cambridge University Press.

Maruyama, E., M. Torero, P. Scollard, M. Elías, F. Mulangu et A. Seck (2018). Frontier Analysis and Agricultural Typologies. ZEF Discussion Papers on Development Policy No. 251.

Seck, A. (2013) : International Acquisition of Land Rights : Implications for African Economies, dans TRAPCA, éditeur : *New Generation Land Grabs*. Aruhsa, Tanzanie : TRAPCA.

Les deux premières références sont des articles scientifiques publiés, la troisième est un livre, la quatrième un *working paper*, et la dernière un chapitre dans un ouvrage collectif édité. Il est à remarquer l'usage des caractères en italique : le titre pour l'ouvrage, la revue pour l'article. Ce format est combiné pour un chapitre d'ouvrage collectif. Pour les *working papers* ou les rapports, il n'est pas fait usage de l'italique.

Pour les articles, les détails de la publication vont jusqu'à indiquer la série (*issue*) et le numéro, comme pour la première publication : série 23, numéro 4. La série fait généralement référence au nombre d'années d'existence de la revue, le numéro à la périodicité d'apparition de la revue durant l'année. Par exemple, si la revue sort quatre numéros par an correspondant aux quatre trimestres, alors le numéro 4 indique le quatrième trimestre. La pagination est également indiquée : pp. 437-451 montre que l'article se retrouve de la page 437 à la page 451.

En règle générale, il n'est pas traduit les titres des articles ou des revues. En outre, bien que le second article ait plus de deux co-auteurs, il n'est pas fait appel à « *et al.* » comme c'était le cas dans le corps du texte. La liste des références est en effet le lieu d'indiquer qui sont les « co-auteurs » ou « collègues » ou « collaborateurs ».

Il est également à remarquer qu'il n'est pas fait usage de majuscules partout (en particulier pour les titres). Il peut être privilégié le format qui met la première lettre des mots en majuscules (hormis les conjonctions et termes similaires), ou encore celui qui ne les utilise pas. Ce choix de format devrait s'aligner sur celui adopté par le chercheur pour l'intitulé de sa recherche, tel que discuté plus haut dans la section sur les intitulés. Une fois le choix arrêté, il doit être le même pour toutes les références, dans le souci de garantir la consistance et la cohérence du style.

Il est possible de retrouver des variantes stylistiques qui relèvent de choix spécifiques des revues. Par exemple, le prénom des auteurs peut être épelé en entier (Abdoulaye) et non abrégé par l'initiale (A.) ; l'année peut être hors des parenthèses, comme Seck, A., 2012. ; le point qui suit l'année peut être remplacé par un deux-points (:) ; entre autres. Dans la perspective d'une publication, le chercheur devra prendre connaissance des exigences de la revue ciblée et s'y conformer rigoureusement, même si la plupart des revues disposent de service chargé de la mise en format spécifique du manuscrit accepté pour publication. Également, si un logiciel de gestion des références bibliographiques est utilisé, la conformité de l'output aux exigences de la revue ciblée doit être garantie. Certaines revues vont jusqu'à suggérer un logiciel spécifique. Si le chercheur n'est pas suffisamment familier avec ce logiciel, alors il peut recourir à une élaboration manuelle de sa liste de références.

À titre d'illustration de la diversité des formats, voici quelques exemples de référencement d'articles tel qu'il apparaît dans la revue de publication :

Lanteri, Andrea. 2018. "The Market for Used Capital: Endogenous Irreversibility and Reallocation over the Business Cycle." *American Economic Review*, 108(9) : 2383-2419.

Mankiw, H. Gregory, David Romer, and David Weil, "A Contribution to the Empirics of Economic Growth", *Quarterly Journal of Economics*, CVIII (1992), 407-37.

Asadullah, M. Niaz & Savoia, A. (2018). Poverty reduction during 1990-2013: Did millennium development goals adoption and state capacity matter? *World Development*, *105*, 70-82.

Rodrik D. (2016) 'An African Growth Miracle?' *Journal of African Economies*, 1 (1): 1-18.

Il est possible d'avoir une référence listée en notes de bas de page dans le corps du texte, bien que la règle générale veuille que tout référencement détaillé figure sur la liste des références bibliographiques. Si l'auteur opte pour un tel référencement dans le corps du texte, alors il n'est pas utile de le reprendre dans les références bibliographiques.

En définitive, s'il est vrai qu'il existe une diversité de formats dans l'élaboration de la liste des références utilisées, il est important de distinguer les règles générales de celles qui sont spécifiques aux revues ou organes de publication et de s'y conformer, en veillant à la cohérence du style.

15. LES ANNEXES

Les annexes offrent des compléments indispensables aux analyses présentées tout au long du texte principal. On peut également parler d'appendice qui est entendu comme un ensemble de notes et remarques situé à la fin du travail et dont il constitue un prolongement. Ils recueillent des éléments dont l'inclusion dans le texte n'aurait pas contribué de façon significative à améliorer la compréhension générale de la recherche. En les retirant du corps du texte, le chercheur peut ainsi alléger ce dernier et éviter au lecteur toute distraction qui l'aurait écarté de l'objet précis de la recherche ou qui pourrait brouiller le message principal.

On retrouve ainsi dans les annexes toute information additionnelle qui complète ou appuie l'argumentaire dans le texte principal. Les éléments constitutifs peuvent inclure :

- le questionnaire ayant servi à la collecte des données, ou une description détaillée s'il est suffisamment long pour ne pas pouvoir contenir dans l'article ;
- la liste exhaustive des variables utilisées dans le modèle, leur signification et leur spécification ;
- les formules ou expressions relativement complexes qui sous-tendent certaines relations ou la spécification de variables ;
- les démonstrations ayant permis d'établir les formes réduites à partir des formes structurelles, dans le cas de modèles théoriques, ou les équations finales de régression à partir des équations initiales dans le cas de modèles empiriques ;
- le tableau exhaustif des statistiques descriptives ou des graphiques ayant servi à l'analyse exploratoire ;
- les résultats détaillés des tests d'hypothèses ;
- les résultats de régressions additionnelles ou alternatives ayant servi, par exemple, à analyser la robustesse des résultats de base ;
- la liste des pays qui forment la base de données ;
- les sources des données secondaires.

Si des tableaux ou graphiques sont utilisés, leur numérotation est séparée de celle des tableaux ou graphiques figurant dans le texte principal. Cependant, le format est identique et les règles générales relatives à leur élaboration s'appliquent également (notes de bas de tableaux ou de graphiques, sources, style, etc.). La cohérence du style s'applique en effet sur l'intégralité du document de recherche. Les références dans le texte principal à ces éléments annexés doivent être très précises, de façon à éviter toute confusion. Pour plus de clarté, ces tableaux ou graphiques peuvent être accompagnés de textes qui en offrent une description détaillée ou des analyses portant par exemple sur le sens de leur contenu et indiquant en quoi ils complètent les informations ou analyses dans le texte.

Il est souhaitable que l'ordre d'apparition des éléments d'annexes puisse suivre celui des renvois dans le texte. Par exemple, si les détails additionnels sur l'analyse descriptive sont mentionnés dans le texte avant les résultats de régressions alternatives, alors les annexes doivent amener le tableau des statistiques descriptives avant celui des résultats d'estimation.

Les annexes sont toutefois à utiliser avec parcimonie. Des annexes qui contiennent sur autant de pages que le texte principal sont à éviter. C'est inacceptable pour quasiment toutes les revues scientifiques. Il faudrait alors veiller à mettre autant d'informations pertinentes dans le corps du texte, tout en évitant de le saturer, et considérer les informations additionnelles qui ont une réelle utilité en termes de clarté ou d'appui des analyses pour figurer dans les annexes. Il est également possible de renvoyer des éléments d'annexes hors du document s'ils contribuent à alourdir ce dernier. Dans ce cas, l'auteur devra indiquer aux lecteurs comment y accéder. Par exemple, il peut mentionner qu'ils sont disponibles sur requête, ou encore indiquer un site Internet où ils peuvent être retrouvés.

16. AUTRES ÉLÉMENTS CONSTITUTIFS

Le produit de la recherche est sans doute une œuvre littéraire, en raison du rôle crucial de l'input linguistique et de l'effort rédactionnel qui peut être considérable. Certaines formes que revêt le produit final peuvent autoriser l'inclusion de segments constitutifs traditionnels, alors que d'autres en sont exemptes. Par exemple, un article scientifique, un *working paper* ou encore un projet de recherche ne doivent pas contenir de table des matières, de dédicaces, de préface, de postface ou de prologue. Les livres par contre peuvent les contenir, tout comme les produits de recherche diplômante comme les thèses de Master ou de Doctorat (sauf la préface, la postface ou le prologue).

L'usage de la table des matières devra se conformer au format général présent dans quasiment tous les ouvrages. Sa génération automatique, plutôt que manuelle, assure une organisation plus cohérente. La plupart des logiciels de traitement de texte (en particulier Word ou Latex) peuvent créer cette table de façon automatique. Il est possible, en plus de la table des matières (détaillée) figurant en fin de document, d'avoir un sommaire en début de document qui reprend les principales subdivisions du texte. Le chercheur devra s'informer des règles établies par les comités de thèses ou les éditeurs en la matière et s'y conformer.

Les dédicaces sont l'expression d'hommage, de gratitude ou de respect à l'égard de personnes ou d'institutions de son choix. Au moyen de la dédicace, l'auteur place le fruit de sa recherche sous le patronage d'une ou plusieurs personnes qui lui sont chères. S'il est possible de dédier séparément chaque partie de son travail à une personne, la tradition veut que les dédicaces portent sur le travail intégral.

Le listing des personnes dédiées est généralement court. Les remerciements peuvent servir d'alternatives à l'expression de la gratitude. La liberté du style autorise diverses formulations d'une dédicace, qui peuvent aller de la plus simple à la plus poétique, sans toutefois verser dans l'adulation ou l'hyperbole maladroite ou encore la flatterie excessive. Considérons les trois exemples suivants :

À ma mère Rokhaya D. Seck

À mon défunt grand-père Alioune B. Seck

Longtemps parti et à tout jamais présent

À Khadija,

À Maguette,

Aux très chères, aux très belles,
Qui remplissent mon cœur de clarté,
Aux anges, aux idoles immortelles,
Salut en l'immortalité !

Cette dernière formulation s'inspire de l'Hymne dans *Les Fleurs du Mal* du poète Charles Baudelaire. En paraphrasant les poètes et autres illustres personnages, le dédicant peut arriver à une formule qui soit à la hauteur de son hommage au dédicataire.

Le chercheur peut dans certains cas être amené à aborder des considérations d'ordre éthique. Il s'agit pour l'essentiel de préciser d'éventuels conflits d'intérêt qui pourraient entamer la crédibilité de la recherche dans son ensemble. Il aura donc à convaincre le lecteur ou l'éditeur de l'objectivité scientifique qui a guidé tout son travail et qui lui a commandé une impartialité synonyme de détachement de l'objet et de la finalité de la recherche.

Le problème éthique peut survenir si la recherche a pu bénéficier d'un soutien financier externe d'une quelconque institution qui pourrait avoir un fort parti pris sur les résultats et implications. Par exemple, une recherche financée par un organisme de promotion de l'entrepreneuriat féminin aurait sans doute souhaité un résultat qui indiquerait l'existence de discrimination sur le marché du crédit, car offrant une rationalité à leur modèle professionnel, voire leur existence. Ce schéma incitatif peut tenter le chercheur à vouloir produire des résultats qui vont dans ce sens, par exemple en adoptant une approche méthodologique spécifique parmi tant d'autres. À l'indication de ce potentiel conflit d'intérêt, le lecteur pourra alors s'interroger légitimement sur le niveau de détachement scientifique de l'auteur. Ce dernier aura alors la charge de démontrer que son travail n'a point cherché à épouser à dessein les orientations philosophiques ou les attentes spécifiques d'un quelconque tiers, fût-il d'une générosité financière extraordinaire.

Les considérations éthiques peuvent également porter sur la confidentialité des ressources utilisées dans la recherche. C'est le cas de données privées obtenues en contrepartie d'un engagement de non-diffusion auprès des tiers. Cette clause peut rendre impossible la vérification des résultats de la recherche. Le chercheur devra indiquer dans quelle mesure la limitation de la disponibilité des données pourrait éventuellement affecter la portée de ses résultats.

De façon plus générale, les exigences éthiques visent à établir l'alignement de la conduite générale du chercheur et du déroulement du processus de recherche sur le code moral qui gouverne la démarche scientifique. Ce code commande, entre autres, la rigueur dans la génération des résultats, l'objectivité dans les analyses et également le non-recours au plagiat. Si une référence à l'éthique est requise, par exemple lors de la publication, il faudra alors s'enquérir des formulations d'usage pour attester de la conformation stricte à ces exigences morales.

Dans le cas d'un projet de recherche qui sollicite un financement, il peut être demandé de produire un budget de recherche. Ce dernier liste en détail les postes de dépenses dans un format généralement préétabli dont le chercheur doit obligatoirement prendre connaissance. Il peut s'agir d'un tableau préconçu à remplir, avec un libellé précis des postes de dépenses qui doivent être renseignés. Il est aussi indiqué le montant maximal que le total des dépenses ne devrait dépasser. Lorsqu'une fourchette de budget est indiquée, il peut être judicieux d'éviter les extrémités inférieure et supérieure, afin de ne point donner l'impression d'un manque d'ambition ou d'une propension à la cupidité. Les lignes budgétaires devraient plutôt refléter les véritables dépenses qui sont nécessaires à la réalisation effective de la recherche. Le montant total arrêté pourrait par exemple se situer à la moitié supérieure, en deçà du dernier décile. Si par contre le financement attribué est un montant donné, le budget doit alors être élaboré en conséquence en veillant à l'épuiser.

Un grand soin doit être apporté à l'élaboration du budget, car il tend à conditionner le déroulement effectif de la recherche. Les conditions strictes qui régissent l'exécution du budget n'autorisent souvent pas des dépassements budgétaires ou un réajustement des dépenses. Ce manque de flexibilité peut être préjudiciable à la recherche, si par exemple de nouvelles dépenses non-prévues deviennent obligatoires pour une bonne qualité de la recherche. L'exercice de prévision des dépenses devrait alors être conduit avec grand soin.

Les projets de recherche peuvent également contenir un calendrier de recherche. Ce dernier précise les étapes du déroulement des différentes phases constitutives de la recherche, du projet au rapport final et éventuellement sa publication, en passant par le rapport intérimaire et des exercices de communication. Le calendrier renseigne alors sur les échéances et les livrables : à une date donnée, il est attendu un produit, un résultat ou une activité. Le respect du calendrier est obligatoire, car il engage la crédibilité du chercheur et il détermine la propension de ce dernier à mobiliser un financement dans le futur. Le calendrier de recherche peut également s'inscrire dans un agenda plus vaste, à tel point que tout retard dans la livraison des produits de la recherche peut compromettre le déroulement d'ensemble qui peut inclure une action politique spécifique à une date déjà arrêtée.

Dans la conception du calendrier et de ses échéanciers, il est souvent utile d'inclure des marges temporelles. Elles consistent en des rajouts de jours ou de semaines sur le temps normalement requis pour l'exécution d'un pan donné de la recherche. Un effort doit également être fait pour répertorier les éventuels risques de débordement, et chercher à les pallier dans la mesure du possible.

17. QUELQUES GÉNÉRALITÉS SUR LE STYLE

La qualité d'un travail scientifique s'apprécie aussi bien à partir de sa substance ou fond que de son style rédactionnel. La forme ne devrait point être reléguée au rang d'accessoire, au risque d'entamer la qualité générale du produit de la recherche. Si la recherche est à juste titre un art, le style en est sans doute l'expression vivante de la subtilité.

Le contenu scientifique de la recherche, en particulier sa contribution appréciable à la littérature pertinente, devrait pouvoir trouver son équivalent rédactionnel à travers un style des plus recherchés. Le fond et la forme se conjuguent harmonieusement pour délivrer un produit scientifique à la fois informatif et plaisant à lire. Un style peu soigné peut en effet contribuer à masquer la substance scientifique du travail. La pauvreté du style peut même aller jusqu'à motiver le rejet de l'article soumis à publication.

L'importance primordiale de la rédaction scientifique commande qu'elle soit intégrée dans le curriculum de formation du chercheur. À défaut, conscient de sa place cruciale dans la recherche, le chercheur devra consentir l'effort adéquat afin d'améliorer ses aptitudes rédactionnelles. Pourquoi ne pas aller jusqu'à suivre des cours de langue et se familiariser avec ce qui fait la richesse de l'expression de la pensée.

La connaissance de certaines règles peut aider à élever la qualité de la forme du projet de recherche ou de l'article scientifique à la hauteur de la richesse de sa substance. Tout d'abord, le style devrait être consistant. Cette consistance renvoie à son uniformité tout au long du texte. Ainsi, l'auteur ne devrait pas changer la taille ou le type de caractère, sauf pour le contenu des tableaux, des notes de bas de page, de tableaux ou de graphiques, ou encore les titres pour lesquels la taille de la police est différente : réduite pour les notes ou sources, agrandie pour les titres.

L'inconsistance du style peut être indicative du plagiat. Si au détour d'un paragraphe le lecteur vigilant tombe sur un style très différent, souvent plus riche et plus recherché, la sonnette d'alarme retentit alors. Ce changement significatif de style peut également révéler l'œuvre d'une tierce personne. Si ce dernier fait partie des auteurs, alors la cohérence d'ensemble du style voudrait que le texte final soit relu et adapté au meilleur des styles personnels. Dans le cas contraire, il peut s'agir d'une contribution qui n'est pas bien vue en matière de recherche. Elle se rapproche en effet à bien des égards du plagiat, dans la mesure où l'auteur s'approprie ce nouveau style qui n'est pas le sien. Par souci de cohérence générale, la contribution de cette tierce personne devrait alors porter sur l'intégralité du document, et mention pourrait être faite de ce concours extérieur dans les remerciements.

La cohérence du style porte également sur l'unicité de la langue de rédaction. Le texte ne devait pas mélanger par exemple le français et l'anglais. Les emprunts d'autres langues sont toutefois tolérés, dans la mesure où les traductions ne seraient pas admissibles. C'est le cas d'expressions consacrées, comme par exemple celles faisant référence à des méthodes empiriques, comme le *pool man group* avec les panels non-stationnaires. Dans ce cas d'usage d'emprunts linguistiques, l'usage de *l'italique* est recommandé. Dans beaucoup de cas cependant, la traduction devrait être préférée, comme pour les moindres carrés ordinaires (MCO) qui doit se substituer à *ordinarily least squares* (OLS), modèle de régression tronquée à *censure régression model*, auto-sélection à *self-sélection*, écart-type à *standard errors*, ou méthode d'appariement à *propensity score matching*.

Si écrire en anglais offre la possibilité de publier dans des revues qui ont plus de cote scientifique ou d'atteindre une audience infiniment plus large, le risque devrait être bien mesuré pour ce qui est du style. Étant une seconde langue pour beaucoup de chercheurs, avec différents degrés de familiarité, l'anglais offre des possibilités limitées d'enrichissement du style. Un autre risque lié à l'usage d'une langue étrangère est la possibilité d'être invité à une rencontre scientifique pour présenter son travail en anglais. Il est facile d'imaginer alors l'embarras du chercheur dans une telle situation.

Si l'auteur opte pour l'anglais, alors la recherche du style requis devra le conduire à un surcroît d'effort dans ce sens. Il peut également recourir aux services linguistiques payants des éditeurs de revues scientifiques, ou se faire lire par un natif, qui pour alors améliorer ses choix de vocabulaires ou d'expressions et corriger quelques incongruités linguistiques.

Les sigles sont épelés en entier à la première apparition dans le texte. À partir de la deuxième référence, il peut être faut usage de l'abréviation formée par la suite de lettres qui sont les initiales d'un groupe de mots. Par exemple, le texte pourra lire « produit intérieur brut (PIB) » pour la première mention, et uniquement PIB pour les apparitions suivantes. On aura aussi « Organisation mondiale du Commerce (OMC) » pour la première apparition et OMC pour le reste. S'il n'existe pas de seconde apparition, alors l'auteur peut se passer de mentionner l'abréviation dans la première apparition. On aura ainsi « produit intérieur brut » ou « Organisation mondiale du Commerce ».

La séparation entre les paragraphes est obligatoire, pour rendre le texte plus aéré. Il peut être adopté un espacement entre eux, ou le retrait de la première ligne des paragraphes, mais généralement pas les deux à la fois.

Les phrases ou paragraphes relativement longs doivent être évités, le risque étant d'obscurcir le message. La simplicité dans leur élaboration doit être la règle. La structuration sujet-verbe-complément doit être privilégiée pour les phrases. L'usage de conjonction de coordination ou de subordination qui allonge la phrase devrait être évité. Dans ce cas, il est bien possible de casser la phrase en deux. En outre, chaque paragraphe est généralement organisé autour d'une idée. La structuration introduction-développement-conclusion guide sa conception. La phrase introductive énonce l'idée, les phrases suivantes la développent, la phrase de conclusion en offre une perspective qui annonce l'idée développée au paragraphe suivant. Cette structuration est telle que le paragraphe devrait être constitué de plus d'une phrase.

Mis bout à bout, ces paragraphes et les idées qu'ils présentent constituent le déroulé du raisonnement général qui pourra alors gagner en cohérence d'ensemble. La succession harmonieuse des paragraphes repose sur l'usage judicieux de mots ou expressions de transition. Ces derniers facilitent ainsi le cheminement tout au long du texte et contribuent à la continuité du fil conducteur.

L'harmonie des formes est également recherchée. Les paragraphes devraient alors être de taille similaire, en termes de lignes. L'esthétique du texte suppose une proportionnalité raisonnable entre les paragraphes, mais qui ne s'applique pas aux sections dont les objets conduisent naturellement à des dimensionnements différents.

La politesse et le ton courtois doivent guider la rédaction du texte. Le détachement et l'objectivité qui caractérisent le profil du chercheur n'autorisent pas l'usage de mots grossiers qui sont de nature à heurter la sensibilité du lecteur. Ce dernier mérite respect et reconnaissance, pour entre autres l'intérêt qu'il témoigne à travers la lecture de l'article.

Les fautes d'orthographe ou de grammaire sont à éviter par tous les moyens. Elles sont vues comme une insulte de l'auteur au lecteur, et à ce titre, elles sont proches du ton grossier par leur indication d'un manque de respect au lecteur. Elles contribuent à rabaisser la qualité générale du travail. Elles peuvent aller jusqu'à indiquer, à tort ou à raison, des traits de personnalité de l'auteur, en renseignant par exemple soit sur son incompétence linguistique, soit sur un caractère brouillon et délabré à la base de ce manque de soin apporté au travail, voire les deux à la fois. Un tel désintérêt est vite passé au lecteur qui n'ira sans doute pas très loin dans sa lecture du travail ou à l'éditeur de la revue qui trouve là un motif suffisant de rejet de l'article.

Que la pauvreté du style soit révélatrice d'un profil linguistique médiocre ou d'un manque de soin ou d'intérêt, il est toujours obligatoire de relire soigneusement son travail une fois achevé. S'il est vrai que la littérature commence avec la seconde lecture, la richesse du style se conçoit mieux à partir de la deuxième lecture. En relisant autant de fois que possible le texte, l'auteur peut vite se rendre compte de certaines incohérences dans le raisonnement qu'il peut redresser, ou déceler des imprécisions qu'il peut améliorer, ou encore des passages obscurs dont il peut éclaircir le message.

La relecture peut également être vue comme un effort de détachement de l'auteur de son texte dont il devient alors un évaluateur externe implacable : les choix de mots et d'expressions ne sont alors plus siens, les argumentaires et éléments de raisonnement lui deviennent étrangers. En prenant ainsi de la hauteur, il pourra alors mieux apprécier le sens et la portée du contenu du texte et le niveau de qualité du style.

Étant donné que ce détachement est souvent le propre d'un auteur externe, le chercheur peut solliciter des collègues ou autres personnes pour lire son document. Bien choisie à partir de son aptitude linguistique et de son expertise scientifique, cette personne externe est en effet mieux à même d'apprécier la logique et la cohérence des raisonnements, la clarté et la lisibilité du texte, et l'adéquation et la précision du langage, en plus de la portée scientifique de la recherche qui fonde la substance ou le fonds.

Cependant, cette recherche d'une qualité améliorée du style ne devrait point conduire l'auteur à verser dans la pédanterie. Cette dernière est tout aussi indésirable que la malhabileté ou la grossièreté du langage. Le style poétique devrait également être évité. La simplicité dans le choix des éléments de langage et dans la construction des phrases et des paragraphes, ainsi que leur agencement, devrait guider la rédaction dont le but final est de rendre le contenu informationnel du texte aisément accessible. Loin de l'auteur devrait être le dessein d'épater ou d'impressionner les lecteurs qui, en définitive, ne sont intéressés que par la contribution scientifique de ce travail de recherche scientifique.

Si en définitive le chercheur est convaincu, à raison, de la place primordiale du style dans l'écrit scientifique, alors charge à lui de l'élever au rang de la qualité scientifique de sa recherche. L'élégance du style et le confort de la rédaction sont des aptitudes qui peuvent être acquises grâce à un effort soutenu. Ce dernier peut par exemple prendre la forme de lecture de textes littéraires (ou aller jusqu'à une formation formelle en langue).

18. Ce qu'en pensent d'autres chercheurs

Si la plupart des règles de base qui fondent la qualité scientifique du travail de recherche sont quasi-universelles, relevant ainsi du domaine de la canonique, il n'en demeure pas moins qu'il existe des marges de manœuvre qui accommode la libre expression de l'étendue des talents intellectuels. C'est ainsi que pour une même question de recherche, il ne serait pas surprenant de retrouver autant de problématisations ou encore d'approches méthodologiques que de chercheurs. Cette hétérogénéité trouve son fondement dans la diversité des cursus de formation, des savoir-faire et des expériences de recherche. La spécificité des trajectoires individuelles est telle qu'il est souvent difficile de répliquer le même modèle de recherche. Cependant, la connaissance des traits fondamentaux qui font le dénominateur commun entre les contributions scientifiques majeures pourrait offrir des indications précieuses sur ce qui fait la réussite des chercheurs chevronnés.

Pour les besoins de rédaction de ce livre, il a été soumis un court questionnaire à différents chercheurs dont les profils sont parmi les plus appréciables, tant du point de vue du caractère prolifique de leur production scientifique que de la qualité de cette dernière ou encore de leur notoriété dans la profession. Pour certains, le questionnaire a été envoyé par email. Pour d'autres, les réponses ont été recueillies lors d'entretiens directs en marge de rencontres scientifiques. Outre les affiliations, positions, et niveau d'implication dans des revues scientifiques, deux questions qui touchent au cœur du processus de recherche leur ont été soumises :

(i) *Comment parvenez-vous à une bonne question de recherche, ou encore, quelles sont vos sources d'inspiration lorsque vous choisissez un thème de recherche ?*

(ii) *Selon vous, quels sont les critères d'appréciation de la qualité d'un travail de recherche ?*

Au total, une vingtaine de chercheurs de par le monde, à profils et parcours bien hétérogènes, ont bien voulu se prêter à l'exercice de partage. La diversité des parcours offre un niveau de représentativité acceptable de l'échantillon, en dépit de sa taille relativement réduite. Voici les réponses recueillies, traduites de l'anglais pour la majorité, avec le premier paragraphe portant sur la première question du choix du thème de recherche, le second paragraphe sur celle de la qualité d'un article (l'ordre d'apparition suit la date de retour des questionnaires remplis ou de la tenue des entrevues).

Antoine Bouet, professeur d'Économie à l'Université de Bordeaux (France), *senior research fellow* à l'*International for Food Policy Research Institute* (IFPRI), éditeur et *referee* dans des revues scientifiques comme *International Economics*, Revue économique, Économie et Statistiques ou encore Agrekon :

> « Pour arriver à un bon thème de recherche, il est important de combiner une connaissance approfondie de la théorie économique et être au fait de l'actualité par le biais des médias par exemple. L'actualité offre en abondance des faits et problèmes économiques et sociaux qui peuvent être étudiés de façon appropriée par la recherche économique appliquée. »
> « Ce qui fait la qualité d'une recherche scientifique, c'est d'abord sa pertinence du point de vue de l'actualité. Ensuite la méthodologie doit être adéquate et reposer sur des fondements microéconomiques solides et des données très précises. Enfin, la qualité de la recherche commande une qualité dans la rédaction. »

Adama Diaw, professeur d'Économie à l'Université Gaston Berger de Saint-Louis (Sénégal), membre du comité scientifique et *referee* à la Revue d'Économie du Développement, plusieurs fois membre et président du jury d'agrégation d'Économie du Conseil Africain et Malgache pour l'Enseignement supérieur (CAMES) :

> « Le choix d'un bon thème de recherche peut s'inspirer de l'actualité. Le sujet de recherche doit être d'un intérêt certain pour la théorie économique ou, de façon pratique, pour le développement économique. »

> « Trois critères fondent la qualité d'un travail de recherche : l'originalité du point de vue de la littérature économique et la pertinence sous l'angle de la théorie économique et de l'actualité médiatique ; une problématique bien conçue ; et une bonne discussion des résultats empiriques. »

Andy McKay, professeur d'Économie du Développement à l'Université de Sussex (Grande Bretagne), et éditeur en chef de la *Review of Development Economics* :

> « Un bon thème de recherche peut découler de plusieurs sources : une compréhension du contexte qui permet d'identifier les sujets de discussion politiques ; les informations issues des médias et qui renseignent sur les préoccupations politiques ; une bonne connaissance de la littérature, en particulier les questions non encore résolues ; le besoin de répliquer ou d'adapter une étude existante à un autre contexte suffisamment particulier. »
>
> « La qualité d'un article scientifique repose sur la conjonction de plusieurs facteurs : une bonne question de recherche à la fois clairement définie et dont la pertinence et l'intérêt sont bien démontrés ; une approche analytique (théorique ou empirique) suffisamment rigoureuse ; une analyse descriptive bien appliquée et bien construite, qui ne devrait point se limiter à une application sommaire de techniques sophistiquées ; un style de rédaction clair, qui rend la lecture suffisamment aisée et qui n'est pas répétitive ; pas trop de références littéraires externes ; un exposé suffisamment concis, clair et bien structuré pour que le lecteur puisse accéder rapidement à la substance du travail, c'est-à-dire juste après avoir parcouru une demi-page, voire une page, qui correspond généralement à l'abstract et à l'introduction. »

Anke Hoeffler, chercheure au *Centre for the Study of African Economies* (CSAE) de l'Université d'Oxford (Grand Bretagne), coéditrice à la *Review of Development Economics* :

> « De par mon expérience personnelle, la recherche est comme un voyage dont la trajectoire est une suite de points de repère reliés les uns aux autres. Un thème de recherche offre les bases de développement d'un autre thème de recherche. J'ai commencé par m'intéresser au profil de faible croissance des pays africains, puis aux explications tirées de l'économie politique de la croissance, des effets des guerres civiles, la durée des guerres, la durée de la paix, le rôle de l'aide externe, le rôle des dépenses militaires, et plus récemment, les violences interpersonnelles et les implications pour le développement économique. Pour les jeunes chercheurs, je suggère que le choix soit orienté vers des thèmes qui les intéressent plus particulièrement. La

motivation est en effet très cruciale. Je pense aussi que les thèmes dignes d'intérêt, quel que soit le champ disciplinaire, devraient découler d'une bonne observation des problèmes économiques et sociaux du contexte qui nous entoure, et par la suite le chercheur peut s'interroger sur la contribution éventuelle de la théorie économique pour offrir des éléments d'analyse. Collecter des données qui vont nourrir le processus de l'analyse est crucial et contribue à la pertinence de la recherche. »
« La qualité d'un article scientifique trouve son fondement dans son caractère novateur, la rigueur, la clarté du style de l'exposé et un excellent usage de la théorie économique et de l'analyse empirique. »

Channing Arndt, directeur de la division « *Environment and Production Technology* » de l'IFPRI, membre du comité scientifique de la revue *Food Policy* :

« La question de recherche doit émerger de préoccupations politiques importantes dont les contours vont servir à orienter l'angle de recherche. Le chercheur pourrait ainsi identifier au préalable un problème particulier, qu'il examine ensuite avec soin. De cette analyse préliminaire découlent des questions de recherche précises qui commanderont alors la combinaison d'une analyse approfondie, d'un besoin particulier de données et d'une application de méthodes spécifiques. »
« La qualité de la recherche devrait reposer sur la clarté de l'analyse, la nouveauté des données utilisées et les avancées méthodologiques proposées. La qualité peut également s'apprécier à partir de l'originalité de l'angle d'analyse qui consiste en une nouvelle perspective de la question de recherche. Les résultats novateurs sont également une indication de qualité d'une recherche. Le style de rédaction devrait également être à la hauteur de la qualité scientifique de l'article. »

Charles K.D. Adjasi, professeur d'Economie à Stellenbosch University (Afrique du Sud), *referee* au *Journal of International Financial Markets, Institutions and Money* et à la *Thunderbird International Business Review* :

« Trois sources peuvent inspirer la recherche de thèmes pertinents. D'abord la littérature existante à partir de laquelle le chercheur peut déceler un puzzle, une énigme, une question très peu étudiée, un résultat dont la portée n'est pas encore clairement établie, notamment sa transférabilité dans des contextes différents. Les préoccupations de l'action politique peuvent également offrir des champs d'analyse au chercheur. Ce dernier peut en effet s'intéresser aux dilemmes, aux challenges, et à l'échec de certaines interventions publiques, et la recherche se proposera alors d'offrir des éléments d'analyse des mécanismes en jeu et de guide des politiques publiques. Enfin, lié au point précédent, le cadre contextuel peut également fournir des questions de recherche qui portent par exemple sur les différents challenges associés au processus de développement et tels qu'observés au quotidien. »

« Les fondements de la qualité de la recherche sont d'une part une excellente motivation et une clarté dans l'exposé du gap de connaissance que le travail cherche à combler, au moyen d'un questionnement approprié, et d'autre part un fondement théorique suffisamment solide. »

Darlene C. Chisholm, professeur d'Économie à Suffolk University à Boston (États-Unis), membre du comité scientifique et *referee* au *Journal of Cultural Economics* :

« Mon champ de recherche est l'Économie Industrielle, dont le focus porte sur les institutions, la gouvernance et la prise de décision stratégique dans les industries contemporaines. J'investis suffisamment de temps pour rester constamment informée des faits majeurs de l'actualité, en particulier dans le domaine de l'industrie culturelle. L'observation attentive des activités courantes du secteur offre généralement des questions pertinentes de recherche dans la discipline. J'examine aussi régulièrement la recherche académique dans le domaine. Elle peut en effet suggérer de nouvelles avenues pour ma propre recherche. »

« La recherche de qualité doit d'abord être bien motivée, en répondant très clairement à la question du pourquoi de l'importance et de l'intérêt du travail envisagé. Ensuite, la méthodologie doit être adéquate et présentée très clairement. Enfin, l'article doit également être très bien écrit : le fil de l'exposé doit être continu et les argumentaires présentés de façon fluide, le contenu doit être bien structuré et le texte doit être exempt de fautes et d'incongruités stylistiques grâce à une révision bien attentive. »

Sunghyun Henry Kim, professeur d'Économie à Sungkyunkwan University à Séoul (Corée du Sud), précédemment à Tufts University puis Suffolk University à Boston, et éditeur associé à *International Economic Journal* :

« Je choisis les thèmes de recherche à partir de problèmes économiques que je retrouve dans la presse ou dans les magazines spécialisés sur les questions économiques. Si je découvre des questions intéressantes, j'essaie alors de faire le lien avec une méthodologie issue de la recherche académique, puis j'en fais une question de recherche. Une fois les hypothèses testables posées à partir de la confrontation avec la méthodologie, je convoque la littérature pertinente et considère à ce stade la rédaction d'un article formel. »

« La qualité d'un article scientifique requiert avant tout la possibilité de pouvoir expliquer la mécanique qui sous-tend le phénomène étudié et les canaux par lesquels ce dernier se manifeste. Ensuite, la méthodologie devrait être bien détaillée, qu'elle porte sur un exercice de simulation ou sur l'analyse empirique (économétrique). L'article de qualité devrait enfin produire des implications intéressantes en termes de politique publique, dans le sens de contribuer à l'amélioration des conditions de vie économique. »

Issouf Soumaré, professeur de Finance à l'Université de Laval au Québec (Canada), éditeur invité et *referee* dans les revues comme *Journal of International Business Studies*, *World Development* et *Journal of Financial Stability* :

« Les idées de recherche proviennent en général d'une lecture des travaux antérieurs. Échanger avec les praticiens de la politique économique peut offrir des pistes de recherche. Discuter avec des collègues et avec des étudiants peut également le plus souvent déboucher sur des thèmes de recherche pertinents. »

« Les critères qui définissent la qualité d'un travail scientifique sont : une bonne revue de la littérature qui parvient à positionner la recherche envisagée dans le corpus de connaissance existante ; une contribution scientifique qui soit claire, facile à comprendre et très directe ; un style de rédaction qui soit de qualité, notamment dans l'organisation des idées, avec un accent particulier dans l'exposition des intuitions économiques qui sous-tendent les résultats obtenus. »

John Cockburn, conseiller scientifique au réseau *Partnership for Economic Policy* (PEP) de l'Université de Laval au Québec (Canada), éditeur associé à l'*International Journal of Microsimulations* :

« Le choix d'un bon thème de recherche repose sur l'identification d'un problème du monde réel qui n'a pas reçu toute l'attention méritée ou qui n'a pas été étudié de façon adéquate. La recherche envisagée devrait alors proposer une approche relativement nouvelle pour l'analyser et offrir une nouvelle perspective dans la compréhension et le traitement du problème. »

« La qualité scientifique d'un travail de recherche a trait à la pertinence du problème abordé du point de vue du monde réel ou sous l'angle de la politique publique, à sa valeur ajoutée en termes d'innovation méthodologique ou de portée des résultats, à la rigueur de l'analyse et la qualité de la rédaction. »

Jongbyung Jun, professeur associé à Suffolk University à Boston (États-Unis) :

« Les recherches entreprises dans le passé sont une source d'inspiration pour des recherches à entreprendre dans le présent. Le processus continu de recherche est tel que les travaux contemporains sont une suite logique des travaux antérieurs. La lecture d'articles récemment publiés est également une source d'inspiration importante. Dans le cas d'une collaboration autour de travaux collectifs, des idées de recherche peuvent provenir de collègues chercheurs. Enfin, l'enseignement peut guider le chercheur vers des thèmes intéressants, à partir par exemple des discussions avec les étudiants. »

« La qualité d'un travail scientifique porte sur un style clair d'écriture, même si le thème peut en soi être difficile. L'article devrait également constituer une contribution significative à la littérature. Enfin, la recherche et ses produits devraient être utiles aussi bien au monde académique qu'aux responsables de la conduite de la politique économique. »

John Page, *senior fellow* au Brookings Institution (Washington, D.C.), *referee* dans diverses revues comme *World Development* :

« La recherche devrait porter sur une question pratique, d'un intérêt réel pour la politique. Elle devrait ainsi pouvoir offrir des recommandations de politiques fiables à partir d'une méthodologie de recherche bien rigoureuse. »

« La qualité d'une recherche scientifique commande une question de recherche bien claire et qui révèle sans ambiguïté ce que l'auteur veut faire. Ce dernier devrait également indiquer ce que la littérature a déjà produit comme connaissance sur la question. Les méthodes doivent être appropriées, en permettant de répondre avec précision à la question de recherche. Le chercheur devrait également bien connaître la portée des méthodes et des données qu'il utilise, en particulier leurs limites. La qualité scientifique d'un article suppose également une séquence bien harmonieuse dans le déroulé du raisonnement et la juxtaposition des idées ; la lecture de l'article devrait également être fluide. »

Oliver Morrissey, professeur d'Économie du Développement à l'Université de Nottingham (Grande-Bretagne), coéditeur exécutif au *Journal of Development Studies* :

« Travailler sur une thématique peut offrir bien des idées de recherche, du fait de la diversité des angles d'analyse et du caractère multifacette de la problématique générale. Par exemple, une nouvelle piste de recherche peut envisager la perspective de long terme d'une série d'analyses qui a pour l'essentiel privilégié un horizon temporel court. En outre, un examen attentif de la littérature récente peut révéler les questions brulantes de l'heure qui peuvent alors constituer des thèmes de recherche. Les données nouvelles, voire particulières, peuvent également donner la possibilité de recherche innovante. »
« Trois critères contribuent à la qualité d'un travail de recherche. Tout d'abord la rigueur qui renvoie à un maniement correct et attentif des techniques d'analyse économétrique, statistique ou mathématique, avec une connaissance des difficultés potentielles et un souci prononcé aux détails. Ensuite, la portée des résultats qui doit être bien délimitée, en référence aux lecteurs potentiels. Il est alors nécessaire d'avoir un fil conducteur et de s'évertuer à convaincre de l'importance scientifique et politique des résultats. Enfin, l'originalité de la recherche, qui est plus subjective, et doit être bien démontrée. Cette démonstration repose sur la valeur ajoutée, qui peut consister en une nouvelle mesure ou une nouvelle approche d'analyse du problème de recherche. »

Patrick Plane, professeur d'Économie, affilié au Centre d'Études et de Recherches sur le Développement international (CERDI) de l'Université Clermont Auvergne, directeur de recherche au Centre National de la Recherche scientifique (CNRS) de France, et membre du comité éditorial de la Revue d'Économie du Développement :

« Les problématiques porteuses sont celles qui sont aux frontières de la discipline. L'inspiration est naturellement liée au monde du réel. »
« Une recherche de qualité scientifique réelle porte sur des innovations thématiques, des innovations méthodologiques, et devrait servir d'aide à la décision. »

Thomas Jayne, professeur d'Economie à Michigan State University (Etats-Unis), *referee* dans la revue *American Journal of Agricultural Economics* :

« J'ai deux critères de choix de thèmes de recherche. D'abord, je sélectionne des thèmes qui sont liés aux challenges majeurs auxquels font face les décideurs politiques et autres parties prenantes, en particulier les pauvres. Il est important d'être à leur écoute et de comprendre comment les défis auxquels ils font face sont articulés, et par la suite voir dans quelle mesure des résultats (évidences) ou analyses pourraient contribuer à les relever. Ensuite, j'essaie d'identifier des mouvements ou tendances lourdes émergentes qui, pour l'essentiel, ne sont pas suffisamment anticipés ou compris, mais qui peuvent avoir des conséquences réelles sur les conditions de vie. La recherche envisagée consistera à analyser les impacts potentiels sous différents scenarios ou options politiques, y compris celle qui consiste à ne rien faire (statu quo). Elle pourra alors aider les politiques à définir de meilleurs schémas de réponse proactive, leur évitant ainsi un effet de surprise. »

« La qualité d'un travail de recherche devrait atteindre tous les objectifs suivants : porter sur un problème de recherche important ; être crédible et basé sur un raisonnement solide ou des évidences réelles ; être rédigé aussi simplement et facilement que possible, de façon à faciliter la compréhension ; et offrir des pistes d'action devant conduire aussi peu soit-il à l'amélioration de la condition humaine. »

Witness Simbanegavi, directeur de recherche à l'*African Economic Research Consortium* (AERC), basé à Nairobi (Kenya) :

« La recherche pourrait porter sur les faits de l'actualité, en particulier les challenges et complications liés à la conduite de la politique économique d'une part, et les questions soulevées par les responsables politiques d'autre part. Les débats courants de société peuvent également offrir des pistes de recherche, avec une possibilité pour le chercheur de s'y positionner. La littérature peut être une source d'inspiration, en indiquant les questions qui intéressent les chercheurs avant-gardistes. L'identification des domaines dans lesquels les connaissances sont relativement limitées peut également être source de recherche. »

« La recherche de qualité devrait être en mesure d'identifier un gap de connaissance, et les réponses proposées devraient alors constituer des rajouts à la connaissance actuelle, sans pour autant être simplistes. Elle devrait également bien identifier les mécanismes de transmission qui fondent les schémas de cause à effet, et reposer sur une approche méthodologique appropriée. La recherche devrait en outre être plus guidée par le problème de recherche que par la littérature. Mieux, un équilibre entre les deux devrait être trouvé. Enfin, la qualité repose également sur une bonne motivation de la question de recherche et une revue bien exhaustive de la littérature. »

Théophile Azomahou, professeur d'Économie à l'Université de Clermont Auvergne et affilié au CERDI, *referee* au *Journal of Applied Econometrics* et au *Journal of the Royal Statistical Society: Series A* :

« La recherche procède d'un questionnement des faits : le pourquoi ou le comment de certains phénomènes observés dans la réalité. Une bonne connaissance des derniers développements dans la littérature peut

> donner plus d'une idée de recherche. Les rencontres scientifiques, conférences internationales en particulier, sont également une opportunité de s'exposer à de nouvelles questions de recherche intéressantes. »
>
> « La qualité est associée à la nouveauté de l'idée de recherche, à une narration captivante, à des données de qualité appréciable (pour une recherche empirique) et à une méthodologie bien conçue. »

Christopher Parmeter, professeur associé d'Economie à Miami University en Floride (Etats-Unis), éditeur associé dans des revues comme *Journal of Agricultural Economics*, *Journal of Productivity Analysis*, *Empirical Economics*, ou encore *Journal of African Business* :

> « Le choix d'un sujet important doit être guidé par l'intérêt que pourrait y avoir une tierce personne : un éditeur de revue scientifique, un referee ou un décideur politique. Si vous savez ce qui fonde l'intérêt de la recherche pour ces personnes, alors il est aisé d'arriver à une question de recherche intéressante. »
>
> « La qualité d'un article exige d'abord une clarté dans l'exposé de l'idée principale de recherche. Ensuite, l'approche théorique ou empirique doit suivre un protocole rigoureux bien établi. Enfin, la recherche doit apporter une contribution significative à la littérature pertinente. »

Terrie Walmsley, directrice exécutive de ImpactECON LLC qui est une initiative privée de recherche basée à Colorado (États-Unis), professeure visiteuse à Drexel University à Philadelphie, membre proéminente du réseau GTAP, *referee* dans *Journal for Global Economic Analysis* :

> « Mes thèmes de recherche proviennent d'un examen de questions liées à la politique. Un tel examen peut vous révéler le caractère souvent inadéquat des techniques et approches d'analyse. Par exemple, mes intérêts de recherche portent sur la modélisation et l'estimation des effets des politiques non-tarifaires et sur l'amélioration de notre aptitude à saisir les informations relatives à la chaine des valeurs – autant de problèmes qui résultent de tentatives d'analyser les approches politiques et d'explorer les méthodes analytiques adéquates. Mes articles sont ainsi orientés vers l'amélioration du pouvoir prédictif des cadres d'analyse appliqués à des problèmes du monde réel auxquels demeure confrontée la politique économique. »
>
> « Une approche nouvelle ou un questionnement nouveau qui porte sur des problèmes liés au monde réel est un critère fondamental d'appréciation de la qualité scientifique d'un article. Cette approche

devrait être préférée à l'alternative qui consiste à se laisser guider par une nouvelle base de données ou une limite décelée dans une recherche antérieure, avec comme résultat une question impertinente de recherche ou sans véritable importance du point de vue du monde réel. En outre, la qualité repose sur un exposé suffisamment clair et précis de façon à permettre une réelle compréhension de l'objet de la recherche d'une part, ou une réplication ou une extension relativement aisée du travail par d'autres chercheurs, d'autre part. Une telle orientation semble hélas être absente dans beaucoup d'écrits scientifiques. Par ailleurs, la qualité commande une analyse rigoureuse des résultats et de ses implications (conclusions) du point de vue politique ou du point de vue scientifique (portée des approches de modélisation ou des techniques économétriques). Enfin, la discussion des hypothèses ainsi que des limites de la recherche doit être bien renseignée. »

Bernard Decaluwe, professeur associé d'Économie à l'Université de Laval au Québec, membre co-fondateur du réseau PEP, impliqué dans plusieurs revues internationales comme la Revue d'Économie du Développement ou *African Development Review* en qualité de *referee* :

> « Mes principales sources d'inspiration de question de recherche sont la lecture des publications d'autres chercheurs, la discussion avec des collègues chercheurs engagés dans le même champ disciplinaire et les problèmes spécifiques du monde réel tels qu'abordés par les responsables politiques après discussion avec eux. »
>
> « La qualité d'un article scientifique repose sur la précision dans la formulation de la question de recherche et de la contribution à la littérature, la clarté et la simplicité dans l'exposé de l'approche méthodologique et une bonne compréhension par le lecteur des conclusions de la recherche. »

Augustin Fosu, professeur extraordinaire à la Faculté d'Économie de l'Université de Pretoria (Afrique du Sud), affilié également en qualité de professeur ou de chercheur associé à l'Université de Ghana, à Aalto University à Helsinki (Finlande), au *Global Development Institute* de l'Université de Manchester (Grande Bretagne) et au CSAE de l'Université d'Oxford (Grande Bretagne) ; il est en outre éditeur en chef du *Journal of African Trade*, et récemment récipiendaire du prix *Elsevier Atlas Award* pour un article paru dans la revue *Research in Economics* :

> « Pour développer de nouvelles questions de recherche, je m'inspire principalement des travaux de recherche antérieurs, y compris les miens. »

« La qualité de l'article scientifique suppose d'une part une solidité de la démarche technique, et d'autre part une bonne qualité rédactionnelle. »

Alain de Janvry, professeur d'Economie à *University of California at Berkeley* (Etats-Unis), éditeur et *referee* dans bon nombre de revues comme *American Economic Review, Journal of Development Economics, American Journal of Agricultural Economics* ou encore *The World Bank Economic Review* :

« Les bonnes questions de recherche émergent de plusieurs sources : une idée originale qui attend d'être explorée et testée ; des observations sur le terrain qui révèlent des puzzles non encore élucidés ; la disponibilité de nouvelles bases de données ; une opportunité d'identification de relation de cause à effet à partir d'un protocole expérimental ou randomized controlled trials (RCT) »
« La qualité d'un article scientifique tient à l'originalité des résultats, l'importance des implications politiques, la rigueur dans l'identification et le lien avec la théorie. »

Abbi M. Kedir, professeur associe de business international, Universite de Sheffield (Grande Bretagne) :

« Il existe une diversité de sources d'inspiration de recherche : (i) l'observation du fonctionnement de l'économie et comment les agents qui la composent se comportent ; (ii) la lecture de travaux de recherche de qualité, aussi bien théorique qu'empirique pour mon cas ; (iii) la lecture de la presse spécialisée, comme Financial Times ou The Economist ; (iv) la lecture de rapports d'organisations multilatérales de référence qui offrent des perspectives politiques fort intéressantes ; et (v) plus important que tout, la conversation avec des experts sur des questions d'intérêt. »
« La qualité suppose la rigueur dans les analyses empiriques basées sur des approches éprouvées parmi les plus récentes. Ces approches devraient également être accessibles au lecteur qui ne dispose pas de bagages techniques importants. La recherche devrait également porter sur des problèmes contemporains importants du point de vue de l'économie ou de la société, comme la pauvreté, le chômage et la santé. »

Au-delà de la diversité des sources d'inspiration et des critères d'appréciation de la qualité de la recherche, il est possible de mettre en avant des tendances générales. Les sources d'inspiration auxquelles se réfèrent les chercheurs pour développer de nouveaux thèmes de recherche ou de nouvelles questions de recherche sont les suivantes (par ordre décroissant d'importance) :

(1) le contexte réel dont l'observation offre divers problèmes économiques et sociaux à analyser ; l'observation est par essence l'approche de la science ; le contexte peut également être appréhendé du point de vue des préoccupations des responsables de la conduite de la politique économique et sociale (*policymakers*) et d'autres parties prenantes (*stakeholders*), mais également à partir de l'actualité dans les médias ;

(2) la littérature existante à laquelle la recherche envisagée cherche principalement à contribuer ; elle lui indique la frontière révélatrice de ce que l'on sait déjà et de ce que l'on ne sait pas encore ; ceci renforce l'idée selon laquelle la recherche se nourrit de la recherche ;

(3) l'interaction avec les collègues chercheurs (y compris les étudiants), par exemple lors de rencontres scientifiques ;

(4) les données statistiques nouvelles qui autorisent des recherches jadis impossibles ;

(5) les intérêts directs du chercheur ou d'institutions ou personnes qu'il cible.

En somme, le chercheur qui lit des articles, s'intéresse à la politique, suit l'actualité médiatique, interagit avec ses collègues chercheurs, se met à l'affut de nouvelles données et se passionne pour des sujets donnés pourra aisément arriver à des idées de recherche. Ces dernières pourront harmonieusement combiner pertinence scientifique et utilité politique.

Pour ce qui est de la qualité scientifique d'un produit de la recherche (en particulier l'article), les réponses ont insisté sur les critères d'appréciation suivants (listés également par ordre décroissant d'importance) :

(1) la qualité de la rédaction, qui apparaît de loin comme le critère le plus important pour cet écrit scientifique : il doit être clair, précis, concis, simple et captivant de façon à permettre une lecture aisée du texte bien structuré ; à défaut, le contenu scientifique de l'article, aussi extraordinaire soit-il, ne pourrait être accessible, encore moins faire l'objet d'appropriation par le lecteur ;

(2) l'originalité de la contribution qui renseigne sur la valeur ajoutée du travail, qui peut porter sur un gap à combler, une idée nouvelle, une approche méthodologique nouvelle, ou des résultats atypiques ;

(3) la méthodologie qui doit être appropriée, rigoureuse, bien fondée et bien détaillée ;

(4) la rigueur des analyses, à égalité avec la méthodologie, et qui commande une cohérence des idées ou intuitions et une bonne structuration ;

(5) la pertinence de la question de recherche, tant du point de vue de la littérature existante que du point de vue de la politique, et une bonne motivation ;

(6) les résultats qui doivent être bien discutées, notamment les mécanismes qui les sous-tendent, et leurs implications, voire utilité, bien renseignées et délimitées ;

(7) les données de qualité appréciable, c'est-à-dire à la fois précises et complètes ;

(8) les questions de recherche qui doivent à la fois être clairement formulées et découler directement du problème posé ;

(9) la discussion de la littérature qui doit être exhaustive, en convoquant en priorité les dernières contributions.

C'est en définitive d'un mariage harmonieux entre un style de rédaction clair et un fonds construit rigoureusement autour d'une innovation que nait un produit de recherche appréciable.

Les deux graphiques ci-dessous offrent un schéma visuel de la contribution de ces différents éléments à la genèse de la question de recherche (Graphique 2) et à la qualité du produit final (Graphique 3).

Graphique 2 : Sources d'inspiration de la recherche (%)

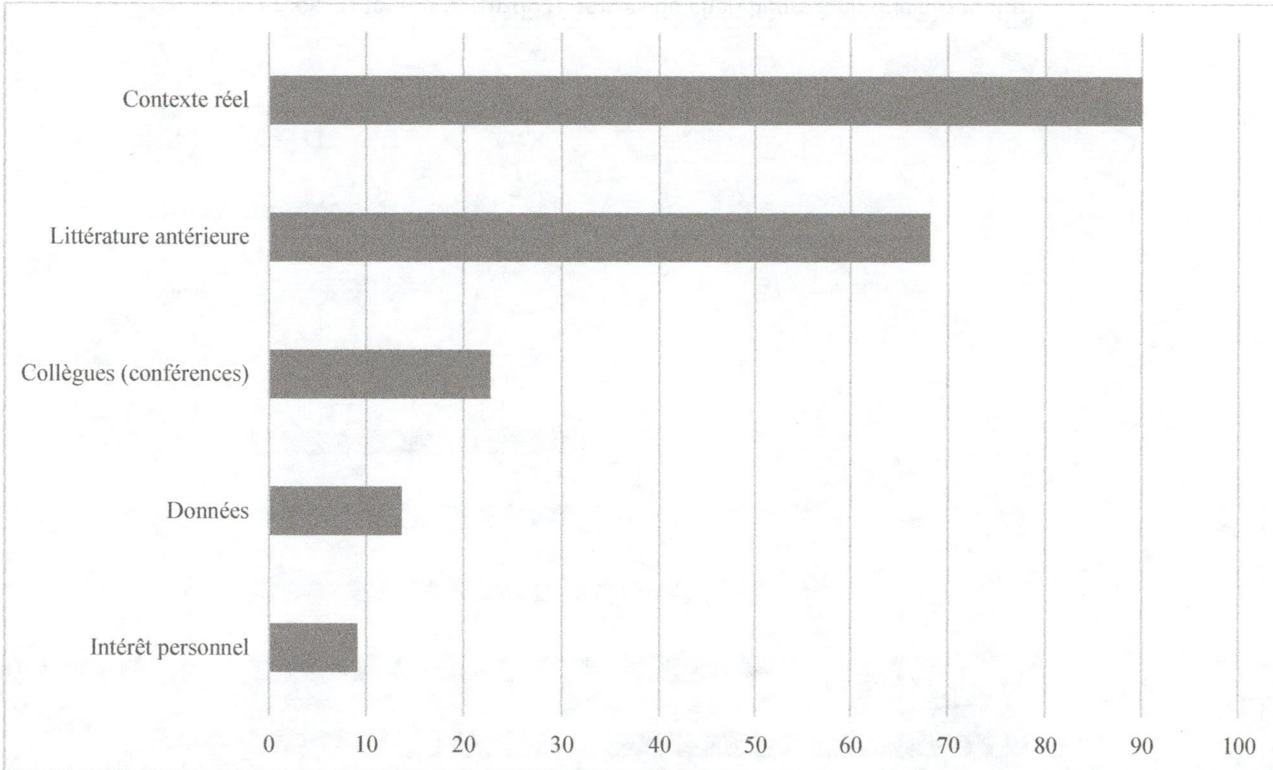

Source : Auteur, à partir de réponses de chercheurs à un questionnaire.

Graphique 3 : Facteurs contributifs à la qualité de la recherche (%)

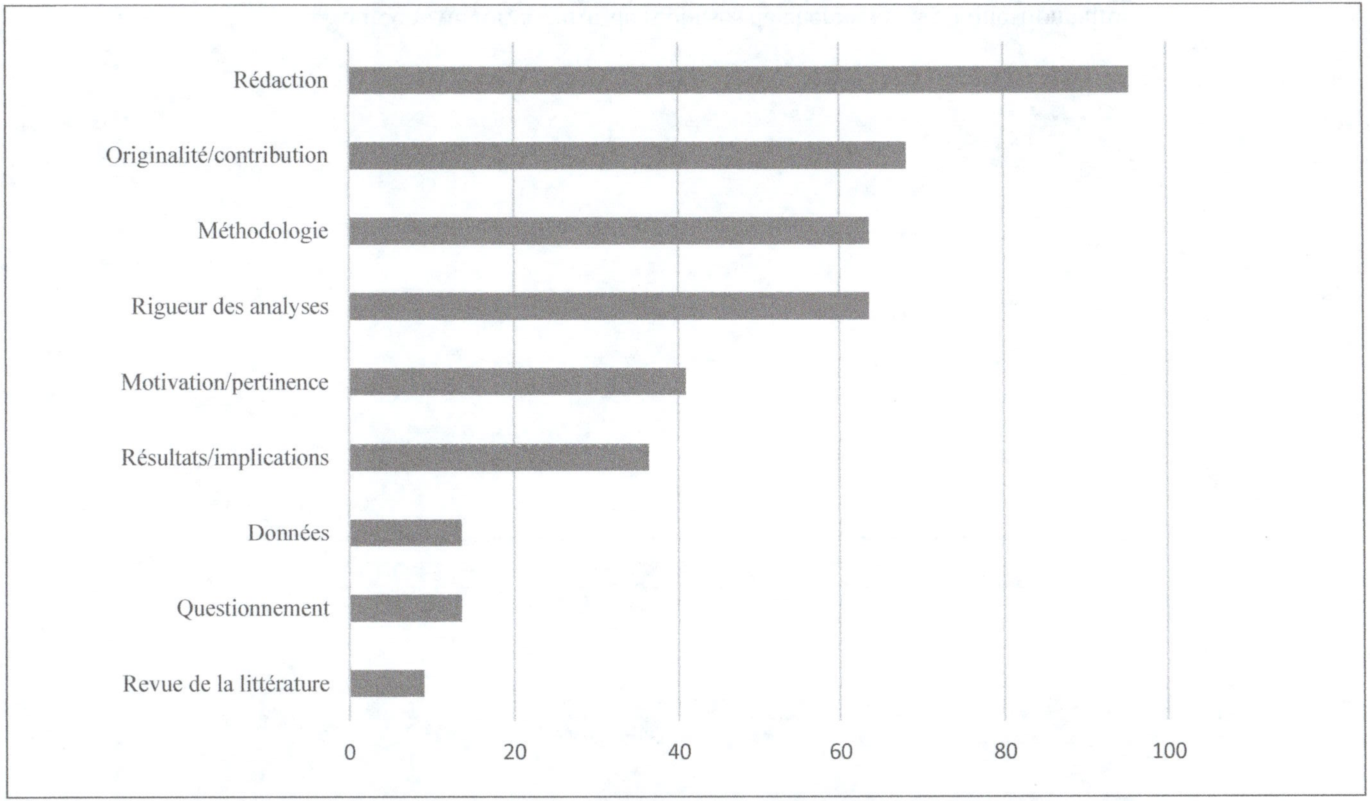

Source : Auteur, à partir de réponses de chercheurs à un questionnaire.

CHAPITRE 3

LA COMMUNICATION SCIENTIFIQUE

La science n'est rien dans l'ombre ensevelie : en la communiquant, l'esprit la multiplie.
Edward Young

Le chercheur est un communicant. Il est amené à partager le produit de sa recherche avec un public bien ciblé. La communication scientifique, qui doit être au cœur de son curriculum de formation initiale ou continue, est sans conteste une dimension incontournable de l'activité de recherche. A défaut, cette dernière peut bien paraitre inutile et perdu comme tel par les pairs et les potentiels utilisateurs de la sphère politique.

Dans son acception générale, la communication désigne une interaction ou un échange bien structuré autour d'un message que l'émetteur transmet au récepteur ou destinataire. La communication scientifique renvoie à la diffusion de tout ou partie du contenu de la recherche en direction du monde scientifique, des acteurs de la sphère décisionnelle ou du large public (pour ce dernier cas, on parle de vulgarisation). Les éléments qui la fondent sont une cible bien identifiée et caractérisée, un message à contenu informationnel bien précis, un objectif clairement établi et un véhicule de transmission approprié. Défini en référence aux autres composantes de la communication, chaque élément doit contribuer, à la marge, à l'efficacité d'ensemble de la stratégie adoptée par le chercheur dont l'ambition ultime est de générer autant d'impact que possible.

La portée de cet impact peut être appréciée du point de vue scientifique ou sous l'angle politique. Elle est le produit d'une stratégie de communication dont l'efficacité commande une maîtrise des fondements de la communication. Ces derniers devraient être compris comme mutuellement solidaires dans la réussite de l'exercice, qu'il s'agisse d'une communication écrite (le *policy brief* par exemple) ou d'une communication orale (la présentation à l'aide d'un support lors de séminaires ou conférences) ou d'une combinaison proportionnée des deux.

1. De l'importance de la communication scientifique

La communication est au cœur de la recherche. Cette dernière est rarement une activité isolée qui enferme le chercheur dans un carcan mental tant imaginaire qu'abstrait. Bien au contraire, le chercheur est amené à interagir avec le monde scientifique auquel il appartient et le monde réel qui l'entoure. Il est un membre d'une communauté active d'intellectuels engagés dans un effort collectif et solidaire de faire avancer la compréhension des phénomènes économiques et sociaux. Il est également un citoyen appelé à contribuer à la marche de la société à laquelle il appartient vers la prospérité généralisée. Ce mouvement d'ensemble exige une harmonie symphonique des efforts individuels, et la portée de la valeur contributive marginale ne saurait mieux s'apprécier qu'à l'aune de sa mise en cohérence effective avec les autres unités désagrégées du collectif.

L'exercice de communication est présent à divers degrés dans toutes les phases du déroulement du processus de recherche. Dès l'entame, le chercheur implique les praticiens de la politique d'une part, et les pairs d'autre part, dans l'élaboration de sa question de recherche. Cette implication stratégique lui garantit une formulation précise de la problématique de recherche, en particulier les contours pratiques du problème de recherche et les aspects contributifs de la pertinence politique et scientifique. Le praticien de la politique pourra alors partager ses préoccupations dans le cadre de ses différentes démarches de prise en charge des problèmes économiques et sociaux au quotidien. La portée de la recherche s'en trouve alors améliorée grâce à l'intégration de ces dimensions pratiques. Du point de vue scientifique, les différents retours des pairs permettront de mieux apprécier la nature et la forme de la valeur ajoutée dans la littérature pertinente et l'adéquation des outils d'analyse envisagés.

Une fois le processus de recherche effectivement lancé, les interactions avec les différents acteurs politiques et scientifiques permettront également de continuer de bénéficier de leurs concours. C'est en particulier le cas lorsqu'il s'agit d'évaluer le contenu et la portée des résultats préliminaires. En recueillant les grilles de lecture politique et scientifique de ces premiers résultats et analyses, le chercheur sera alors bien outillé pour produire des résultats définitifs de qualité améliorée et d'en extraire tout le contenu économique et politique.

À la fin du travail de recherche, ce processus participatif lui garantira un impact réel. Le politique pourra alors plus aisément s'approprier les résultats et leurs implications, étant donné qu'il a contribué à la conceptualisation initiale qui a construit le problème de recherche à partir de ses préoccupations. Il est facile d'imaginer, dans le cas contraire, la difficulté pour un chercheur de communiquer avec les utilisateurs potentiels des produits de sa recherche qui n'auront pas été sollicités en amont du processus. Il est peu probable que la problématique de recherche soit alors conçue autour de leurs orientations pratiques ; même si c'était le cas, n'étant pas au cœur du processus dès le départ, ils rechigneraient à s'approprier les résultats. Une approche plus inclusive est la garantie de la légitimité politique de la recherche.

En outre, les collègues chercheurs sollicités se reconnaitront dans le produit final de la recherche. Ayant contribué à la qualité de ce dernier, ils pourront par exemple en faire le relai auprès des autres chercheurs, ce qui peut alors accroitre la popularité du produit grâce à une meilleure vulgarisation.

La bonne recherche doit alors aller de pair avec une bonne communication, le résultat final étant un réel impact. L'image du chercheur enfermé dans sa tour d'ivoire et les produits de sa recherche enfouis dans ses tiroirs empoussiérés et perdus dans les oubliettes de l'histoire ne rend pas justice à la nature et au rôle véritables de la recherche, du moins telle qu'elle doit être envisagée à l'époque contemporaine. Dans la mesure où la recherche aborde le plus souvent des problématiques dont les fondements sont puisés dans le contexte socio-économique, les réponses aux questions de recherche qui intéressent la sphère de décision devront nécessairement être portées à la connaissance de cette dernière. Cette dernière en fera alors des inputs précieux et uniques dans ses stratégies interventionnistes destinées à améliorer le sort des populations.

Le mariage harmonieux entre la recherche et la politique, permis par une bonne communication, est la clé de la réussite du processus de transformation des économies et des sociétés. L'efficacité des politiques publiques se nourrit des ingrédients que seule la recherche est capable de produire et de servir. La recherche permet d'une part de comprendre les mécanismes générateurs des phénomènes économiques et sociaux, et d'autre part d'indiquer le contenu, le sens et la portée des mesures correctrices. Orpheline de ces inputs de la recherche, la conduite des réformes économiques et sociales s'apparente alors à un tâtonnement, telle la marche aléatoire de l'ivrogne, et le décideur politique aura tout l'air d'un capitaine qui navigue sans visibilité ni instruments adéquats. Le divorce entre la recherche qui ne communique pas et la politique qui ne s'appuie pas sur la recherche conduit inéluctablement à retarder l'échéance du développement.

L'absence de pont entre la recherche scientifique et l'action publique est généralement le fait du chercheur. Ce dernier ne sait pas communiquer. Le module de communication est le plus souvent inexistant dans la plupart des curriculums de formation du chercheur. Face aux utilisateurs de sa recherche, il est dans l'incapacité de transmettre le message, tant le contenu de ce dernier est peu digeste et le langage généralement inaccessible, car truffé de jargons. *In fine*, il aura donné la fausse vraie impression que la recherche n'est pas utile. En outre, lors de séminaires et autres rencontres avec les pairs, la pauvreté de la communication peut se manifester par une incohérence de la présentation et un défaut de conception des supports. Ces derniers ne permettent pas en effet de déceler avec clarté les éléments clés de sa recherche, notamment la question de recherche, la contribution, l'approche méthodologique, ou encore les principaux résultats et leurs implications.

La portée de l'impact réel de la recherche dépend alors de la qualité de la recherche et de celle de la communication. La qualité de la recherche s'apprécie à travers la pertinence scientifique et politique de la question posée, l'adéquation des outils méthodologiques convoqués et la rigueur dans la démarche scientifique qui exclut tout biais idéologique. La communication effective suggère une cohérence d'ensemble des éléments constitutifs. Elle repose sur l'usage de supports appropriés servant à véhiculer un message à contenu bien conçu dans la perspective du profil spécifique de l'audience ciblée. Une recherche de qualité appréciable sans une bonne stratégie de communication est le propre du chercheur enfermé dans sa tour d'ivoire, incapable de générer un quelconque impact. À l'opposé, une recherche de maigre qualité scientifique qui fait usage d'une excellente communication est symptomatique d'un tabloïd qui nourrit la frénésie insatiable des médias à sensation. En réussissant à produire une recherche de qualité et à communiquer efficacement les produits de cette dernière, le chercheur peut alors être assuré de tout l'impact mérité et légitime de sa recherche.

La recherche doit dès lors être envisagée comme un processus holistique. Elle englobe, d'une part, la production scientifique qui aboutit à des résultats et leurs implications et, d'autre part, une stratégie de communication d'égale importance et qui porte sur la valorisation scientifique et politique des outputs. C'est devenu une exigence de beaucoup de programmes de financement de la recherche qui sont également soucieux de leur propre impact politique et scientifique, ne serait-ce pour justifier à leur niveau l'usage des fonds mobilisés. On parle à ce titre de « recherche-action ».

Dans la définition du protocole de recherche, il est ainsi souhaitable d'impliquer des acteurs politiques majeurs dans le cadre d'une stratégie de communauté scientifique bien élaborée. Au-delà de leur contribution à la recherche, ces acteurs constituent des cibles privilégiées de valorisation des produits de la recherche. Le chercheur n'est plus alors un simple producteur d'idées, il devient aussi un diffuseur d'idées, voire un agent de marketing qui vend les résultats issus de sa recherche au prix le plus élevé possible.

Le processus de la recherche, dans son acception moins étroite, peut être conçu comme une chaine de valeur. Elle inclut ainsi, autour de la production scientifique au sens strict (génération analytique de résultats), des activités en amont (mobilisation de ressources et divers inputs) et en aval (essentiellement la communication). Ces activités ne peuvent et ne devraient se concevoir sans une implication active d'expertises scientifiques et politiques externes qui pourraient alors contribuer à une valeur finale (impact) plus importante.

2. Les fondements de la communication scientifique

Si la communication scientifique est comprise comme un exercice de transmission de produits de recherche à une audience donnée, elle suppose alors, d'une part, l'établissement d'un contact avec la cible précédemment identifiée et, d'autre part, une interaction avec cette dernière en vue de lui faire part de l'information. Le ciblage, le type d'interaction et la nature de l'information sont autant de pans auxquels il faudrait apporter tout le soin requis pour la réussite de l'exercice.

De façon plus pratique, et dans la perspective d'une bonne communication, le chercheur devrait envisager les questions suivantes :

(i) Avec qui communiquer ?
(ii) Quel message communiquer ?
(iii) Pourquoi communiquer ?
(iv) Comment communiquer ?

Ces quatre questions abordent ainsi le « qui », le « quoi », le « pourquoi » et le « comment » de la communication scientifique. La première question renvoie à l'audience ou la cible de la communication. La deuxième porte sur les résultats de la recherche à partager. La troisième insiste sur les objectifs et attentes du chercheur. La quatrième renseigne sur les vecteurs et outils de la communication. La somme de ces quatre points fait de la communication scientifique un exercice hautement stratégique et dont la réussite peut valoir au chercheur des bénéfices importants, tant du point de vue scientifique (contribution effective à l'avancée de la connaissance, opportunités de financement de recherche additionnelle, entre autres), que politique et sociale (influence du processus de décision et impact sur la vie de nombre d'individus), et même personnelle (opportunités professionnelles et popularité).

a. La cible de la communication

Connaître son audience ou le destinataire ou récepteur de son message est un aspect fondamental de la communication. Il peut s'agir d'acteurs de la sphère politique dont on cherche à influencer les décisions, ou des collègues dans la sphère scientifique. De cette connaissance détaillée découle tout le reste de la stratégie, notamment le sens et le format du message, les objectifs attendus, ainsi que le choix du véhicule adéquat. Un bon profilage de la cible repose sur une jauge précise du niveau d'intérêt vis-à-vis de la question de recherche, du positionnement stratégique dans la chaine de décision et du degré d'expertise, selon qu'il s'agisse d'une cible politique ou d'une cible scientifique.

L'intérêt trouve son origine dans les orientations professionnelles (cible politique) et scientifiques (cible de chercheurs). Le thème de recherche sur la facilitation des échanges et la performance des entreprises devrait par exemple trouver un réel écho auprès du décideur politique en charge de la politique industrielle ou du commerce extérieur, ou auprès de la communauté scientifique ayant un intérêt de recherche sur une telle problématique. Un tel thème n'intéresserait sans doute pas, tout au moins directement, l'entité publique en charge de la protection de l'environnement, qui serait plus preneuse de produits de recherche sur la gestion durable des actifs naturels, encore moins les chercheurs qui planchent sur le champ disciplinaire de l'Économie de la Santé ou celui de l'Économie monétaire.

Le deuxième élément caractéristique de la cible est l'étendue potentielle de ses prérogatives décisionnelles et d'action, plus particulièrement pour ce qui est de la cible politique. Si certains utilisateurs de la recherche se contentent juste d'améliorer leur compréhension du phénomène étudié, d'autres par contre vont bien au-delà dans le cadre de leurs interventions pratiques. Ils peuvent ainsi offrir au chercheur les bases d'une traduction politique, par l'action, des résultats de la recherche, contribuant alors à impacter réellement des vies. En hiérarchisant les cibles suivant leur poids politique ou la portée de leurs interventions, le chercheur peut ainsi rationaliser ses efforts de communication et optimiser l'impact recherché. Mieux, un utilisateur clé peut servir de relai de communication, grâce en particulier à son rôle majeur dans le dispositif interventionniste. Il peut s'agir par exemple d'un lobbyiste qui pourra porter les résultats à des segments de la sphère décisionnelle qui sont inaccessibles au chercheur individuel.

Ce gain d'efficience s'applique également au ciblage scientifique. Le chercheur devra par exemple choisir les évènements scientifiques qui lui garantissent une interaction effective avec des pairs bien au fait de sa problématique de recherche, pour avoir produit des articles sur le thème. Ces chercheurs sont en effet mieux à même de lui offrir des éléments pertinents d'appréciation de la qualité de son travail. Ceci lui évite de rentrer bredouille d'évènements scientifiques dont les coûts liés à la participation peuvent être considérables, souvent bien au-delà d'avantages de tourisme ou autres qui sont à rendements marginaux décroissants.

On se rappelle sans doute l'excitation qui frise l'effervescence à la perspective de participation à des conférences et séminaires internationaux qui ont marqué les débuts de carrière de recherche. Avec le temps, le nombre de participations augmentant, des critères plus objectifs ayant trait par exemple à la qualité des feedbacks potentiels et aux possibilités de réseautage sont mis en avant, au moment où l'excitation marque le pas. Les évènements où l'on n'est pas assuré de recevoir un quelconque commentaire utile de participants, à supposer que ces derniers soient présents dans sa propre session de présentation, sont alors abandonnés. Une telle démarche procède d'un meilleur ciblage de l'audience scientifique avec qui partager les produits de sa recherche.

Le dernier élément crucial à prendre en considération dans le ciblage est le niveau d'expertise de la cible. Communiquer avec des chercheurs bien au fait de la problématique de recherche ou avec un public « profane » devrait être envisagé différemment. Si la communauté scientifique serait plus intéressée par les détails de la méthodologie pour apprécier la qualité des résultats empiriques et la portée de la valeur ajoutée dans la littérature, la sphère politique se passerait bien de ces détails et serait plus réceptive aux implications de ces résultats.

Le niveau d'expertise de l'audience définit aussi en grande partie le langage et les outils de communication. Si le jargon scientifique et la terminologie savante sont très recherchés par l'audience de chercheurs qui s'ennuieraient des détails farfelus comme les définitions de concepts ou l'exposé détaillé de mécanismes économiques bien connus, ils contribuent par contre à embrouiller le message destiné au public moins averti et à rajouter à la confusion. Savoir avec qui communiquer est ainsi crucial pour l'efficacité de l'exercice et doit être considéré comme tel dans l'élaboration de la stratégie de communication.

b. Les messages de la communication

L'essence de la communication est la transmission d'un message. Ce dernier porte sur des aspects spécifiques de la recherche, généralement les résultats ou solutions et leurs implications, en plus du problème et des méthodes analytiques. La façon dont ces éléments façonnent le contenu informationnel du message dépend pour l'essentiel du profil de la cible et des objectifs que le chercheur assigne à la communication.

De façon générale, la structuration du message renvoie à trois composantes qu'il faudrait distinguer clairement et comprendre leurs rôles spécifiques. Il s'agit d'abord du message principal qui peut être associé à l'objectif général de recherche, ensuite des messages secondaires qui renvoient aux objectifs spécifiques, et enfin des argumentaires qui exposent les mécanismes en jeu. La juxtaposition de ces trois composantes du message de la recherche pourrait constituer des éléments de réponse aux questions successives posées au chercheur :

(i) « Quel est le principal résultat de votre recherche ? » (message principal) ;
(ii) « Que signifie-t-il, en d'autres termes ? » (messages secondaires) ;
(iii) « Pouvez-vous élaborer davantage ? » (argumentaires).

Le message principal

Le message principal est la réponse directe à la question de recherche basée sur le résultat général produit par le chercheur. Ce message peut également être conçu à partir de la principale implication de cette réponse ou de ce résultat général. Il est unique et sa formulation doit être très succincte, sans recours à des détails, de façon à garantir qu'il soit retenu par l'audience. C'est le « *take-away message* » : s'il devait y avoir une seule information à retenir de la recherche, c'est bien celle contenue dans le message principal. Le chercheur communicant devra alors veiller à la clarté dans la formulation, et s'assurer que, lorsque la poussière sera tombée, l'audience retienne ce message.

À titre d'illustration, soit encore le thème sur les infrastructures commerciales et la performance des entreprises qui aura établi une relation positive. Le message principal peut être formulé comme suit : « *L'amélioration des infrastructures commerciales est associée à des gains commerciaux pour les entreprises* », ou encore « *Une qualité accrue des infrastructures commerciales améliore la performance des entreprises sur les marchés extérieurs* ».

Le style est ainsi direct et ne souffre d'aucune ambiguïté ou confusion. La formulation est relativement courte, pouvant permettre à l'audience, à la limite, de mémoriser le message. Si la communication est orale, une intonation appropriée et une pause juste avant et juste après contribueront davantage à indiquer l'importance du message (voire sa gravité ou sa solennité). Si la communication est écrite, la phrase peut être mise en relief, grâce par exemple à l'usage du gras ou de l'italique ou du soulignement.

Les messages secondaires

Les messages secondaires renseignent davantage sur le contenu du message principal. Ils constituent un éclatement de ce dernier qui permet de mieux saisir l'information qu'il transmet. Ils rompent avec le caractère sommaire du message principal pour reformuler son contenu informationnel avec, toutefois, un niveau de détails qui ne doit pas aller trop loin. Les messages secondaires sont pour le message principal ce que les objectifs spécifiques de recherche représentent pour l'objectif général. C'est ainsi que leur nombre est supérieur à un, mais il ne doit pas être trop élevé. Un seul message secondaire se confond en effet au message principal, et plusieurs messages secondaires risquent de verser dans le détail inutile ou empiéter sur le territoire dévolu à la troisième composante (argumentaires).

Pour ce qui est de l'exemple précédent, les messages secondaires peuvent être formulés comme suit : « *En d'autres termes, à la faveur d'une réduction du nombre de documents requis dans un contexte de dématérialisation des procédures douanières, un nombre croissant d'entreprises s'engagent dans l'échange international. En outre, les firmes participant aux marchés extérieurs ont alors tendance à importer ou à exporter plus intensément* ».

Les messages secondaires, au nombre de deux, indiquent d'une part à quoi consiste l'amélioration des infrastructures commerciales (rationalisation des procédures douanières) et, d'autre part, la nature des gains (propension élevée à l'échange et intensité accrue des flux commerciaux). Il pouvait également être rajouté les chiffres (hausse de la probabilité de participation et des volumes échangés) qui auraient permis de mieux apprécier le sens des relations telles qu'elles découlent des résultats empiriques, sans toutefois alourdir le contenu des messages. La cible de la communication aura ainsi gagné en compréhension additionnelle du message que le chercheur veut véhiculer. Formulés de façon relativement courte et claire, les messages secondaires, en nombre réduit, peuvent tout aussi bien être mémorisés par l'audience au point de pouvoir contenir dans le condensé du « *take-away message* ».

Les argumentaires

Les argumentaires sont le troisième niveau de déclinaison du message général de la communication. Ils sont construits autour des messages secondaires dont ils offrent des éléments de détails. Ils portent en général sur les mécanismes économiques qui sous-tendent les résultats et qui expliquent la signification. Les chiffres issus des résultats empiriques peuvent également venir en appui pour élargir la base des argumentaires et les enrichir.

Les argumentaires portant sur les messages secondaires de l'exemple précédent peuvent être élaborés comme suit : « *La réduction des délais est associée à une baisse des coûts d'entrée sur les marchés extérieurs et des coûts de transaction liés aux échanges internationaux. Conformément aux derniers développements des théories du commerce international qui mettent en avant le caractère hétérogène des firmes (voir Melitz, 2003), la baisse concomitante du seuil de rentabilité des échanges extérieurs amène des firmes, jadis exclues du commerce international, à participer aux échanges. Les résultats montrent en effet qu'une réduction des délais de transit d'une journée augmente le taux de participation aux marchés d'exportations de 1,4 % et ceux d'importations de 0,8 %.*

> « Par ailleurs, pour les firmes déjà tournées vers l'extérieur, la réduction des coûts permise par une rationalisation des procédures administratives à la frontière est également synonyme de gains extérieurs plus importants. Par conséquent, les firmes exportatrices auront tendance à vendre davantage sur les marchés extérieurs, et les firmes importatrices à augmenter les achats d'inputs étrangers, en particulier les biens d'équipement, devenus relativement bon marché. Les résultats établissent clairement que 24 heures en moins dans la durée des formalités douanières contribuent à une hausse des volumes d'exportations de 3 % et ceux des importations de 1,4 %. Autant d'arguments qui renseignent davantage sur les gains relativement substantiels associés aux initiatives publiques de facilitation des échanges. »

Les deux séries d'arguments épousent bien les deux messages secondaires. Elles en offrent les explications ou interprétations, avec des chiffres à l'appui. La dernière phrase rappelle le message principal pour davantage indiquer qu'en définitive, c'est le plus important qu'il faut retenir de ces développements relativement longs et détaillés. Arrivé à ce stade de l'exposé du message de la recherche, le chercheur aura délivré ce message dans sa complétude. L'audience n'en sera que mieux informée du contenu de la recherche.

La hiérarchisation qui distingue les trois composantes du message peut également être utile si le format de communication n'offre pas suffisamment de flexibilité. C'est le cas d'un véhicule écrit très réduit ou d'une présentation orale dont le temps est très limité. Quelle que soit la contrainte qui pourrait peser sur le déroulé de l'exercice, la composante principale du message est toujours délivrée. Un supplément d'espace d'écrit ou de temps de parole permet d'exposer les messages secondaires. La communication qui s'arrête là, en raison des contraintes imposées par le format, aura tout de même réussi à renseigner l'audience sur la substance de la recherche. Des ressources additionnelles serviront à introduire la troisième composante du message. Un style succinct qui part de la reconnaissance de l'importance relative des trois composantes du message est la garantie d'une meilleure accommodation de l'exercice de communication aux contraintes liées à son format.

Dans la formulation pratique du message dans toutes ses composantes, le chercheur devra aussi veiller au choix du style rédactionnel ou oratoire. Ce dernier devra calquer sur la nature de l'audience et son degré d'expertise. La clarté et le sens du résumé sont des attributs d'une formulation réussie du message général de la communication.

c. Les objectifs de la communication

Tout au long de l'exercice de communication, le chercheur devrait avoir à l'esprit les attentes ou objectifs qu'il cherche à réaliser. Ces derniers guident en effet le choix de la cible, la teneur et la formulation du message, ainsi que la sélection de l'outil approprié de communication. Selon l'audience, les objectifs peuvent être bien différents, ainsi que l'orientation générale de la communication.

Devant ses collègues chercheurs, généralement lors de rencontres scientifiques, le communicant cherche le plus souvent à collecter des éléments d'appréciation sur la portée scientifique de sa recherche. En partageant le contenu de son travail avec un accent particulier sur des segments constitutifs précis, le chercheur peut par exemple amener ses collègues à se prononcer sur la nature de sa contribution à la littérature, l'adéquation de ses méthodes et des données aux objectifs et hypothèses de recherche, la qualité des résultats empiriques, ou encore la pertinence et la portée de la lecture économique qu'il fait des résultats et de leurs implications.

La communauté scientifique est mieux à même d'offrir des retours informés sur ces aspects de la recherche. Ces feedbacks contribuent à améliorer la qualité du travail qui était à un stade intermédiaire dans la production scientifique. C'est ainsi que le chercheur peut être amené à produire un *working paper* destiné à circuler dans les rencontres scientifiques internationales ou à être partagé avec des collègues sollicités directement. Cette circulation et les différents rounds d'amélioration participent du processus de maturation scientifique de l'article avant la phase décisive de publication.

Devant l'audience constituée d'acteurs de la sphère politique, la communication scientifique cherche à influencer le processus décisionnel. Ses résultats peuvent en effet servir d'ingrédients uniques dans la formulation et la mise en œuvre d'actions publiques. La sphère de décision est souvent demandeuse de résultats de recherche qui, d'une part, offrent une compréhension des mécanismes générateurs des phénomènes économiques et sociaux et les enjeux associés et, d'autre part, suggèrent des pistes interventionnistes. Le chercheur qui parvient, grâce à une stratégie de communication appropriée, à convaincre de la pertinence et de la portée politiques de sa recherche-action pourra ainsi parvenir à peser sur le processus dans le sens d'une meilleure efficacité des politiques.

La communication du chercheur peut également l'amener à cibler de potentiels bailleurs disposés à lui fournir les moyens financiers et matériels de réalisation de sa recherche. Ces moyens peuvent couvrir les besoins divers, allant par exemple de la collecte de données à l'organisation d'ateliers de partage, en passant par les déplacements, l'achat d'équipement, le recours à des expertises externes et les honoraires. Muni de son projet de recherche, ou accessoirement de son produit de recherche semi-fini, le chercheur peut alors vouloir convaincre les financeurs potentiels d'injecter leurs ressources dans le processus. La communication consistera alors à exposer les éléments clés de la recherche dans le sens par exemple de prouver l'alignement de la question, de l'intérêt et des objectifs de recherche sur les préoccupations pratiques du bailleur. Une bonne connaissance de ces dernières, en particulier les thématiques privilégiées et les attentes spécifiques, est de nature à garantir un succès dans l'objectif de mobilisation de fonds de recherche et d'appuis externes divers.

d. Les véhicules de communication

Le choix du vecteur de communication est tout aussi crucial dans l'efficacité de la stratégie de communication que les autres composantes. La palette relativement large de moyens de communication tient à l'exigence de l'adaptation de la communication générale aux spécificités de la cible et aux objectifs du chercheur communicant. Il peut être distingué deux classes de communication : écrite et orale.

La communication écrite fait appel à divers supports. Le premier, sans doute le plus important, est bien évidemment l'écrit du projet de recherche ou de l'article définitif. Il s'agit en effet des premiers supports contenant les principaux résultats de recherche et toute autre information que l'auteur veut porter à la connaissance d'une audience ciblée. Pour ce qui est de l'article, la revue de publication sert de relai permettant une diffusion relativement large du message de la recherche. D'autres supports peuvent également servir dans la diffusion du message, notamment le livre édité qui est compilation d'articles.

Si ces outils et formats sont plus adaptés à une audience scientifique plus avertie, d'autres supports de communication peuvent également être envisagés pour atteindre une cible plus générale. Le contenu varie suivant le niveau d'expertise, l'intérêt de la cible, ainsi que l'objet de la communication. Il s'agit d'abord du Rapport d'Analyse de Politique (*Policy Analysis Report*) destiné aux *insiders*, c'est-à-dire les parties prenantes qui s'intéressent directement à la question. Son objet est d'offrir une évaluation des interventions publiques qui ciblent un problème spécifique d'intérêt politique. S'il est généralement établi à l'intention d'une institution publique, le secteur privé ou une organisation non-gouvernementale peut également être le destinataire direct. Toutefois, du fait de l'intérêt mutuel de ces divers acteurs, le rapport finira par faire l'objet d'une appropriation par toutes les parties prenantes, à divers degrés et dans la limite permise par les clauses éventuelles de diffusion.

En termes de structuration, au-delà de variations qui peuvent être importantes, le processus d'analyse de politique commence par renseigner sur le problème en question et l'objet de la politique. Les critères d'évaluation des mesures d'intervention sont ensuite précisés, à la lumière des objectifs prédéfinis. Par la suite, il est établi un listing exhaustif des politiques, y compris la politique en cours. Puis, l'évaluation précise des politiques est proposée, à partir de laquelle il est décidé la meilleure option. Enfin, les schémas de mise en œuvre, de suivi et d'évaluation ultérieure sont définis.

Le *Policy Analysis Report* peut être un prolongement naturel du travail de recherche dont les résultats serviront d'inputs. En effet, la recherche aura offert des éléments d'analyse rigoureuse qui auront suggéré des implications en matière de politique. Dans le format de l'article, les recommandations sont volontairement vagues. Le rapport d'analyse est le lieu de précision des contours de l'intervention envisagée : il est ainsi indiqué en quoi cette intervention est relativement plus efficace que les alternatives, au regard du problème, des objectifs et des critères d'évaluation.

Le *Policy Brief* ou note de politique, ou encore document d'orientation politique, est une synthèse des résultats d'un travail de recherche du point de vue de leur utilité politique. Il reprend les principaux résultats du travail de recherche et insiste plus particulièrement sur les implications en matière de politique (recommandations). Son objet peut également consister en une contribution aux débats contemporains dans lesquels il offre des arguments fondés sur des résultats issus de la recherche.

Principalement adressé aux acteurs de la décision publique, le *policy brief* est suffisamment court et digeste pour que son contenu (problème, résultats d'analyse et solutions) soit rapidement et facilement accessible. Il doit également être très argumenté, dans la mesure où il cherche à convaincre le décideur d'une approche interventionniste généralement nouvelle avec des implications financières et politiques souvent considérables.

Contrairement au *Policy Brief* qui a une approche volontairement partisane et normative dans la mesure où il cherche à orienter l'action politique dans la direction établie par les résultats de la recherche, l'*Issue Brief* ou rapport de synthèse privilégie une approche relativement neutre. Le document offre un état des lieux de la connaissance actuelle autour d'un aspect donné du problème envisagé. Son contenu est ainsi une description précise du problème en question, en renseignant par exemple sur son étendue et en précisant les bases de l'émergence et de l'évolution de l'intérêt public. Il est le plus souvent destiné au public général, comme le législateur ou le manager, qui souhaite développer une compréhension relativement solide des contours et enjeux.

Le *Press Release* ou communiqué de presse peut être un support de diffusion de résultats scientifiques. Il s'agit d'un court écrit adressé directement aux organes médiatiques. Ces relais en feront une large diffusion auprès de la population générale. Le communiqué peut être accompagné, au besoin, de photos ou de vidéos : on parle alors de kit de presse. Il peut également donner lieu à un suivi (*follow-up*) qui appelle à plus de précision ou de détail, par le biais d'une invitation à un programme télévisuel ou radiophonique, ou d'une contribution écrite dans la presse. Bien utilisé, ce moyen de communication peut avoir un impact considérable sur les débats en cours et sur les politiques publiques.

Le chercheur peut également être amené à communiquer oralement avec une audience donnée. C'est généralement le cas lorsqu'il prend part à une conférence où il est invité à partager ses travaux de recherche. Dans le cadre de cette prestation orale, il peut faire usage de supports de présentation devant le guider. Un maniement harmonieux du langage verbal et du langage non-verbal, avec une bonne connaissance de l'audience et une clarté des objectifs de communication peut contribuer à un impact significatif.

Étant donné leur usage plus fréquent, le reste du chapitre revient en détail, avec des illustrations, sur ces deux outils de communication : le *policy brief* et la présentation orale.

3. La communication écrite : le *policy brief*

Le *policy brief* est un document qui renseigne de façon très succincte sur le contenu et la portée politiques du travail de recherche. Il est élaboré autour de trois principaux éléments de la recherche : le problème, les résultats obtenus et les recommandations. Ces dernières offrent des solutions politiques au problème envisagé. Bien conçu autour de ces trois piliers et en ayant à l'esprit le profil de la cible, il peut faire toute la différence entre une action publique effective qui réussit à améliorer les conditions de vie de milliers, voire de millions d'individus, et un statu quo synonyme d'échéance toujours lointaine de l'amélioration des conditions de vie.

Le *policy brief* renseigne sur la meilleure option politique dans la réalisation d'un objectif de la politique économique et sociale de l'État. Si l'article scientifique est destiné à un public très averti dont l'intérêt porte sur tous les éléments qui le constituent, en particulier la revue de la littérature et la méthodologie, le *policy brief* se veut plutôt une traduction allégée de l'article dont la cible est peu ou pas au fait des débats et méthodes scientifiques auxquels d'ailleurs il ne s'intéresse sans doute pas. De surcroît, il n'a point le temps à consacrer à la lecture. S'il accorde au chercheur le privilège de parcourir son *policy brief*, dans un des rares moments creux de son agenda très chargé, il est à l'affut de réponses succinctes à des questions relativement simples :

(i) En quoi le thème abordé est-il réellement un problème ?
(ii) En quoi est-il digne d'intérêt politique ?
(iii) Quels sont les principaux résultats obtenus ?
(iv) Quelles sont les principales options interventionnistes ?

La première question renvoie aux raisons pour lesquelles le décideur politique pourrait et devrait lire le document. Le chercheur devra le convaincre de la dimension politique du problème analysé (deuxième question). S'il y parvient, il lui aura alors précisé les résultats obtenus et comment s'y prendre pour solutionner le problème (dernières questions).

Le *policy brief* devrait pouvoir apporter une contribution importante à la réalisation de l'objectif d'efficacité de la stratégie d'ensemble de la communication dont il est un accompagnant crucial. À ce titre, il ne saurait être le produit d'une improvisation, mais plutôt l'aboutissement d'un processus générateur bien planifié et préparé, qui commande une élaboration conforme à quelques règles de base et une diffusion et un suivi relativement rigoureux.

a. La planification et la préparation

Le *policy brief* est le produit final d'un travail rigoureux de conception qui commence par une phase de planification et de préparation. Faire l'économie de cette étape cruciale équivaut sans doute à courir le risque d'un échec de la stratégie générale de communication. Les questions suivantes pourraient être envisagées lors de la planification et la préparation du *policy brief*.

La recherche a-t-elle un contenu politique réel ?

Toute recherche n'est certainement pas intéressante du point de vue de l'action publique. À travers ses résultats et leurs implications, la recherche peut être envisagée comme une offre scientifique. Pour que cette offre trouve une demande, il faudrait qu'elle aborde directement les préoccupations politiques des décideurs. Ces derniers sont, en principe, à la recherche de guide scientifique d'action. Un alignement entre le problème et la question de recherche et les préoccupations de la politique est ainsi un impératif capital. D'ailleurs, le processus de recherche, dans la plupart des cas, puise les termes de la problématisation dans le contexte politique. Dans ce cas, l'alignement peut être garanti dès le départ, et le *policy brief* constitue un couronnement de l'interaction entre le chercheur et le décideur.

Le sens des résultats et leurs implications ne devraient point décider de l'opportunité ou de la pertinence du document. Deux scenarios peuvent être envisagés. Les résultats et les recommandations peuvent aller dans le sens des actions publiques ou de leur philosophie générale. Cela n'ôte en rien l'utilité du document ou de la communication scientifique. Bien au contraire, renseigner sur la pertinence des choix d'intervention publique actuelle, en leur offrant des arguments empiriques nouveaux ou additionnels, est en soi souhaitable. À l'opposé, si les résultats appellent une nouvelle approche politique, tout l'intérêt du *policy brief* est alors de démontrer la supériorité des nouvelles options politiques, bien que la difficulté et la subtilité de l'exercice soient encore plus importantes.

Quels destinataires ?

Si l'offre scientifique doit répondre à une demande politique, l'identification de la cible du *policy brief* et la connaissance de son profil sont autant de critères qui garantissent l'efficacité de la communication. Il s'agit en particulier de comprendre l'étendue de son pouvoir d'action ou son positionnement dans la chaine de conception et de mise en œuvre de la décision publique. Plus ce positionnement est proche du centre, mieux le message pourra être entendu et suivi d'effet réel.

Si par exemple un ministre est la cible idéale, à défaut de pouvoir l'atteindre directement, il peut être utile de passer par des porteurs d'influence qui pourraient alors servir de relais stratégiques. C'est le cas des conseillers, des fonctionnaires à la tête de directions chargées de la mise en œuvre directe de la politique, des partenaires techniques et financiers de l'État, des organisations privées ou non-gouvernementales, voire des représentants des médias.

Ensuite, le contenu politique de la recherche devrait pouvoir s'insérer dans les préoccupations réelles des décideurs. C'est encore l'offre qui doit satisfaire la demande. Si cette approche qui veut que la demande commande l'offre est la plus souhaitable, il est également possible d'inverser l'ordre. C'est par exemple le cas si la recherche a généré des résultats dont les implications ne rentrent pas directement dans la matrice politique actuelle. C'est sans doute parce que cette dernière n'a pas été capable d'identifier tous les enjeux liés au problème en question, ou que cet aspect est volontairement ignoré et relégué dans un futur improbable, ou encore qu'il est pris en compte d'une façon dont la recherche aura montré qu'elle n'est pas satisfaisante. Alors charge au *policy brief* de chercher à élargir la perspective de la politique et d'apporter les raisons d'une prise en charge contemporaine et de manière appropriée.

Par ailleurs, le besoin qui fonde la demande politique de résultats de recherche devrait être bien sondé. Cette distinction entre besoin et demande est un déterminant important de l'impact potentiel de la recherche. La demande est généralement calquée sur l'orientation générale de la politique. Par exemple, l'existence d'une stratégie publique de réduction de l'incidence du tabac est en soi suggestive d'une demande de résultats de recherche qui identifient les facteurs explicatifs de son usage (comme le prix et la fiscalité). Ces derniers sont en effet les inputs essentiels dans la conception de la stratégie d'ensemble de lutte contre le tabac et dans la définition de mesures interventionnistes bien ciblées.

Aller au-delà de cette demande affichée revient à s'interroger d'une part sur le besoin réel de résultats scientifiques, et d'autre part sur la volonté de lutter contre ce problème de santé publique. Deux éléments peuvent aider. Tout d'abord, faire l'économie politique de la politique économique permet de comprendre la configuration des intérêts conflictuels dominants et le schéma de pondération relative de ces derniers par le décideur public. Une meilleure organisation et une plus grande efficacité d'un groupe d'intérêt donné (lobby) sont révélatrices de l'ampleur de la tâche du chercheur voulant promouvoir ses résultats et ses recommandations, dans la mesure où il peut être amené à s'engager dans une confrontation directe.

Ensuite, le rapport du décideur à la recherche peut révéler son niveau d'ouverture aux recommandations venant du monde scientifique. S'il n'a pas existé jusque-là une voie de communication et d'échange fructueux entre les sphères politique et scientifique, et que le processus de prise de décision n'a jamais fait usage direct de résultats de la recherche, le chercheur devrait envisager toute la difficulté de son exercice de communication. Il peut en effet s'agir d'un manque d'intérêt réel à la chose scientifique, le processus politique reposant alors plus sur le « bon sens » ou le tâtonnement plutôt que sur de réelles évidences qui découlent d'analyses préalables rigoureuses. Il peut par contre indiquer une inefficacité du monde scientifique à communiquer de façon réussie avec le monde de la décision, à supposer qu'il y ait communication. Un tel scénario peut être bien envisageable si l'on sait que la communication est généralement la grande absente du curriculum de formation des chercheurs. Dans tous les cas, le chercheur devrait faire l'effort de comprendre le processus politique et de concevoir en conséquence un *policy brief* qui génère tout l'impact attendu d'une communication effective.

Enfin, si le besoin fondateur de la demande d'évidences scientifiques est bien réel, il est alors utile d'avoir une bonne indication du niveau d'expertise scientifique du destinataire. Dans la plupart des cas, ce dernier est un non-spécialiste, peu ou pas averti des aspects purement scientifiques du travail. Il n'est généralement pas titulaire d'un Doctorat en Economie, à supposer qu'il ait suivi une formation dans la discipline. La connaissance de ce profil est importante dans la production du document. Elle permet en effet un choix adapté du langage qui doit alors faire l'économie du jargon de la profession ou de raisonnement qui sied à un public plus averti.

b. L'élaboration

En produisant un *policy brief*, le chercheur devrait toujours garder à l'esprit qu'il s'adresse à un public qui n'est généralement pas aussi averti que lui et qui ne dispose pas de temps de lecture suffisant. Le *policy brief* doit alors être très court. Il doit aller droit au but. Il doit être très clair dans son style rédactionnel. Ce dernier doit être à la hauteur de la qualité de la recherche, des enjeux des résultats et de leurs implications pour la vie de milliers de citoyens, et de la stature politique du destinataire. La clarté du style commande le non-recours au jargon scientifique ou aux démonstrations expertes. Un document long, truffé de jargon scientifique et difficile à lire aura peu de chance de générer un quelconque impact, à supposer qu'il soit lu.

En deux ou trois pages, le *policy brief* devrait pouvoir indiquer la nature du problème abordé, son intérêt politique, les résultats obtenus et les recommandations en termes d'action publique. Ces éléments essentiels sont distillés dans la structuration indicative suivante du document :

(i) Titre
(ii) Résumé

(iii) Problème
(iv) Résultats et implications
(v) Recommandations
(vi) Annexes

Le titre

Le titre devrait être concis et informatif du contenu du document. Il n'est pas nécessaire de reprendre le titre du papier de recherche dont le *policy brief* offre une synthèse des résultats et recommandations. Dans le sens « d'aller droit au but », le titre peut reformuler le principal résultat, ou la principale implication des résultats, ou la principale recommandation d'action publique, ou encore une subtile combinaison de ces derniers.

Revenant sur l'exemple de la recherche sur le tabac, dont le titre du papier est « Déterminants de la demande tabac chez les jeunes », le *policy brief* peut avoir comme titre : « *Le bas prix du tabac : principal facteur de son usage chez les jeunes* » (formulation axée sur le résultat principal du travail de recherche), ou « *La faible fiscalité sur le tabac : cause de son incidence élevée chez les jeunes* » (implication du principal résultat), ou encore « *Hausse de la taxe pour lutter contre le tabac chez les jeunes* » (principale action publique).

Il est également possible de concevoir un titre qui renseigne sur la dimension problème du thème de recherche du point de vue de la politique publique. Par exemple, il se peut que le problème soit lié à une hausse de l'incidence du tabac chez les jeunes et face à laquelle les mesures d'intervention publique jusque-là mises en œuvre apparaissent inefficaces. Reprenant ce problème et à la lumière des résultats qui révèlent l'efficacité potentielle de mesures alternatives, le titre peut lire : « *Le tabac chez les jeunes : l'efficacité de la fiscalité face à la hausse de sa consommation* ». Il est ainsi reconnu le problème lié à l'aggravation de la consommation de tabac (hausse de la consommation), ainsi que l'une des recommandations importantes issues des résultats de la recherche (effet significatif du prix et donc de la taxe sur la demande). Une telle approche dans la formulation du titre peut également être utile dans le cas où la recherche a produit plusieurs résultats importants qui donnent lieu à une batterie d'implications et de recommandations.

Le résumé

Si le titre est suffisamment explicite du contenu principal du document, le résumé en offre des détails additionnels. Il devrait être conçu autour des trois éléments fondamentaux suivants : d'abord le problème étudié avec sa dimension politique, ensuite les principaux résultats, puis les recommandations d'action qui découlent de ces derniers. L'esprit de synthèse qui guide le résumé commande, par définition, un texte relativement court. En général, un paragraphe de longueur raisonnable pourrait suffire à véhiculer ces trois éléments constitutifs de la substance de la communication du chercheur.

Un très grand soin devrait être apporté à l'élaboration du résumé. Il constitue en effet, en plus du titre, la porte d'entrée du *policy brief*. Il devrait être suffisamment informatif pour que le lecteur pressé s'en contente et n'ait pas besoin de lire le reste du document. En même temps, il est suffisamment engageant et digeste pour permettre au lecteur de pouvoir saisir tout l'enjeu de la question étudiée et d'avoir envie de lire la suite pour en savoir davantage. Une subtile harmonie du style et du sens de la synthèse est alors de mise.

Tout le sens du caractère captivant du résumé se retrouve dans la toute première phrase. Appelée phrase d'attaque, elle devrait être fidèle à ce qu'on attendrait d'elle. Elle pose une affirmation qui interpelle directement et profondément le sens politique, citoyen ou moral du décideur. Ce dernier se voit ainsi rappeler l'urgence d'un problème qui commande de sa part une action immédiate.

Par exemple, concernant le thème sur le tabagisme chez les jeunes, le résumé du *policy brief* peut démarrer avec la phrase suivante : « *Avec une incidence de* x *%, bien au-delà de la moyenne mondiale, et en hausse de* y *points ces* z *dernières années, le tabagisme chez les jeunes est un véritable fléau de santé publique dont le coût économique commande un renouveau de l'action publique qui, jusque-là, est restée inefficace.* » Tout y est : l'ampleur du problème, l'inefficacité de l'action publique, l'urgence d'une nouvelle approche, en plus de la curiosité et de l'envie d'en découvrir davantage. Nul doute que le décideur qui entame la lecture du résumé avec cette phrase sera poussé à aller plus loin dans le document. Il voudra par exemple, à la lumière des résultats obtenus, comprendre pourquoi les mesures envisagées jusque-là sont restées inefficaces et quelles nouvelles approches devraient être considérées pour lutter contre le tabac.

Étant la synthèse du document, le résumé est généralement rédigé en dernière position, une fois les autres sections bien renseignées. Il est toutefois placé au tout début du document, avant toute autre section, à la première page ou page de garde.

Le problème

Le *policy brief* reprend le contenu général du problème analysé par la recherche, bien qu'en des termes plus digestes et de façon plus succincte. Si la fidélité du document au produit de la recherche doit être garantie, les termes de la formulation du problème peuvent et doivent varier, en raison du profil différencié de la cible et des exigences rédactionnelles.

Les éléments qui fondent un problème de recherche devraient être bien mis en exergue. C'est le cas par exemple d'une contradiction, d'une tension, d'une insuffisance ou encore d'un échec. Ces éléments sont pour l'essentiel abordés du point de vue contextuel de façon à pouvoir aisément établir la jonction avec la politique, qui reste l'orientation majeure du document.

À titre d'exemple, la formulation du problème lié au tabac peut commencer par indiquer des chiffres qui montrent sa forte incidence et sa hausse chez les jeunes. Ensuite elle peut rappeler les coûts associés au tabagisme. Puis les principales mesures déjà envisagées par les autorités publiques peuvent être listées, en indiquant leur inefficacité relative comme semble l'attester la forte incidence en hausse. À la lecture du document, le décideur aura sans doute pris toute la mesure du problème de santé publique que constitue le tabagisme chez les jeunes : sa recrudescence, les coûts pour l'économie et la société et l'inefficacité de l'action publique.

La dimension « justification », pourtant bien distincte du problème (les deux constituant les parties de la problématique), devrait être convoquée ici. Il s'agit d'une justification de la pertinence *politique* de la recherche ou de son utilité aux yeux du décideur politique. Ce point cherche ainsi à convaincre le décideur que les résultats de la recherche sont d'une réelle valeur ajoutée et qu'ils pourraient ainsi faire toute la différence dans l'efficacité de l'action publique.

Il faudrait ainsi envisager cette partie comme une réponse à la question que pourrait poser le décideur public : « *Qu'est-ce que votre recherche ajoute au processus politique en cours ?* » Cette interrogation met en avant la valeur ajoutée *politique* de la recherche. Tout comme la valeur ajoutée constitue pour l'article le fondement majeur de son attrait scientifique, elle est pour le décideur le fondement de l'intérêt politique. Ce décideur ne va certainement pas s'encombrer de généralités déjà connues de tous (il n'a pas le temps !).

La valeur ajoutée scientifique (du point de vue de la littérature) est à distinguer de la valeur ajoutée politique (du point de vue de l'action publique), et pertinence scientifique n'est pas synonyme de pertinence politique. Le décideur n'est en général intéressé que par la portée politique de la recherche, dès lors qu'il a la garantie que les résultats ont été générés à partir d'un processus rigoureux. Une exception pourrait être le cas d'une contribution scientifique qui amène un éclairage nouveau à la problématique envisagée et va jusqu'à remettre en cause les bases scientifiques qui fondaient les résultats antérieurs ayant servi d'inputs aux mesures politiques en cours. C'est alors un argument de taille qui pourra facilement convaincre le décideur d'un changement d'approche interventionniste.

Dans le cas plus général de contributions relativement modestes, le chercheur peut formuler l'intérêt politique de sa recherche de diverses façons, comme pour le papier de recherche. Il peut par exemple indiquer en quoi l'absence d'une analyse scientifique rigoureuse qui aurait permis une meilleure compréhension des mécanismes générateurs du problème peut être à la base de l'inefficacité constatée de l'action publique. Il peut aussi argumenter la nécessité d'élargir l'éventail des mesures de politique, si par exemple sa recherche a établi l'efficacité potentielle d'une mesure jusque-là non-envisagée.

Résultats et implications

Une fois convaincu de l'intérêt politique de la contribution de la recherche, le décideur veut alors en savoir davantage sur les résultats des analyses conduites par le chercheur. Cette section est le lieu de dérouler les principaux résultats produits par la recherche.

Par « principaux résultats », il faut entendre ceux directement liés au problème de recherche et captés par les variables d'intérêt. Quel est l'impact sur le phénomène étudié ? Est-ce significatif, positif, négatif ? Le cas échéant, quelle est l'ampleur ? Que signifie-t-il ? Autant de questions qui appellent des réponses basées sur les résultats principaux. En particulier, le sens des résultats peut s'appréhender sous trois angles : (i) dans quelle mesure les résultats offriraient une connaissance améliorée du phénomène étudié, (ii) en quoi les résultats informeraient sur la portée de l'action politique en cours et (iii) dans quelle mesure une nouvelle batterie de mesures devrait être envisagée. En renseignant sur ces trois points, le message définitif du *policy brief* n'en sera que plus clair et mieux reçu.

À côté de ces résultats principaux qui forment la base du message principal du *policy brief*, les autres résultats, portant sur les variables de contrôle, peuvent être convoqués. Ils ne devraient toutefois pas contribuer à élargir le débat inutilement, au point de diluer le sens du message principal. Au besoin, ils doivent rajouter à la précision et au renforcement des résultats principaux.

À partir de l'exemple précédent sur le thème du tabagisme, supposons que le message principal sur lequel le chercheur veut bâtir son *policy brief* soit lié à l'effet de la sensibilisation aux dangers pour la santé. Il est possible que des résultats portant sur des variables additionnelles comme le genre et le milieu de résidence montrent, à partir de termes d'interaction, que l'impact du niveau de connaissance des risques est plus important chez les garçons que chez les filles, d'une part, et plus significatif en milieu rural qu'en milieu urbain, d'autre part. Des tels résultats additionnels ont tout leur intérêt pour la politique publique lorsqu'il s'agit de ciblage. Il sera ainsi très utile d'inclure ces deux composantes dans les politiques anti-tabac axées sur les campagnes de sensibilisation : les garçons seront plus ciblés que les filles et le déploiement des programmes en termes de financement ou de moyens humains sera de plus grande envergure en zone rurale que dans les villes.

S'il existe plusieurs résultats, il est important de les hiérarchiser afin de ne présenter que les plus importants, du point de vue de l'efficacité relative de la solution qu'ils supposent. Par exemple, l'usage de coefficients standardisés dans les régressions peut révéler deux ou trois variables dont le pouvoir contributif dans l'explication du phénomène est le plus important. La discussion peut alors être axée sur ces variables, en indiquant le sens et les implications.

La hiérarchisation peut également être guidée par l'intérêt politique et privilégier alors les résultats et recommandations d'actions qui sont mieux à même d'être mises en pratique, du point de vue par exemple des ressources publiques disponibles et de l'horizon temporel politique. Une recommandation dont les effets ne se matérialiseront pas avant les échéances électorales à venir a peu de chance d'être suivie.

S'il est utile de convaincre le lecteur du *policy brief* du caractère scientifique de la recherche et du bien-fondé des résultats et des implications qui en découlent, il n'est point souhaitable de le plonger (peu averti) dans les débats ennuyeux de confrontation des résultats de la recherche avec ceux de la littérature existante. Le sens scientifique des résultats n'intéresse sans doute pas le décideur politique, encore moins leur portée au regard des travaux antérieurs. Le *policy brief*, encore une fois, c'est du *policy* : il s'agit des implications politiques de la recherche. Tout au plus, faute de ne pouvoir se retenir face à ce qui s'apparenterait à une lubie, il peut être brièvement indiqué que les résultats vont dans le sens général de la littérature ou qu'il rajoute à la base de connaissance existante.

Recommandations

Les recommandations formulées appellent le décideur à considérer une série d'actions qui constituent des solutions au problème posé. Cette partie est sans doute le nœud central du message du *policy brief*. Elle répond directement à la question suivante du décideur qui vient de prendre connaissance des résultats et de leurs implications : « *Que faire pour solutionner le problème ?* » Il s'attend à ce que le chercheur lui indique des mesures précises, concrètes et efficaces à mettre en œuvre.

Le listing des recommandations devrait clairement démontrer en quoi les actions proposées sont à même de générer de meilleurs résultats que celles déjà en cours. Le décideur veut en effet savoir pourquoi il devrait changer d'options de politique, étant donné que les enjeux politiques, humains et financiers peuvent être énormes. Pour l'en convaincre, les principaux arguments à avancer sont les résultats obtenus. Ces derniers auront montré par exemple qu'une hausse de 10 % de la taxe sur le tabac réduit la probabilité d'usage de 7 %, baisse l'intensité de la consommation de 5 cigarettes en moyenne par jour et contribue à une réduction des dépenses publiques liées aux maladies respiratoires de 2 %. Quel décideur ne serait pas convaincu face à de telles perspectives, surtout lorsque l'option alternative envisagée jusque-là engage des coûts importants avec à la clé des résultats incertains ?

Tout comme les résultats discutés devraient être en nombre limité, les recommandations qui en découlent ne devraient point être nombreuses. Un nombre limité est souhaitable. Le choix pourrait être difficile pour le décideur de faire le tri pour établir une priorité politique. Il est également plus facile de se remémorer dans des circonstances particulières une seule recommandation qu'une pléthore.

Une recommandation ne devrait point être vague, comme on en trouve dans certains articles scientifiques. Si ces derniers peuvent être excusés des termes évasifs de la portée politique de leurs résultats, tel n'est pas le cas d'un *policy brief* dont l'objet est, encore une fois, le *policy* et dont le destinataire est le décideur politique qui cherche conseils et orientations. L'action recommandée doit être précise et détaillée, les contours bien délimités et l'horizon temporel bien établi. L'usage d'un verbe et d'un ton résolument assuré, voire autoritaire, dans la formulation des recommandations pourra venir rappeler le caractère indéniablement tourné vers l'action.

Par exemple, une recommandation du genre « *Des campagnes de sensibilisation des jeunes qui pourraient réduire l'incidence du tabac est souhaitable.* » Le ton peu assuré, notamment par l'usage du conditionnel synonyme d'incertitude, est plus proche de l'imploration que de l'ordre ou la commande d'action. À l'opposé, la formulation suivante devrait être envisagée : « *Mener des campagnes de sensibilisation aux dangers du tabagisme réduira sans conteste l'incidence du tabac chez les jeunes* ». L'assurance du verbe, qui invite directement à l'action, a tout son poids lorsqu'il s'agit de démontrer une fois de plus le bien-fondé de la recommandation et l'efficacité attendue.

Le listing des recommandations d'actions devrait être bref, suivi de détails explicatifs. Ces derniers pourraient préciser par exemple le comment et l'impact attendu. Par exemple, le cas précédent pourrait lire sur une ligne avec un point ou un numéro : « *Mener des campagnes de sensibilisation* ». S'ensuit un court paragraphe : « *Ces campagnes d'information et de sensibilisation seront axées sur les problèmes de santé liés à l'usage du tabac. Elles doivent plus cibler les jeunes garçons que les jeunes filles, et se déployer davantage dans les communautés rurales que dans les villes.* »

Annexes

Cette partie liste des éléments dont la présence dans le texte principal aurait sans doute alourdi sa lecture et la compréhension du message et probablement créé une distraction inutile. Le bourrage d'information tue sans doute l'information, la confusion ayant contribué à brouiller la frontière entre le message principal et le reste.

On retrouve ainsi dans cette partie une liste complète des références bibliographiques qui auront servi à alimenter la discussion. La plus importante de ces références est sans doute le produit de la recherche qui aura servi de base de synthèse au *policy brief*. Cette liste est sans doute courte, étant donné le caractère succinct du document qui commande un nombre limité de citations. En outre, les sources des données utilisées peuvent être indiquées ici et éventuellement un descriptif court du processus de recherche (durée, entretiens, financement et autres appuis) et des remerciements.

Considérations générales

Il n'est pas rare de retrouver une section méthodologie et données dans le texte. Une telle section décrit les approches utilisées (procédures de collecte des données, techniques de modélisation, tests, etc.) ainsi que leur niveau d'adéquation face aux approches alternatives. Ces éléments techniques sont impertinents et contredisent l'esprit et l'orientation générale du *policy brief*, pour dire le moins. Le décideur, qui est le plus souvent un non-spécialiste, ne perdra sans doute pas son temps avec ces informations qu'il ne comprendra pas. À quoi bon envoyer un texte qui ne sera point lu ? Le document devrait être épouillé de ces aspects techniques.

Pourtant, il n'est pas rare de rencontrer des guides populaires de rédaction de *policy brief* qui suggèrent de discuter en détail les approches méthodologiques de la recherche, comme « la façon dont l'étude a été conduite » ou encore « comment les données ont été collectées. » Sans doute les destinataires que les auteurs ont à l'esprit sont bien au fait de la recherche scientifique et comprendront par exemple la différence entre la loi de Poisson et la loi binomiale négative dans le cas de modèles de comptage. Et même si c'était le cas, autant rester fidèle à l'esprit du *policy brief* et répondre directement aux attentes du décideur qui tournent pour l'essentiel autour des résultats et des recommandations d'actions. Tout comme la méthodologie, la revue de la littérature ou encore le cadre conceptuel ne sont pas utiles.

La qualité générale de ce document écrit repose également sur le style de la rédaction. Comme discuté amplement plus haut, la forme devrait être hissée à la hauteur des enjeux. Le rôle primordial du style ne saurait être exagéré dans tout exercice scientifique, en particulier dans l'écrit. Clarté, concision et adaptation contribuent sans conteste à optimiser les chances de la lecture intégrale du *policy brief* et garantissent une bonne appropriation des résultats et des recommandations par le décideur. L'idée de « raconter une histoire » ou d'envisager un style narratif, traduite par exemple par des transitions harmonieuses entre paragraphes et entre sections qui donnent au texte son caractère unifié, contribue à une lecture aisée, voire plaisante, du texte.

Par souci de synthèse et de clarté, il peut être très utile d'inclure des graphiques, des tableaux, voire des images ou photos. Bien conçus et bien choisis, ils peuvent révéler ce que des milliers de mots ne pourraient faire. L'image d'une ville drapée dans son manteau poussiéreux est plus expressive du problème de pollution urbaine qu'un long paragraphe. Celle de cages sans pensionnaires est plus indicatrice de l'état de délabrement d'un zoo que des mots interminables.

Le jeu de couleurs et le changement de police des caractères peuvent également contribuer à renseigner sur l'importance relative de certains aspects du document et faciliter ainsi la lecture. Tout comme pour les photos, l'usage de couleurs devrait être mesuré, l'abus ou certaines options risquant de heurter des sensibilités et d'aboutir à des résultats indésirables.

c. Une illustration

Les points développés plus haut sont illustrés ci-dessous. L'article de référence porte sur la valorisation des services de recréation d'un parc zoologique. La méthode d'évaluation contingente a révélé une sous-évaluation des services qui est à l'origine de la dégradation de l'offre de services. Afin d'inverser cette tendance qui conduirait inéluctablement à la disparition de cet actif et des bénéfices multiples qui lui sont associés, le *policy brief* recommande des actions précises que les autorités politiques doivent envisager, après un rappel du problème, de sa dimension politique et des résultats et implications, le tout sur trois pages. La formulation du titre, qui est différente de celui de l'article originel, reprend la recommandation majeure. Les images et couleurs viennent donner plus de relief à l'invitation à l'action politique.

POLICY BRIEF

Une tarification adéquate pour une gestion durable du Parc Zoologique de Hann

Abdoulaye Seck

Université Cheikh Anta Diop | Dakar, Sénégal | abdoulaye.seck@ucad.edu.sn

Résumé

Le mécanisme de prix en vigueur dans le Parc Zoologique de Hann ne parvient pas à réconcilier les dimensions économique, sociale et environnementale de la gestion durable des services de recréation. L'insuffisance des revenus générés et des dotations ont fini par compromettre la qualité de l'offre, au préjudice des visiteurs et des pensionnaires. Un travail de recherche a montré qu'une hausse du prix d'entrée à hauteur de la valorisation par les visiteurs peut générer des revenus importants à même d'assurer une autonomie financière du Parc. Accompagnée de diverses améliorations de l'offre, cette nouvelle tarification peut aller de pair avec une hausse des visites.

Problème

Les défis de la gestion adéquate des parcs sont liés à l'apparente impossibilité de réconcilier les trois dimensions de la durabilité dans un schéma de tarification des services qui fait référence aux mécanismes de marché. Ce schéma devrait en principe garantir des conditions d'existence acceptables des pensionnaires (dimension écologique), offrir les bases de génération de revenus suffisants devant satisfaire les exigences d'investissement et de dépenses courantes (dimension économique) et assurer un accès équitable pour la population générale (dimension sociale).

Dans le contexte spécifique du Parc de Hann, la faiblesse des revenus générés, qui sont d'environ un tiers des besoins de dépenses courantes et d'investissement, couplée à une réduction des dotations publiques, a fini par plonger le Parc dans une tendance résolue à la dégradation. Cette dernière apparaît à quasiment tous les niveaux. À la baisse de la population animalière en nombre et en diversité s'ajoutent une insalubrité qui incommode les visiteurs et des rémunérations insuffisantes du personnel. Il peut être attendu que cette trajectoire qui semble inexorable peut à terme aboutir à une disparition du seul parc animalier de Dakar et des innombrables bénéfices sociaux, éducatifs, environnementaux et de santé publique associés.

Le mécanisme administratif de fixation des prix est sans doute à la base de cette mort programmée. En partant de l'idée préconçue que le marché serait incompatible avec l'environnement, le Ministère de l'Environnement établit le prix d'entrée, différencié selon l'âge, avec l'objectif quasi-exclusif de garantir l'accès à toute la population, visiblement au préjudice des animaux et des visiteurs. Pourtant, un simple exercice de révélation des préférences et des schémas de valorisation des visiteurs pourrait permettre de comprendre dans quelle mesure un changement d'approche de valorisation est crucial.

Tel est l'objet général d'un travail de recherche, référencié en annexes, qui a cherché justement à analyser les dispositions à payer des visiteurs à partir de leurs préférences. L'exercice repose sur la méthode de l'évaluation contingente à partir d'une enquête auprès de 500 visiteurs.

Résultats et implications

Les résultats montrent que les visiteurs sont prêts à payer entre 1220 et 1300 FCFA pour le ticket d'entrée, soit plus de trois fois le tarif courant pour un adulte. Cette moyenne cache une grande hétérogénéité. En effet, les individus disposant de revenus plus élevés, tout comme ceux dont la résidence est éloignée du Parc ou encore les visiteurs les plus fréquents, sont disposés à payer un montant plus élevé. À l'opposé, l'âge, la nationalité, le niveau d'éducation ou encore le genre ne sont pas des discriminants significatifs des valorisations individuelles.

Les résultats établissent également que cette hausse des tarifs ne nuit point à la fréquentation, bien au contraire, dès lors qu'elle est accompagnée de diverses améliorations de la qualité de l'offre de services. Ces améliorations portent pour l'essentiel sur la diversité des variétés, le bien-être des animaux, la sécurité, la salubrité et le professionnalisme de la gestion. Le cas échéant, le nombre de visites pourra augmenter. Il passera d'une moyenne annuelle de 9,9 à 31, dans la limite permise par la capacité d'accueil du Parc.

Ce triplement de la fréquentation, apparié au triplement du prix du ticket, est de nature à permettre de tourner définitivement la page de la sous-évaluation courante et de la dégradation subséquente de l'offre de service. Les revenus ainsi générés seraient bien supérieurs aux coûts de gestion du Parc. Ils permettraient alors d'assurer la durabilité de l'offre dans toutes ses dimensions économique, environnementale et sociale.

Recommandations

Assurer la survie de ce patrimoine collectif, dans l'intérêt des générations actuelles et futures, commande une série de mesures spécifiques en phase avec un changement de paradigme dans la gestion des parcs nationaux. Il s'agit en particulier de :

- **Augmenter le prix et différencier suivant le revenu et la fréquence des visites**

Il s'agit de faire payer aux visiteurs ce qu'ils veulent payer. Pourquoi fixer le tarif à 350 FCFA pour un adulte qui est prêt à offrir plus du triple ? La nouvelle tarification, qui peut être de 1000 FCFA pour l'adulte, peut inclure une offre des services de guides en contrepartie d'un paiement additionnel et un programme de fidélité qui récompense les visiteurs réguliers.

- **Consentir, au préalable, des dépenses de renouvèlement de l'offre de services**

La hausse des prix n'est justifiée que par une amélioration significative de l'offre de services. L'État doit mobiliser des ressources destinées à une remise à neuf du Parc. Par la suite, les ressources autonomes garantiront une offre améliorée sans recours aux concours publics.

- **Professionnaliser et autonomiser la gestion**

La gestion administrative du Parc doit se conformer aux principes qui fondent la logique privée de performance de marché. La Direction doit par exemple définir et mettre en œuvre une stratégie de marketing qui l'amènera à l'assaut de la demande effective et potentielle, dans un contexte institutionnel amélioré qui assure une plus grande autonomie de décision et d'action.

Annexe

Seck, A. (2016). A dichotomous-choice contingent valuation of the *Parc Zoologique de Hann* in Dakar. *African Journal of Agricultural and Resource Economics*, 11(3): 226-238.

d. La diffusion et le suivi

Une fois élaboré, le *policy brief* doit être largement distribué. Il doit parvenir à toutes les cibles précédemment identifiées, aussi bien les décideurs politiques que toute autre personne ou institution avec un intérêt direct ou indirect à la problématique abordée. Ceci implique également les médias qui peuvent aider dans sa diffusion au grand public. Poster le document sur le site Internet personnel ou de l'institution affilée ou des structures consentantes, ou encore l'envoyer de façon groupée ou ciblée par messagerie électronique sont également autant d'options qui contribuent à le porter au plus grand nombre.

Pour la cible principale, à savoir le décideur politique direct ou la personne ou l'institution devant servir de relai stratégique, rien de mieux qu'une rencontre en tête-à-tête. Une sollicitation préalable de rendez-vous pourra assurer la tenue de la rencontre à un moment qui sied le plus au décideur et garantir sa présence effective et celle d'éventuels collaborateurs qu'il voudra bien y associer. La mise à disposition d'une copie du document avant la rencontre est également souhaitable, et elle pourra accompagner la demande de rencontre.

Le timing de la rencontre doit également être choisi de façon stratégique. Un *policy brief* qui arrive au moment où le processus politique est très actif (par exemple dans l'élaboration de politique ou de programme) peut être d'un apport considérable. L'actualité qui met au-devant de la scène médiatique la thématique abordée peut offrir de meilleures chances d'impact. Par exemple, dans la limite du possible, un *policy brief* axé sur la thématique de l'entrepreneuriat féminin pourrait cibler la date du 8 mars qui célèbre la journée mondiale de la femme, celui sur la thématique du tabac la date du 31 mai qui correspond à la journée mondiale sans tabac et celui sur la propension à la générosité et à la solidarité la date du 5 septembre qui marque la journée mondiale de la charité. Les dates officielles nationales peuvent également être ciblées, comme la semaine nationale de la jeunesse au Sénégal au début du mois d'avril pour une thématique sur le chômage des jeunes. L'intérêt et l'attention renouvelés de tous les acteurs directs et indirects et du large public à ce moment-là offrent au chercheur l'opportunité d'apporter sa contribution aux débats et au processus politique.

Le choix du timing peut également porter sur l'émergence de débats spécifiques sur la politique. Les éléments d'analyse qui pourraient apporter des éclairages uniques et éventuellement indiquer le sens que devrait prendre la politique sont sans conteste les bienvenus. Venant de chercheurs qui ne sont point mus par des considérations subjectives, les arguments et recommandations contenus dans le *policy brief* ont toutes les chances de trancher définitivement le débat.

C'est par exemple le cas d'une polémique qui a éclaté en juillet 2013 entre la Première ministre d'alors et le syndicat de la justice (en particulier les greffiers) et qui portait sur la modification du taux de nantissement au Sénégal. Il s'agit de droits d'enregistrement notamment pour les investisseurs étrangers. La proposition de révision du décret 2009/1459 du 30 décembre 2009 devait introduire une limite de 0,25 % au taux dégressif pour tout flux de capitaux rentrant de plus d'un milliard de FCFA, ce qui pourrait réduire la ponction devant servir à alimenter les fonds communs de la justice. Un des arguments avancés par le gouvernement est qu'une baisse des frais d'enregistrement, qui seraient parmi les plus élevés de la sous-région, conduirait à attirer des capitaux étrangers.

Un travail de recherche qui aborde les facteurs explicatifs de l'attractivité d'un pays (en particulier africain) aux yeux des investisseurs étrangers pourra contribuer au débat. Nul doute que les acteurs impliqués directement ou indirectement dans ce débat accueilleront avec un grand intérêt un *policy brief* qui renseigne sur les enjeux liés aux investissements directs étrangers, offre les résultats qui indiquent les déterminants des flux de capitaux (y compris la fiscalité) et leurs implications, et suggère des options devant contribuer à booster l'investissement étranger, si tel est la véritable volonté politique.

Au moment de la rencontre en tête-à-tête avec le décideur, point besoin de dérouler en détail, voire de réciter, le contenu du *policy brief*, au risque de créer un ennui. Point besoin non plus, à l'inverse, de trop synthétiser le contenu en partant de l'hypothèse pas toujours valide que le décideur a déjà lu le document. L'équilibre commande une position à mi-chemin entre ces deux approches. Il consiste, après un rappel de l'objet de la rencontre (partage), en un exposé clair, exhaustif et succinct des éléments constitutifs du *policy brief* : le problème, son intérêt politique, les résultats et implications, et les recommandations d'action.

Il est également important de bien mener la discussion qui peut suivre l'exposé. Les échanges peuvent porter sur des détails qui précisent certains aspects, et même sur des éléments absents du document, comme la méthodologie. Avoir en tête les moindres détails de la recherche préalable, en particulier les éléments de l'analyse contextuel, est souhaitable, grâce par exemple à une relecture de l'article de base (et du *policy brief*) juste avant la rencontre.

Il peut être utile d'envisager une seconde version du *policy brief* qui accommode des besoins d'informations et de précisions additionnelles en réponse à des préoccupations spécifiques formulées par les décideurs. Le profil différencié d'une autre cible peut également donner lieu à cette seconde version. Cette dernière est sans doute plus longue, ou plutôt moins courte (quatre à cinq pages). Les arguments qui sous-tendent les analyses initiales peuvent être davantage détaillés ou renforcés par de nouveaux et des références et des sources additionnelles peuvent être convoquées. C'est le cas par exemple lorsque le destinataire aura mentionné un fait politique ou contextuel majeur qui aura échappé à la vigilance du chercheur. En outre, il peut être utile d'offrir des détails sur les aspects méthodologiques s'il se trouve que le destinataire en exprime le besoin, ce qui est peu probable.

Si l'entrevue avec le décideur est cruciale, elle ne suffit pas pour garantir une appropriation effective par le biais d'une mise en œuvre des recommandations. Il est dès lors important d'envisager un suivi régulier. Le chercheur pourrait proposer ses services si le décideur venait à exprimer des besoins d'analyse additionnelle ou approfondie. Cette éventualité d'un partenariat entre la recherche et la politique devrait être explorée et pourrait être nécessaire si l'action entreprise bute sur des difficultés particulières.

À défaut, il est important d'être à l'affut de toute information qui pourrait renseigner sur un quelconque développement de la politique qui va dans le sens des recommandations du *policy brief*. Il peut être demandé au décideur de préciser une éventuelle référence aux résultats et recommandations du document, et le cas échéant, de faire mention de l'auteur et la nature de sa contribution.

4. La communication orale : la présentation

Le processus de recherche implique très souvent, à une étape donnée, un exercice de communication orale, généralement par le biais d'une présentation qui fait usage de supports de type PowerPoint. Le chercheur est ainsi amené à présenter son projet de recherche ou son travail fini devant ses collègues chercheurs, des acteurs de la sphère politique, des bailleurs potentiels, le public général, ou une audience constituée de profils différents. Le format est souvent celui d'un séminaire de recherche, d'une conférence, d'un colloque, d'un symposium ou d'un atelier. L'échelle peut être des plus diversifiées, allant du séminaire au sein du département d'Économie ou de l'institut jusqu'à la conférence internationale de plus grande envergure, en passant par une rencontre plus ciblée avec les décideurs et autres parties prenantes.

La présentation devant les pairs est le plus souvent motivée par le besoin d'évaluation du contenu scientifique du travail. Les acteurs de la sphère politique sont le plus souvent les mieux à même de se prononcer sur la portée politique de la problématique telle qu'elle ressort de leurs préoccupations professionnelles et de leur connaissance du cadre contextuel. Les bailleurs potentiels ont besoin d'être convaincus de l'alignement des objectifs de recherche sur leurs orientations philosophiques ou politiques, afin de décider de l'éventualité de leur appui financier (et technique). Présenté devant ces diverses audiences, le travail peut ainsi gagner en orientations et perspectives nouvelles qui ne feront que l'enrichir et le chercheur peut bénéficier de l'appui externe sollicité.

La réussite de la présentation orale tient à plusieurs aspects. Elle exige une bonne préparation qui inclut, entre autres, une élaboration rigoureuse des supports. Elle repose également sur une connaissance des règles qui fondent l'art oratoire à travers notamment les deux composantes du langage : verbale et non-verbale. Elle commande aussi des interactions fécondes et stratégiques avec l'assistance.

a. Les étapes de la présentation orale

L'exercice de présentation orale peut être envisagé comme une séquence composée de trois étapes : la planification, la préparation et la pratique. Il s'agit des « 3P ». Le soin apporté à chacune de ces étapes respectives contribue à l'output final de l'exercice.

La planification de la présentation

La communication orale est un exercice à planifier, et ne devrait point procéder d'une spontanéité ou d'une improvisation qui le plus souvent sont indicatrices de la faible importance que le présentateur prête à l'exercice. Il est souvent aisé de noter l'absence de planification à partir du contenu et du format de la présentation, notamment l'inadéquation des outils et du langage, ou à partir de la présentation.

La planification repose sur trois piliers : (i) une bonne connaissance de l'audience, (ii) une conception appropriée et claire du message et (iii) une précision de l'objet de la communication. Il s'agit en d'autres termes des questions du qui (l'audience), du quoi (le message) et du pourquoi (la finalité) de la présentation. Une bonne structuration d'ensemble de cette étape de planification part de l'interdépendance de ces trois piliers. La connaissance de l'audience dicte le contenu et le format du message, qui dépendent à leur tour de la finalité de la présentation. Cette dernière oriente le choix de l'audience ainsi que la formulation adéquate du message et de ses composantes.

La connaissance de l'audience

La connaissance de l'audience est en effet primordiale. La diversité des profils en termes d'expertise d'une part, d'orientations et d'intérêt professionnels d'autre part, est un facteur à prendre en considération dans la définition de la stratégie générale de la communication. Une présentation devant une audience composée de chercheurs ne saurait être similaire à celle devant des politiques. Même devant des chercheurs qui peuvent avoir des domaines de recherche ou un niveau de savoir-faire différents, la présentation ne devrait point être la même. Là où les chercheurs plus versés sur les questions méthodologiques s'attendent à des développements relativement détaillés de la partie correspondante lors de la présentation, leurs collègues plus intéressés au contenu théorique et conceptuel de la recherche seront plus attentifs aux fondements théoriques de la question de recherche, l'apport dans la littérature et les mécanismes qui sous-tendent les résultats. Quant aux utilisateurs potentiels des résultats de la recherche, ils seront plus portés sur les implications des résultats et la mesure dans laquelle ces produits leur serviront de guide d'action.

Si le contenu général du message est le même, car procédant d'un même travail de recherche, son format est plutôt à géométrie variable. Suivant les attentes spécifiques et les niveaux d'expertise de l'audience en question, la présentation portera plus l'attention sur les aspects du travail qui parlent directement à ces profils particuliers que les autres. Le choix de la pondération relative des différents aspects du travail de recherche dans la présentation peut être un exercice délicat si l'audience présente un profil hétérogène (en termes d'expertise et d'intérêt).

L'équilibre élusif à trouver devrait en grande partie dépendre de la finalité de la présentation, et dans une moindre mesure de l'importance relative des profils différenciés dans l'assistance.

Au-delà des attentes spécifiques de l'audience, le niveau d'expertise permet également d'adapter le langage et le format du message. Le langage scientifique et le jargon de la profession ne siéent qu'au public averti de collègues chercheurs. Ils ne devraient point être utilisés lors d'une présentation devant un public moins averti. Alors que ce dernier peut se soucier des détails additionnels permettant de mieux saisir les contours du message à communiquer, le public scientifique s'en passerait volontiers. Ainsi, une présentation devant des chercheurs peut faire l'économie de la définition de l'approche non-paramétrique des frontières stochastiques dans la détermination de l'efficience productive des firmes. À l'opposé, une assistance moins avertie aura sans doute besoin de ces détails additionnels pour comprendre l'approche et la portée des résultats. Les décideurs politiques ou tout autre public non-averti ne devraient point être exposés aux détails d'une telle approche, le risque étant de rendre l'exercice ennuyeux, de perdre l'audience qui ne parvient pas à suivre et de contribuer à diluer le message.

Une bonne connaissance de l'assistance, en permettant d'adapter le contenu du message et les outils de communication, peut éviter de faire de la présentation une opportunité perdue par le chercheur. Une séance de présentation est une occasion qui ne se reproduit souvent pas, et chaque séance est différente d'une autre. Elle offre au chercheur la possibilité unique de recueillir de précieux feedbacks de personnes données dont la mobilisation peut souvent impliquer des coûts humains et financiers importants. Rentrer bredouille d'une telle partie de communication devrait à tout prix être évité par le chercheur qui se doit dès lors de bien connaître son audience, ses attentes et son profil.

Le message de la présentation

La présentation repose sur un message bien structuré que le chercheur voudrait transmettre. Il s'agit pour l'essentiel des éléments constitutifs du produit de la recherche. Comme indiqué plus haut, il devrait être bien distingué les principales composantes, à savoir le message primaire, les messages principaux, et les points argumentaires. Une claire distinction entre ces différents segments de la hiérarchisation du message peut aider l'audience qui peut parfois être perdue par le débit souvent élevé du flot important d'informations fournies par le présentateur. Si les points argumentaires peuvent facilement être noyés dans ce flot et échapper à l'attention de l'audience, le message primaire et, dans une moindre mesure, les messages secondaires ne devraient point être obscurcis. Comme indiqué précédemment, on parle à leur sujet de « *take-away messages* ».

La finalité de la présentation

Le présentateur devrait également avoir une idée précise de ce qu'il cherche à atteindre à travers sa présentation. En d'autres termes, il s'agit du « pourquoi de la présentation », qui peut procéder de la série de questions suivantes :

(i) Le présentateur cherche-t-il des éléments d'évaluation de la qualité scientifique de sa recherche, ou plus spécifiquement, une appréciation de composantes données comme la valeur ajoutée et la méthodologie ?

(ii) Est-il à la recherche de l'appréciation du volet politique ou contextuel de son problème de recherche et du degré de réalisme des implications politiques des résultats ?

(iii) Cherche-t-il à influencer un processus politique en suscitant par exemple une nouvelle orientation des interventions publiques ?

(iv) Est-il à la recherche d'un concours financier ou technique devant appuyer la conduite de la recherche ?

La diversité des objectifs commande un niveau de flexibilité relativement important dans l'élaboration du contenu et l'approche de présentation. Si par exemple le chercheur s'attend à plus de retours sur la méthodologie utilisée, alors il accorde à cette dernière plus d'espace dans le support (avec des détails explicatifs additionnels) et plus de temps dans l'exposé oral. Une présentation dont la finalité est l'influence du processus politique insiste plus sur les implications politiques des résultats que sur la contribution scientifique de la recherche. Ces possibilités de moduler le contenu de la présentation pour épouser harmonieusement à la fois le profil de l'audience et les objectifs du chercheur sont indicatrices de la nature stratégique de cet exercice de communication orale.

La préparation de la présentation

Une fois l'audience identifiée, le message conçu et la finalité précisée, la planification cède la place à la préparation des supports de présentation. Le plus souvent, il s'agit de diaporamas qui peuvent être développés à partir de logiciels standard comme PowerPoint du package Microsoft Office, ou d'autres plus élaborés comme Beamer de *Scientific Workplace* ou Latex.

Principes généraux guidant l'élaboration du support

Dans la conception du support de présentation, il est recommandé de partir du principe qu'aucun membre de l'audience n'a lu le document originel (projet de recherche ou article) qui est la base de la présentation. S'il est vrai que dans la plupart des rencontres scientifiques chaque présentation se voit assigner un ou deux discutants, il est très vraisemblable que ces derniers n'aient pas lu en profondeur le document, à supposer qu'ils l'aient même regardé. La plupart des discutants et autres participants se contentent juste de la présentation orale pour prendre connaissance du contenu du travail. Même si des commentaires et suggestions utiles sont offerts, c'est généralement le cas qu'une lecture préalable du projet ou de l'article aurait rendu ces feedbacks encore plus utiles. Dans tous les cas, le présentateur devrait s'évertuer à élever le niveau de compréhension de l'audience à hauteur du sien, ce qui est de nature à générer une riche discussion et des commentaires fort utiles.

Deux autres principes tout aussi importants doivent guider la conception du support de présentation. Il s'agit d'abord du principe des « 3D » : *Dites ce que vous allez dire ; Dites-le ; Dites ce que vous avez déjà dit*. Ce principe reprend la forme générale du schéma architectural de la présentation des idées, dans le cas d'un texte entier ou de chaque paragraphe qui le constitue. Il commande d'abord une introduction qui énonce l'idée générale ou le message primaire (premier « D »), puis une élaboration à partir des messages secondaires et des points argumentaires (deuxième « D »), et enfin une conclusion qui offre une perspective générale de l'idée ainsi développée et annonce l'idée suivante (troisième « D »).

On retrouve ce principe dans le déroulé de la présentation et dans toutes ses parties constitutives. Par exemple, la présentation d'un projet de recherche peut démarrer en annonçant la question de recherche, puis comment l'auteur compte s'y prendre pour répondre à la question, et enfin ce à quoi on pourrait s'attendre en termes de réponses à la question de recherche. Pour ce qui est de l'article définitif, le chercheur peut suivre le même format, en substituant au troisième point le principal résultat obtenu. Le déroulé des pages peut alors suivre.

Les éléments constitutifs devraient également procéder suivant le même format structurel, dans la limite du possible. Par exemple, la revue de la littérature peut commencer par révéler l'état général de la connaissance actuelle, puis développer les principaux thèmes de la littérature, enfin offrir une synthèse suivie d'un positionnement de la recherche envisagée. La méthodologie peut être abordée par une indication de l'approche générale utilisée, puis un exposé détaillé, enfin un résumé qui montre en quoi elle peut offrir une réponse satisfaisante à la question de recherche. Les résultats peuvent procéder de façon similaire avec d'abord le principal résultat, puis une explication de son sens économétrique et économique, enfin sa portée du point de vue de la littérature existante et de la politique.

Le second principe est celui du « KISS » : *Keep It Short and Simple*. La parcimonie et la simplicité doivent en effet guider l'élaboration du support de présentation. Les développements longs peuvent créer l'ennui et conduire à des débordements. La présentation devrait se limiter aux points saillants du travail qu'il faudrait organiser de façon rigoureuse autour des composantes du message général à délivrer. En outre, la clarté et la simplicité de l'exposé devraient être élevées au point de friser l'évidence et amener l'assistance à considérer les explications et démonstrations servies comme relevant de la stupidité (pas besoin de réflexion poussée pour saisir le message présenté). « KISS » peut alors souvent signifier *Keep It Short and Stupid*.

La simplicité de l'exposé fait également référence au « test de la grand-mère ». C'est le scénario d'un chercheur qui chercherait à faire comprendre à sa pauvre grand-mère la portée de ses résultats de recherche ou toute autre partie du travail. Dans le cas très improbable où il réussirait le test, ce serait alors qu'il aurait puisé au fond de son capital linguistique la meilleure pédagogie pour faire de sa grand-mère une future économiste. Un tel effort du point de vue du style et de la pédagogie est requis face à une audience certes plus avertie que la grand-mère, mais à laquelle il faudrait faire comprendre sans équivoque tout le sens du message.

Partir de l'idée que l'audience est savante et bien au fait des développements de la littérature peut conduire à un exposé tronqué, incomplet, obscur et difficile à suivre, avec *in fine* un message incompris. Le risque de ne recueillir aucun feedback constructif n'en est que très grand.

La présentation devra être fidèle au contenu du projet de recherche ou de l'article. À ce titre, elle ne doit pas avancer des éléments absents du document originel. Le participant qui aurait lu le document au préalable devrait pouvoir retrouver ses notes de lecture dans l'exposé. À défaut, il aura l'impression que la présentation porte sur une autre recherche. Pour autant, la présentation n'ira pas jusqu'à reproduire à l'identique la structuration du projet ou de l'article ou l'intégralité de son contenu. La nature et l'objet de la présentation, ainsi que le temps de la présentation, n'autorisent pas une telle réplication.

La présentation offre une synthèse orale des points saillants de la recherche, et elle répond aux attentes spécifiques et suffisamment précises de l'assistance. Ces dernières peuvent être résumées à travers les questions suivantes dans le cas d'un projet de recherche : (i) Quel est le problème de recherche ? (ii) En quoi est-ce intéressant ? (iii) Qu'est-ce que le chercheur veut faire ? (iv) Comment compte-t-il s'y prendre ? Pour l'article fini, une interrogation additionnelle est considérée : (iv) Quels sont les principaux résultats et leurs implications ? En répondant à ces questions principales, la présentation aura satisfait les attentes de l'audience, dans la limite du temps relativement court qui lui est imparti.

<u>Structuration et contenu du support</u>

Le support de présentation commence avec une page (diaporama) de titre. En plus de l'intitulé, qui reprend exactement la formulation dans le document originel, on y retrouve le nom de l'auteur (ou des auteurs) et les affiliations. En se limitant à ces éléments, le présentateur aura donné des indications de simplicité et de clarté de sa présentation, qui devront être confirmées par la suite. Il peut être rajouté des mentions comme la rencontre scientifique en question, les logos des institutions d'affiliation ou des organisateurs de l'évènement, la date et le lieu de l'évènement, les contacts de l'auteur, entre autres. Si le présentateur peut se passer de telles mentions, la page n'en sera alors que moins bourrée d'informations qui sont à bien des égards inutiles et risquent de distraire l'assistance en détournant son attention des propos introductifs. Ce serait en effet trop demander aux participants de lire la page et d'écouter le présentateur, car ces deux facultés sensorielles ne sont pas toujours mises à pleine contribution de façon simultanée chez la personne normale.

La page suivante porte sur le plan. En renseignant sur le contenu de la présentation, elle permet aux participants de suivre aisément le déroulé et de s'embarquer dans un voyage où les tournants et étapes sont bien connus. L'absence du plan donne l'impression d'un saut dans l'inconnu avec plein de surprises, l'assistance ne sachant pas ce à quoi s'attendre. Le plan fournit une indication de la mesure dans laquelle les attentes de l'audience seraient remplies.

Comme indiqué plus haut, l'esprit de synthèse de la présentation interdit de répliquer à l'identique le plan du document originel. En phase avec les préoccupations de l'assistance et les objectifs du chercheur, le plan indicatif suivant peut être considéré pour la présentation d'un projet de recherche :

(i) Problématique
(ii) Objectifs et hypothèses
(iii) Revue de la littérature
(iv) Méthodologie
(v) Données et analyse descriptive
(vi) Résultats attendus

Ces éléments constitutifs du plan forment la colonne vertébrale de la présentation et répondent directement aux attentes des participants. La problématique renseigne sur le problème de recherche, son intérêt et dans quelle mesure la recherche ajoute de la valeur à la littérature existante. Les objectifs (général et spécifiques) indiquent ce que l'auteur veut faire ou accomplir. La revue de la littérature renseigne sur l'état actuel de la connaissance et met en perspective la recherche envisagée. La méthodologie est lieu de présentation de l'approche analytique envisagée. La section sur les données présente ces dernières et offre des éléments d'analyse exploratoire. La dernière section offre des résultats potentiels que pourra générer l'application de la méthodologie. En se limitant à ces sections, la présentation aura sans doute réussi à transmettre le message dans toutes ses composantes.

Loin d'être rigide, le plan offre plutôt des marges de manœuvre dans sa conception. Il peut ainsi volontairement omettre (ou inclure) les sections sur le contexte, l'analyse conceptuelle, ou la revue de la littérature, toutes présentes dans le document originel du projet. Toutefois, cela ne signifie point que ces composantes cruciales sont absentes de la présentation : elles sont soit diffuses le long du texte, soit exprimées oralement à des endroits spécifiques lors de la présentation. Par exemple, le problème de recherche peut être élaboré à partir des éléments contextuels et la motivation scientifique de la recherche peut évoquer des références littéraires pour révéler un gap de connaissance et renseigner sur la valeur ajoutée du travail. Le caractère spéculatif des résultats attendus peut également amener à omettre cette section dans la présentation, l'assistance étant plus souvent intéressée par des résultats effectifs à venir.

Pour ce qui est de l'article, le plan de présentation peut être envisagé comme suit :

(i) Problématique
(ii) Objectifs et hypothèses
(iii) Revue de la littérature
(iv) Méthodologie
(v) Données et analyse descriptive
(vi) Résultats
(vii) Implications

Ce plan omet les résultats attendus, et rajoute une section sur les résultats obtenus et une autre sur les implications qu'on peut en tirer (conclusion). Il est également possible d'omettre la section sur la revue de la littérature : elle joue un rôle plus important dans la présentation du projet que dans celle de l'article, surtout lorsque les deux présentations ont lieu devant la même assistance. À défaut, elle devrait être moins détaillée que dans la présentation du projet. Au-delà de l'exigence d'accommodation des nouvelles sections dans le support et le temps de présentation, qui en général ne sont pas assez expansibles, la présentation de l'article devrait être envisagée comme une suite de celle du projet : là où cette dernière aura détaillé l'état de la connaissance, la première pourra se contenter d'une synthèse informative. De façon générale, cette réorientation du focus de la présentation à partir d'une pondération différenciée des composantes obéit aux différences d'objet et d'attentes de la présentation du projet et de celle de l'article fini dans une perspective de continuité de la communication. Le présentateur devra ainsi élaborer les deux supports en conséquence.

Quelle que soit la présentation, il ne devrait pas être listé les références bibliographiques. Les annexes ne sont pas non plus convoquées dans la présentation. Au besoin, lors de la discussion qui suit l'exposé, le présentateur peut inviter le participant qui voudrait des détails additionnels à se référer au document originel, non sans avoir fourni au préalable quelques éléments de réponse succincte.

L'intitulé des pages devrait correspondre au plan de présentation, et toutes les sections listées dans le plan devraient apparaître dans le corps de la présentation. Un changement d'intitulé et le rajout ou l'absence de sections peuvent créer une confusion et rendre le suivi de la présentation relativement difficile. C'est à l'image d'une trajectoire sans cesse modifiée qui rend le déplacement erratique et imprévisible, avec une crainte de ne point parvenir à la destination annoncée.

Sur la page concernant les résultats, il peut souvent être difficile de reporter un tableau relativement grand. L'amener sous ses dimensions, son format et son contenu originels le rendrait, au mieux, illisible. Deux options peuvent alors être envisagées. Il peut être élagué du tableau des informations dont on peut faire l'économie sans pour autant compromettre le sens général du contenu. Par exemple, les écarts-types estimés peuvent être omis, dans la mesure où les étoiles sont utilisées pour renseigner sur les degrés de significativité. Le tableau s'en trouve alors réduit de près de la moitié et contenir aisément sur une seule page.

L'option alternative consiste à envisager un tableau tronqué, qui ne contient que les résultats jugés significatifs pour les besoins de la présentation. Ces résultats portent pour l'essentiel sur la variable d'intérêt qui fonde le message primaire et sur quelques autres variables de contrôle qui sont la base des messages secondaires. Si cette option est choisie, alors le présentateur doit s'empresser d'indiquer que le tableau présente des résultats parcellaires, et que l'intégralité des résultats peut être retrouvée dans le document.

Il peut être très utile, dans certains cas, de prévoir des pages complémentaires, qui jouent le même rôle que les annexes. Elles viennent après la dernière section. Elles ne devront pas faire partie de la présentation générale, et ne devraient pas non plus être listées dans le plan de présentation. Leur but est d'offrir, lors des échanges avec les participants, et à leur demande, des éléments d'explication additionnelle. Ils peuvent par exemple contenir la liste des pays inclus dans l'échantillon, les démonstrations de formules sophistiquées et des résultats additionnels d'estimations ou de tests.

Quelques généralités sur le style et le format

Pour ce qui est du format général, il est une fois de plus important d'adapter le style de rédaction des pages ainsi que le niveau de détail (et le langage) au profil général de l'audience. Le format devrait également être consistant : le type de caractère doit être identique tout au long des pages, et la taille de la police devrait être unique pour les subdivisions de même niveau, avec différenciation entre les subdivisions de niveaux différents. Dans la mesure du possible, les subdivisions plus poussées devraient être évitées (troisième niveau par exemple), pour éviter des textes dont la taille tellement réduite les rend illisibles.

Les pages ne devraient point être surchargées. Un texte touffu est difficile à lire. Elles devraient plutôt être aérées et donner l'impression visuelle de respirer. Elles devraient ainsi permettre à l'assistance de capter aisément et rapidement l'information fournie, ce qui peut libérer leur attention qui se tourne alors de la lecture des pages projetées à l'écoute du présentateur qui offre des détails explicatifs.

Le nombre de pages devrait être aussi réduit que possible. Cette minimisation ne devrait toutefois pas être obtenue au prix d'une surcharge des pages. La parcimonie et l'esprit de synthèse commandent un nombre limité de pages, qui ne sacrifie pas la clarté et la concision du message à transmettre et aide dans la gestion du temps relativement court de la présentation. En général, l'économie de temps vaut mieux qu'un dépassement qui, du reste, n'est pas permis dans le planning de la plupart des rencontres. Les minutes ainsi libérées offrent plus d'espace à la discussion et aux feedbacks qui sont tout aussi importants que l'exposé.

Le style de phrases (sujet-verbe-complément) est à éviter, le chercheur doit privilégier l'approche de notes qui fondent les diaporamas. Ces derniers ne sont point des pages standard de texte (PowerPoint n'est pas Word). Ils devraient plutôt être conçus comme une aide à la présentation orale, en listant les points qui seront exposés. Les remplir de phrases relativement longues risque de faire de la présentation une séance de lecture collective, chaque participant cherchant à lire ce qui est projeté (et à écouter à peine le présentateur). Il s'agit d'une communication orale, et non écrite, le support servant d'appoint.

Par exemple, « *Aversion au risque plus élevée chez les femmes entrepreneures* » pourrait être préféré à « *Le niveau d'aversion au risque est plus élevé chez les femmes entrepreneures que leurs homologues* ». « *Objectif général : analyser la contribution des procédures douanières à la performance à l'exportation des firmes* » pourrait se substituer à « *L'objectif général consiste à analyser la contribution de la qualité des procédures douanières à la performance des firmes sur les marchés d'exportations* », tout comme « *Approche 1 : modèles de comptage* » à « *La première approche méthodologique repose sur les modèles de comptage.* »

Les notes de bas de page devraient être utilisées. On y retrouve par exemple les numéros de pages qui pourraient faciliter les référencements lors des discussions. Le titre de la présentation peut également y être rappelé. Les en-têtes peuvent être utilisés pour indiquer le déroulement des sections constitutives du plan, dans la mesure où l'éditeur le permet (comme pour Beamer de *Scientific Workplace*).

Il est souvent indiqué de se servir de moyens de mise en évidence d'une partie donnée du texte ou des tableaux. C'est généralement le cas si l'on veut suffisamment insister sur un aspect donné ou pointer vers un résultat dans un tableau relativement fourni. Il peut être fait recours à des couleurs différentes ou le caractère gras.

Les images ou photos peuvent également être utilisées. Au même titre que les graphiques ou les tableaux, elles peuvent être plus révélatrices d'un fait donné qu'un long texte. Encore faudrait-il qu'elles soient bien choisies. Par exemple, le support de présentation d'une recherche sur la pauvreté peut contenir la photo d'un vieux mendiant dans la rue et celui sur la qualité des infrastructures du commerce extérieur la photo d'un terminal portuaire relativement encombré.

L'usage de vidéos n'est pas très courant. Le temps relativement long que prend leur diffusion les rend peu adaptées aux format et exigences de la présentation. Même si elles peuvent être utiles dans certains cas, les vidéos peuvent être très encombrantes. Elles requièrent par exemple une luminosité et un contraste de couleurs appropriés et une qualité sonore adéquate. Autant de conditions difficiles à réunir dans une salle de présentation. Les images et photos devraient leur être préférées.

Il peut être utile de se servir de supports additionnels, comme les fiches de synthèse. Elles répertorient des éléments explicatifs ou des idées et informations additionnelles qui accompagnent diverses parties du support projeté. Ces aide-mémoire peuvent en effet être très précieux si l'auteur veut exposer toutes les idées et argumentations qui garantissent la clarté du message. Par exemple, en discutant le tableau de résultats, les notes peuvent répertorier deux ou trois arguments que l'auteur peut évoquer dans leur interprétation.

Les fiches peuvent également être utiles pour bien lancer la présentation et éviter au chercheur de vasouiller. Elles peuvent en effet l'aider à entrer rapidement dans le vif du sujet, sans trébuchement ni hésitation qui laisseraient transparaître un manque de confiance, une inexpérience, voire une faible maîtrise du sujet. Bien conçues, d'une part, et utilisées de façon stratégique (coups d'œil furtifs), limitées et sans distraction apparente, d'autre part, les fiches peuvent aussi aider à limiter les effets du stress qui peuvent aller jusqu'au déraillement de la présentation.

Il ne sera jamais suffisamment répété que la relecture est primordiale pour éviter les fautes de style. En augmentant la magnitude des textes portés à l'écran et devant une assistance à laquelle aucun élément projeté ne pourra échapper, la projection va ainsi littéralement amplifier les fautes et autres incongruités de style de rédaction du support. Comme mentionné plus haut, la qualité du style est suggestive du degré de sérieux avec lequel l'auteur traite son thème de recherche et de la considération vis-à-vis des membres de l'assistance. Chercher à convaincre ces derniers de l'importance et de la portée de la recherche requiert plutôt un support de présentation bien soigné et esthétique, autant d'attributs obtenus à partir d'une relecture méticuleuse et répétée.

Illustration

À titre d'illustration, il est reproduit ci-dessous le support (PowerPoint) ayant servi à la présentation d'un projet de recherche sur le thème de l'environnement des échanges et le comportement des entreprises sur les marchés extérieurs.

AERC – New research proposal

Trade costs, trade facilitation, and trade behavior of sub-Saharan African firms

Abdoulaye Seck
Cheikh Anta Diop University
Dakar, Senegal

Outline

- Research issue
- Objectives
- Methodology
- Data and descriptive analysis
- Expected results

Research issue

- Cross-border trade more costly in sub-Saharan Africa (SSA)
  - More time to clear customs
  - Imports: 16.8 days, against 11.3 in the rest of the developing world (RoDW)
  - Exports: 8.4 days, against 7.2
- Other impediments to cross-border trade and trade potentials:
  - Higher incidence of power outages (count/month): 27.1, against 24.1
  - Less access to credit (trade finance): 20.3%, against 39.1%
- SSA: place where firms trade less with outside world
  - Exports participation: 16.2%, against 24.1% in the RoDW)
  - Imports participation: 22.3%, against 31.3%

Research issue

- Costly trade environment: shown to reduce both trade participation and trade intensity
- From the latest trade theories:
  - Heterogeneous firms with different profitability profiles (productivity/cost structure) (Melitz, 2003; Bernard et al., 2006 and 2003)
  - Cut-off entry cost above which firms do not export/import
  - As trade transaction costs get reduced (trade facilitation initiatives), more firms enter international trade

Research issue

- From the empirical literature that focuses on Africa: falling trade costs associated with various benefits
  - **Increased trade participation and propensity (Hoekman and Shepherd, 2015; Hoekstra, 2013)**
  - Increased survival of exporting firms (World Bank, 2012)
  - Improved trade diversification along the product line, and reduced vulnerability to foreign shocks (Dennis and Shepherd, 2011)
  - Increased competitiveness of the economy (Spence and Karingi, 2011; Halpern et al., 2015)
  - Reduced incidence of informal cross-border trading (Lesser and Moise-Leeman, 2009)

Research issue

- Uncertainty about the relative effectiveness and priority issues for multilateral agreements in the area of trade
- Contribution:
  - Improvement over key papers on SSA
  - Unlike Hoekman and Shepherd (2015): broader measures of trade facilitation
    - Help with the prioritization issue
  - Unlike Hoekstra (2013): both sides of trade (imports/exports)
    - Short term adjustment of balance of payments
  - Answers to longstanding questions:
    - "Why don't African manufacturers export more?" (Clarke, 2005)
    - Whether "Africa is different" (Innow and Kirkpatrick, 2009)

Objectives

- Assess the beneficial impact of trade infrastructure improvement from firms' perspective
  - How trade facilitation initiatives increase trade participation and intensity
  - Consider a larger set of trade facilitation measures
  - Look at both sides of trade (imports and exports)
  - Sub-Saharan African firms versus firms in the RoDW
  - Distributional effects (heterogeneity): which firms/sectors stand to gain the most

Methodology

- Two-part selection model
  - Part 1: Trade participation (selection into foreign markets)

$$y_j^* = X_j'\beta_1 + \mu_j$$

$$y_j = \begin{cases} 1 \; if \; y_j^* \geq 0 \\ 0 \; if \; y_j^* < 0 \end{cases}$$

$$\Pr(y_j = 1|X_j) = \Pr(y_j^* \geq 0) = \Phi(X_j'\beta_1)$$

  - Part 2: Trade intensity

$$\mathrm{E}(trade_j|y_j = 1, X_j) = \Phi(X_j'\beta_1) \cdot \exp(X_j'\beta_2 + \sigma^2/2)$$

  - Modeling approach: Tobit, *hurdle*, or Heckman models

Methodology

- Estimation strategy
  - Exports vs. Imports
  - Pool, then separate SSA vs. rest of the developing world
- Variables:
  - Y-variable in selection equation: 1 for trading firms, 0 otherwise
  - Trade intensity: export/output; imports/total costs
  - Trade infrastructure: customs efficiency (# days to clear), regulation (management time spent dealing with regulation), telecommunications (use of email/web), energy (# power outages), and access to finance
  - Control variables: size, productivity, age, legal status, ownership, experience of top managers, international certification, geographical location, FDI spillovers (and export/import spillovers: instruments)

Data and descriptive analysis

- World Bank's Entreprise Surveys
- 78 developing countries (20 in SSA)
- From 2010 to 2016
- 49,743 firms (11,547 in SSA)

Data and descriptive analysis

	SSA	RoDW	All
Firms' distribution (count)	11,547	38,196	49,743
Exporting firms (direct and indirect, % of total)	16.2	24.1	22.3
Importing firms (direct and indirect, % of total)	22.3	31.3	29.2
Export intensity (% of sales)	49.7	47.8	48.1
Import intensity (% of input purchases)	55.0	51.8	52.4
Border: Exports (# of days to clear customs)	8.4	7.2	7.3
Border: Imports (# of days to clear customs)	16.8	11.3	12.3
Telecommunications (e-mail or web, %)	54.6	79.1	73.4
Regulation (management time spent, hours)	8.9	10.9	10.4
Energy (number of power outages)	27.3	24.1	25.3
Access to finance (% of total)	20.3	39.1	34.7

Data and descriptive analysis

- Trade infrastructure and the likelihood to trade

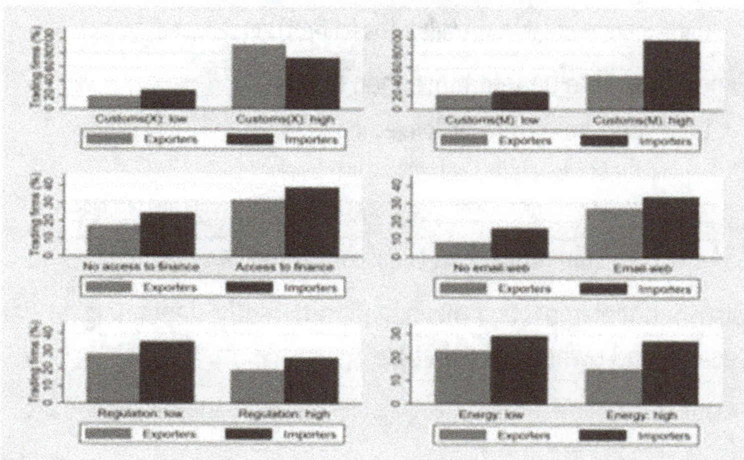

Data and descriptive analysis

- Trade infrastructure and trade intensity

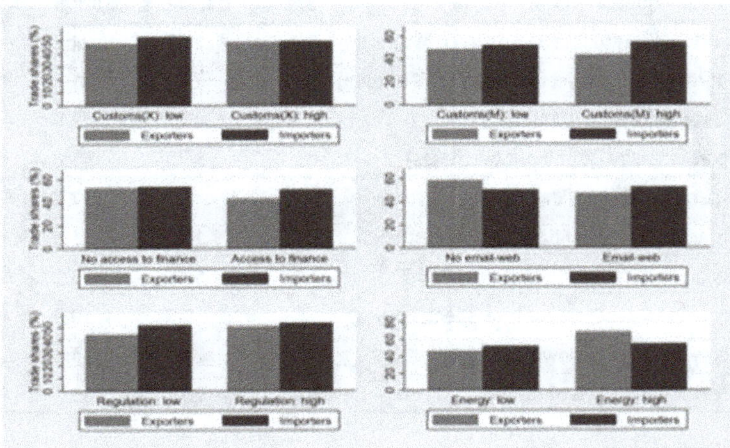

Expected results

- Facilitating trade will improve trade participation and trade intensity
  - Trade more profitable as trade costs (cut-off) get reduced
- Exports stand to benefit more than imports
  - Trade structure and production technologies:
    - Imported capital goods, fixed production technology
    - Exported raw or manufactured goods, below-capacity production techniques
- SSA firms to gain more than their counterparts
- Distributional impacts: firms benefit differently, depending on size, sectors, and ownership structure

Autant que possible, il est appliqué de façon stricte les règles générales qui guident l'élaboration du contenu et le format des pages :

- une page de titre avec des informations limitées ;
- un plan relativement succinct ;
- des titres qui reprennent fidèlement le contenu du plan ;
- des pages qui ne sont pas surchargées, mais plutôt bien aérées ;
- un texte organisé en format de titre, pas de phrases (charge à l'exposé oral d'éclater ce format écrit condensé) ;
- une uniformité du type de caractère et de la taille de la police pour des subdivisions de niveau identique ;
- un tableau et des graphiques bien lisibles ;
- un fond blanc qui permet une bonne lisibilité ;
- une numérotation des pages ;
- pas de fautes (peut-être !).

Une discussion sommaire et informative de la littérature dans la première section est préférée à une section séparée sur la revue de la littérature. La flexibilité qui autorise la libre expression de préférences dans la limite des exigences canoniques se matérialise par l'absence des hypothèses de recherche. Cette ellipse volontaire n'entame pas l'objet principal de la présentation. Le choix est fait d'inclure les résultats attendus, en dépit de leur caractère spéculatif. Il n'est fait mention ni de la liste des références bibliographiques, ni du budget indicatif. Avec seulement 12 pages (à l'exclusion des deux premières), l'exposé a su bien utiliser le temps de présentation de 25 minutes, et sans doute réussi à renseigner clairement sur le « quoi », le « pourquoi » et le « comment » du projet de recherche.

Une fois le support de la présentation prêt, il est important de le sauvegarder en plusieurs formats. Il peut être considéré un format PowerPoint avec différentes versions correspondant aux extensions. PPT et. PPTX, et un format Acrobat (.PDF). Le risque est que l'ordinateur disponible pour la présentation ne parvienne pas à ouvrir un format donné. Comme indiqué plus haut, le format Word devrait être évité, car il ne se prête pas aisément à une présentation.

En outre, plusieurs supports électroniques de sauvegarde devraient être considérés. Le fichier de présentation, ainsi que le document originel et éventuellement la fiche de synthèse, en plus des copies disponibles dans l'ordinateur, peuvent être sauvegardés sur une ou deux clés USB. Ils peuvent être envoyés à soi-même par messagerie électronique et sauvegardés dans différentes boites de réception correspondant à deux ou trois adresses électroniques. Ils peuvent également être postés dans les espaces de sauvegarde virtuels (*cloud*) comme Dropbox. Toutes ces précautions mettent le présentateur à l'abri de surprises bien désagréables que l'électronique pourrait jouer à quiconque croit à son infaillibilité.

Les anecdotes ne manquent sans doute pas pour illustrer des situations embarrassantes dans lesquelles se sont retrouvés bien des présentateurs infortunés. C'est le cas du chercheur invité à une conférence internationale d'envergure en 2009. Lorsqu'arriva son tour de présenter, son fichier de présentation ne pouvait s'ouvrir. Pour sauver la face, le chairman lui demanda de parler des grandes lignes de sa recherche dont il pouvait encore se remémorer. Sauvegarder le fichier en plusieurs formats et à différents endroits lui aurait d'une part épargné une gêne très palpable devant cette déconvenue à bien des égards humiliante et, d'autre part, permis de tirer tout le bénéfice attendu de l'événement, notamment des feedbacks fort intéressants de l'assistance sur divers aspects de son travail.

La pratique de la présentation

Les enjeux liés à la présentation d'un travail de recherche devraient amener le chercheur à s'exercer, à l'image d'un athlète qui s'apprête à prendre part à une compétition majeure. Il est quasiment difficile d'imaginer la réussite d'une présentation sans des exercices préalables qui peuvent être d'ampleur et de formats bien différents, tout comme il est difficile pour l'athlète de remporter la course sans s'être entrainé au préalable.

Au premier rang des avantages de la pratique figure la possibilité d'ajuster le contenu général de la présentation de façon à ce que le support et son exposé oral puissent contenir dans les limites du temps imparti. Durant l'exercice de présentation, le chercheur a ainsi une meilleure appréciation de sa capacité de gestion de la contrainte de temps qui s'imposera le moment venu. S'il dépasse la limite temporelle, c'est sans doute en raison du contenu relativement volumineux. Il devra le cas échéant penser ajuster le contenu, en élaguant des éléments qui ne risquent toutefois pas de sacrifier ni l'intégrité informationnelle du message, ni la clarté de l'exposé.

À l'opposé, le cas d'une présentation qui n'épuise pas le temps est suggestif d'un contenu relativement limité, faiblement étoffé ou incomplet. L'ajustement à considérer est alors le rajout au contenu de façon à détailler davantage le message à transmettre. À défaut, le chercheur peut décider de verser cette économie de temps dans les discussions qui suivront afin de recueillir plus de commentaires et de suggestions.

Les raisons d'un dépassement ou d'un non-épuisement du temps imparti peuvent par contre être liées au rythme relativement lent ou rapide de la présentation. Les pertes de temps dans les transitions, les développements inutiles, ou la difficulté dans l'argumentation d'un aspect donné de la présentation doivent être corrigés, ramenant ainsi la présentation dans les limites temporelles autorisées. A contrario, un rythme relativement soutenu, des argumentations sommaires, la parcimonie poussée à l'extrême, ou le défaut d'observance de pauses stratégiques qui peuvent amener à finir avant l'heure, devraient également être évités afin de rajouter à la clarté du message. L'équilibre correspondant au juste milieu de l'oralité bien mesurée (*streamlining*) devrait être recherché. Il peut être le fruit de la pratique (répétée) de l'exercice de présentation.

En définitive, l'exercice de la présentation peut permettre une meilleure allocation du temps entre les différentes sections ou parties de l'exposé. En phase avec les attentes de l'assistance et du chercheur communicant, l'exposé mettra plus l'accent sur certains segments du travail que d'autres. Cela renvoie à la nature stratégique de la présentation mentionnée plus haut. En outre, s'il est de coutume d'avertir du passage du temps, en particulier à l'approche de la limite, le présentateur devra s'exercer à définir des repères temporels. À un niveau donné de la présentation, correspondant à une fraction du matériel déjà couverte, il devrait lui associer une fraction similaire du temps total. Par exemple, le milieu de sa présentation devrait correspondre à la moitié du temps (si tous les segments du travail sont pondérés de façon égale) ; et en abordant les implications (ou conclusion), il devrait entamer la dernière minute (ou les deux dernières minutes).

Les deux parties de la présentation qui semblent le plus dévorer le temps sont le titre et le plan. Les balbutiements de départ, ajoutés au stress, et certaines formalités qui peuvent, à bien des égards, être indésirables (salutations excessives, expressions de gratitude et remerciements, l'historique de la recherche, etc.) contribuent à scotcher la présentation relativement longtemps sur la page de titre. La lecture des sections constitutives du plan et éventuellement la précision de leur objet peut faire perdre un temps précieux. S'il est vrai que le nombre limité de sections et le style rédactionnel suffisamment clair peuvent rendre l'appropriation du contenu de la page relativement facile, alors le présentateur peut faire l'économie de la lecture. Il peut juste se contenter de présenter l'objet général du plan et rappeler que son contenu est ce qu'il y a de plus standard, tout en veillant à laisser suffisamment de temps à l'assistance pour le parcourir.

La liste des avantages de la pratique compte également une meilleure familiarisation du présentateur avec le contenu de sa présentation. Une bonne connaissance des éléments constitutifs de chaque partie, ainsi que de leur ordre d'apparition, peut aider à un déroulé continu et fluide de la présentation. Tout comme avec le texte, l'architecture de la présentation devrait reposer sur un fil conducteur, de façon à parvenir à « raconter une histoire », avec un flot qui coule tout aussi naturellement. Les mots, expressions ou phrases adéquats peuvent aider à une transition harmonieuse et souple d'un argument à l'autre, d'une page à l'autre, d'une section à l'autre, rendant ainsi la présentation relativement facile et agréable à suivre.

Se passer de la pratique, c'est s'exposer aux risques qui sont à l'opposé des bénéfices associés à une bonne gestion du temps et une meilleure familiarisation avec le contenu. Si le dépassement du temps n'est pas permis, le chairman peut alors stopper net la présentation à l'épuisement du temps alloué. Le message que le chercheur voulait transmettre n'en sera qu'incomplet. Si par contre le dépassement est autorisé, alors le temps des discussions en sera réduit d'autant, privant le chercheur d'éventuels feedbacks fort utiles. Ce dépassement peut souvent causer une frustration pour les membres de l'assistance qui peuvent avoir l'impression que le chercheur abuse de leur temps précieux.

Par ailleurs, en démontrant ainsi son incapacité à contenir sa présentation dans les limites temporelles, le chercheur enverrait le signal qu'il n'aurait pas bien préparé sa présentation ou qu'il ne se serait pas suffisamment exercé, ou encore qu'il ne serait pas l'auteur du contenu de la présentation ou de la recherche.

Le défaut de familiarisation avec le contenu et la séquence des pages peut conduire à un exposé décousu, déstructuré et discontinu. Ces risques peuvent être atténués par la pratique qui contribue alors à garantir une efficacité remarquable à cet exercice de communication.

En s'exerçant à la présentation, le chercheur peut considérer le format le plus proche de l'évènement réel auquel il participera. Il peut convier des collègues ou camarades, voire des amis ou proches, à une séance dont le format devra reproduire les conditions réelles, dans la limite du possible, notamment le temps de l'exposé et des discussions et la disposition de la salle. Pour un étudiant qui envisage la soutenance d'une thèse de Master ou de Doctorat, la pré-soutenance est synonyme de pratique.

Lors des discussions, en plus des feedbacks sur la substance de la recherche, il est important de recueillir des appréciations sur la forme et la qualité générale de la présentation, en partant des diaporamas jusqu'au langage verbal et gestuel et la clarté du message. Il peut aussi être utile de chronométrer la présentation, et même de s'enregistrer ou se faire enregistrer (le son uniquement ou les images en plus). C'est un moyen efficace d'avoir une meilleure appréciation réelle de sa prestation, en plus d'être plus fiable que les feedbacks de l'assistance qui peuvent être entachés du biais de subjectivité.

S'il peut être difficile, voire impossible, de recourir à ce type d'exercice en pratique, le chercheur peut envisager « une présentation à soi-même ». Il s'agit de parcourir les pages, de s'imaginer devant l'audience et de dérouler, d'oraliser si possible, la présentation. Bien que de portée relativement limitée lorsqu'il s'agit d'apprécier sa prestation orale, ce format permet bien une familiarisation avec le contenu de la présentation. Il a également l'avantage de se prêter à une répétition à volonté (dans le taxi en route pour l'aéroport, dans la salle d'embarquement, ou dans l'avion à plus de 30000 pieds), à tel point que le chercheur finit par mémoriser le contenu du support et les éléments constitutifs de l'argumentation orale. Nul doute que la présentation en pratique qui s'ensuivra sera une prestation orale réussie.

b. La présentation en pratique : un art oratoire

La présentation est sans conteste un art oratoire. Il s'agit à plusieurs égards d'une prestation artistique : elle doit être captivante, engager l'audience, connecter avec elle, la faire adhérer à l'exercice et l'amener à en redemander à la fin de la présentation, tellement l'exercice aura été plaisant. Ce qui est vrai de la sagesse s'applique également au talent qui sous-tend l'art oratoire : il n'est point le produit de l'école, mais d'une tentative continue de l'acquérir. L'apprentissage par la pratique (*learning by doing*) est ainsi le moyen de développement du savoir-faire en matière de présentation : plus on présente, mieux on sait présenter, et plus on est confortable dans l'exercice. Ce processus cumulatif est certes irremplaçable, mais les bénéfices peuvent être engrangés relativement tôt si des règles simples qui fondent le succès de beaucoup de présentateurs sont appliquées.

La séance de présentation est généralement divisée en deux parties principales, selon le format classique des séminaires de recherche. La première porte sur l'exposé oral de l'auteur et la seconde sur les discussions, moment d'interactions entre le présentateur et les participants : commentaires, critiques et suggestions de ceux-ci, réactions de celui-là. Dans certains cas, ces deux parties ne sont pas distinctes, mais plutôt imbriquées, le chercheur pouvant alors être interrompu à tout moment au cours de l'exposé. En prélude à la présentation, le chercheur devrait prendre connaissance du format et des conditions générales du déroulement de la présentation.

Quelques préalables à la présentation

Il est généralement utile de s'informer au préalable des dispositions générales de la présentation, dans la mesure du possible. Il s'agit en particulier de la durée de la présentation (exposé et discussions), du nombre de participants et leur profil scientifique ou professionnel, de la disposition de la salle de présentation, de la position lors de la présentation (debout ou assise, proche ou loin de l'ordinateur ou de l'écran de projection), en plus du format retenu pour la présentation (exposé suivi de discussions, ou une imbrication des deux). Tous ces aspects peuvent commander des ajustements spécifiques dans la technique générale de présentation.

En outre, il est important de s'assurer que les risques de survenance d'un quelconque problème d'ordre technique sont amoindris. Par exemple, si un ordinateur autre que le sien est utilisé pour la présentation, il est recommandé bien avant le démarrage de la séance d'y sauvegarder son fichier de présentation et de vérifier qu'il s'ouvre bien. Échanger avec le président de séance, les autres présentateurs ou quelques membres de l'assistance peut être bien utile. Le chercheur pourra ainsi prendre connaissance des règles établies pour un bon déroulement des présentations. Il pourra également se familiariser avec les participants dont il aura une idée du profil et de l'intérêt et recueillir quelques feedbacks à ce stade, ce qui donnera éventuellement lieu à des réajustements de sa technique de présentation.

Une des difficultés majeures auxquelles le présentateur peut être confronté est le stress. Ce dernier est nourri en partie par la morphologie et la solennité de l'assistance, les enjeux de l'exercice ou encore le faible degré de maîtrise du contenu de la présentation ou de la langue. Si pour certains ce stress peut être inné (peur viscérale de prise de parole publique) et nécessite en conséquence des efforts personnels relativement lourds, il est pour beaucoup le produit d'appréhensions circonstancielles du moment qui peuvent facilement être levées. Le premier élément d'une gestion efficace du stress est la pratique préalable de la présentation, telle que développée plus haut : la bonne maîtrise du contenu que les exercices permettent peut insuffler une confiance à tous crins qui libère alors tout le potentiel oratoire du présentateur.

La crainte suscitée par l'audience peut naître de la perception que les participants ont un niveau d'expertise si élevé qu'ils trouveront la présentation peu intéressante ou qu'ils la dévaloriseront. Il est crucial de se convaincre du contraire. Tout d'abord, de par leur présence, les participants témoignent pour l'essentiel un intérêt et une valeur qu'ils attachent à la recherche. Ensuite, si le travail de recherche est suffisamment bien mené et le chercheur sûr de son fait de recherche, alors cela devrait suffire à le hisser au niveau d'expertise éventuellement avancé des participants. En outre, s'il est vrai que la crainte est souvent associée à l'inconnue, le chercheur peut vouloir échanger avec les participants avant la présentation. Il pourra ainsi créer un climat cordial et détendu qu'il pourra prolonger au moment de la présentation formelle. Un bon état d'esprit, à la fois positif et relax, est primordial pour la réussite d'une présentation.

L'exposé oral

Le moment du démarrage est très déterminant pour la suite de toute la présentation, et sortir les premiers mots peut être un défi important. L'entame peut être lente, laborieuse, poussive, et donner l'impression d'une présentation ratée d'avance, à l'image d'un train au démarrage. C'est sans doute le moment où le stress est à son paroxysme. S'il peut être la cause d'un mauvais démarrage, ce dernier peut également rajouter au stress, plongeant ainsi le présentateur dans un cercle vicieux où le stress se renforce de ses résultats. Il est alors utile de préparer à l'avance une ou deux phrases d'attaque qui permettent de bien lancer la présentation, à l'image du train qui a besoin d'une forte poussée pour se mettre en branle. Il peut par exemple s'agir de mots de remerciement et de salutation et une indication de l'objet de la présentation, comme pour la présentation d'un projet de recherche intitulée « Infrastructure commerciale et performance extérieure des entreprises en Afrique » qui peut commencer ainsi :

> « Merci cher président de séance, bonjour à tous, merci d'être présents. Le travail de recherche que je vais présenter aborde la problématique des infrastructures commerciales en Afrique du point de vue de la performance des firmes. Il s'agit en particulier d'analyser l'impact d'une amélioration de leur qualité sur la décision de participation aux marchés extérieurs et l'intensité avec laquelle les firmes échangent avec le reste du monde ».

La page de titre est déjà portée à l'écran pendant que l'auteur introduit sa présentation. Durant la bonne quinzaine de secondes environ que dure cette introduction, les participants auront eu le temps de s'approprier le contenu : le titre, le nom de l'auteur et son institution d'affiliation. Le présentateur peut alors enchainer directement avec la page suivante portant sur le plan, qui peut être accompagnée de :

> « Pour ce qui est du plan de présentation qui est relativement standard, j'exposerai en détail l'objet de la recherche, ensuite en quoi il est intéressant du point de vue scientifique et de la politique économique, et enfin comment je compte m'y prendre pour répondre à la question de recherche. »

Il n'est pas listé les sections constitutives de la présentation, le choix est plutôt fait de renseigner directement les attentes des participants. Il est ainsi donné une assurance que le présentateur est bien au fait de ces attentes et que sa présentation va bien les satisfaire. Comme avec la page de titre, le temps de l'exposition orale pourra dépasser le temps de la prise de connaissance du contenu de la page par les participants. Ce principe général de différenciation temporelle, qui gouverne toute la présentation, est plus en phase avec le caractère oral de l'exercice. Il exige une plus grande attention aux dires du présentateur plutôt qu'à l'écrit porté à l'écran. Les participants devraient être en mesure de s'approprier tout le contenu des pages d'une part, et les éléments d'explication détaillée fourni oralement par le présentateur d'autre part. Ce différentiel ne devrait pas toutefois être trop important : si le contenu est suffisamment clair et compris par l'audience, point besoin d'éterniser les développements qui deviennent alors inutiles, voire agaçants.

La réussite de cette entrée en matière est cruciale pour d'autres raisons. Les premiers pas de la présentation sont généralement le moment de capter l'attention des participants, de gagner leur adhésion, et de les convaincre de l'intérêt de suivre jusqu'au bout de la présentation. C'est à l'exemple des premières phrases de la problématique dans le texte du projet ou de l'article fini ou encore de la première phrase du résumé du *policy brief* qui, bien conçues, garantissent une lecture intégrale. Ne pas perdre du temps et entrer rapidement dans le vif du sujet permettent de scotcher assez tôt l'intérêt et l'attention des participants qu'il faudrait veiller à ne point perdre dans la suite de la présentation.

Pour aider à maintenir cette connexion établie dès le départ, un grand soin doit être apporté au langage verbal tout comme le langage non-verbal. Le ton ne devrait pas être monotone, au risque d'endormir les participants. Le présentateur devrait plutôt jouer sur l'intonation. Une musique sur un même tempo n'a sans doute jamais fait la célébrité d'un chanteur. La variation du volume (qui ne doit être ni trop élevé jusqu'au point du vacarme assourdissant, ni trop bas jusqu'au murmure ou chuchotement) et l'adaptation du débit (ni trop rapide jusqu'à laisser l'assistance à la traîne, ni trop lent jusqu'à créer l'ennui) devraient être guidées par le sens de l'équilibre qui garantit l'efficacité de la communication.

La modulation de la tonalité, qui renvoie aux changements de ton, d'accent et d'intensité de la voix, répond également à d'autres exigences qui fondent sa nature stratégique. Arrivé à un point sur lequel il souhaiterait recueillir plus de feedbacks, le chercheur peut alors ralentir le rythme de progression. L'idée est que le temps relativement long d'exposition d'un point donne l'opportunité aux participants de se l'approprier davantage et de le creuser encore plus. Par conséquent, ces éléments de contenu qui auront reçu plus d'attention ont plus de chance d'occuper une place importante dans les discussions qui suivront. En outre, pour bien marquer l'importance relative d'un résultat ou d'un élément donné du message, le présentateur peut par exemple, en plus de baisser le ton, observer une courte pause après l'avoir exposé. Ce caractère solennel envoie un message suffisamment perceptible à l'assistance : ce qui vient d'être dit est important et doit être considéré comme tel. Toutefois, il ne faudrait pas abuser des pauses, qui ne doivent ni être répétitives ni tirer en longueur.

À côté du langage verbal qui fait référence à la parole et aux mots, le langage non-verbal ou corporel joue un rôle capital dans la réussite de la présentation orale. Le corps communique en effet, tout comme la parole, voire plus encore. De par ses gestes, mouvements, regards, expressions faciales et autres aspects du langage corporel, le chercheur renvoie des informations précieuses à l'assistance. Selon le cas, toutes ces tournures du langage non-verbal peuvent contribuer à la clarté et la crédibilité du message, ou par contre ruiner toute la présentation. Une gesticulation bien mesurée, un regard empreint de confiance et une expression faciale amicale qui respire l'aisance sont autant d'atouts qui renforcent la connexion avec l'assistance et garantissent un intérêt continu à la présentation.

À l'opposé, un corps figé et inexpressif qui donne l'impression cadavérique d'une présentation peu vivante devrait être évité. En accordant autant d'importance à l'expression corporelle qu'au langage verbal ou à l'écrit, la présentation sera alors bien animée et les participants ne regretteront pas d'y avoir pris part. Qui regretterait en effet d'avoir suivi une prestation artistique réussie, si ce n'est un non-connaisseur ?

S'il est fortement recommandé de balayer du regard toute l'assistance, il peut être utile de l'utiliser de façon stratégique afin d'en tirer tous les bienfaits potentiels. Au-delà de l'obligation d'implication de chaque participant, le contact visuel peut donner une idée de la qualité de la présentation et de l'intérêt qu'elle suscite dans l'assistance. Des participants somnolents ou inattentifs, des expressions faciales révélatrices d'un ennui, d'un inconfort ou d'une désapprobation sont autant de signaux qui appellent des ajustements instantanés. Ces signaux sont en effet des invitations à réviser l'intonation, à articuler suffisamment, à essayer de convaincre davantage, ou encore à réduire ou à rajouter le niveau de détails dans les argumentaires. Dans certains cas, rien de mieux qu'une brève anecdote, liée au point développé, pour réveiller ou recapter l'attention de l'assistance.

Le caractère stratégique du balayage du regard suppose que, même si tous les participants méritent leur part de contact visuel, certains pourraient en recevoir plus que d'autres. Les visages « amicaux » et « agréables » dont l'expression joviale apaise et insuffle la confiance ou un nouvel élan sont à privilégier. Par contre, les visages sombres, lugubres, voire agressifs, qui ont la capacité de jeter le trouble et la confusion dans l'esprit du présentateur ne méritent que des regards furtifs. Cette approche de pondération différenciée des temps de contacts visuels peut être fort utile pour le présentateur en proie au stress ou inexpérimenté : les regards familiers, encourageants et appréciatifs peuvent être très réconfortants. Le caractère stratégique du regard devrait toutefois être contrebalancé avec le sens de la mesure qui commande une approche inclusive.

Le contact visuel interdit au présentateur de lire les pages portées à l'écran ou sur l'ordinateur ou de s'y attarder. Cette lecture donne l'impression que le présentateur s'adresse à l'écran ou à l'ordinateur plutôt qu'aux participants. Le risque d'être longtemps scotché aux diaporamas est d'autant plus élevé que ces derniers sont surchargés ou contiennent des phrases qui demandent un temps long au présentateur et à l'audience pour prendre connaissance du contenu. La présentation finira alors par s'apparenter à une séance de lecture collective.

Comme indiqué plus haut, le présentateur pourrait plutôt envisager les points portés sur les pages comme des repères qui balisent la trajectoire de son exposé oral. Entre deux points, que de distance à couvrir avec une argumentation orale. En outre, le présentateur peut user de la paraphrase ou aller directement à l'argumentation détaillée de l'idée portée sur la page sans avoir à lire le texte correspondant. Par exemple, si le point figurant sur la page lit : « *Coût plus élevé du commerce en Afrique* », le présentateur peut dire : « *Lorsqu'il s'agit d'échanges transfrontaliers, l'Afrique détient le record en matière de coûts associés* ».

La distinction entre l'expression orale et l'expression écrite nécessite un certain détachement de l'exposé oral du support de présentation, tout en reconnaissant que ce dernier sert de guide au premier. Ce détachement devrait toutefois garantir la fidélité de l'exposé oral au support écrit. Le présentateur veillera par exemple à ne pas développer de points qui ne sont absents du support, aussi importants fussent-ils. À l'opposé, il ne devrait pas omettre des éléments portés à l'écran, au risque de donner l'impression d'un exposé incomplet et de laisser les participants sur leur faim.

Le chercheur veillera scrupuleusement à contenir son exposé oral dans les limites du temps imparti. Le non-épuisement du temps peut être volontairement recherché, grâce à ses bénéfices tangibles. Il ne devrait toutefois point compromettre la clarté de l'exposé avec un débit accéléré et l'intégrité du message avec des développements insuffisamment détaillés. Il n'en est pas ainsi pour le dépassement dont le principal risque est de ne pas pouvoir terminer la présentation. S'il est pris de court par le temps et qu'il ne peut couvrir tous les éléments qui restent de sa présentation, il ne devrait point chercher à hâter l'exposé. En accélérant le rythme, il ne réussira sans doute pas à transmettre suffisamment clairement son message. L'option alternative à envisager est plutôt d'aller directement vers les points ou pages restants qu'il juge plus importants et esquiver le reste. Les discussions peuvent plus tard lui donner l'opportunité de revenir sur les points ainsi omis.

Pour bien mettre en exergue certains éléments précis portés à l'écran, le présentateur peut recourir à un pointeur. Le laser, qu'il faudrait utiliser avec parcimonie et surtout ne pas pointer en direction de l'audience, peut être très utile pour indiquer un chiffre dans tableau qui en contient en pagaille, ou un aspect précis d'un graphique, tel qu'un point de rupture de tendance par exemple. Une autre fonctionnalité peut être utilisée : le déroulement des pages. Il peut être plus commode que la transition manuelle lorsque le présentateur est debout ou éloigné de l'ordinateur. Il est de loin plus souhaitable que la transition électronique. Cette dernière devrait être évitée, car la synchronisation avec le déroulé de l'exposé est quasi-impossible. Il est utile de se familiariser avec le maniement du pointeur avant la présentation et éviter ainsi des ratées, par exemple en appuyant sur des touches qui ne correspondent pas à l'action souhaitée, tel que sortir du mode de présentation au lieu d'avancer à la page suivante.

La présentation peut terminer par des remerciements à l'endroit du président de séance et des participants. Elle peut en outre lancer une invitation à des commentaires sous forme de critiques ou suggestions de la recherche ainsi présentée, avec par exemple une indication des segments spécifiques sur lesquels l'auteur voudrait plus d'éléments d'appréciation.

Les discussions post-exposé

Les discussions offrent l'occasion aux participants d'apprécier la qualité du travail. Elles peuvent consister en des questions qui requièrent des précisions ou développements additionnels, des critiques portant sur des limites perçues du travail, ou encore des suggestions orientées vers divers aspects de la recherche, comme la littérature à compléter ou la méthodologie à améliorer. Dans la limite du temps, il est souhaitable de réagir à toutes les interventions de façon précise et complète. Les faux-fuyants ne devraient point être servis. Si la question est confuse, elle peut être retournée à l'intervenant qui pourra alors la repréciser. Si le point soulevé n'est pas bien compris, il peut être demandé des explications additionnelles, avec au besoin la possibilité de prolonger la discussion bilatérale à la fin de la séance.

Toute intervention de quelque participant que ce soit devrait être traitée avec tout le sérieux et le respect qu'elle mérite, même si les arguments avancés peuvent paraître peu signifiants. Si l'intervention donne l'impression que le discutant fait hors sujet ou qu'il n'a pas bien suivi la présentation ou lu le texte originel, c'est alors possible que la présentation n'a pas été suffisamment claire ou que le présentateur n'a pas réussi à convaincre. S'engager dans des tirades ou vouloir démontrer au discutant qu'il n'a pas compris ou qu'il a tort constitue sans doute une approche contre-productive qui peut faire perdre un temps précieux de discussion. Le présentateur devrait plutôt offrir des éléments d'explication additionnelle, en revenant au besoin sur les pages concernées.

Les réactions ou réponses du présentateur aux interventions de l'assistance ne devraient point être rudes. Ce n'est pas l'attitude attendue de celui qui quémande des contributions sous forme de suggestions devant améliorer la qualité de sa recherche, ou qui cherche à vendre ses résultats de recherche et leurs implications aux décideurs politiques, ou encore qui sollicite un appui financier pour conduire sa recherche. Le présentateur devrait plutôt être reconnaissant de l'effort, du temps et des contributions éventuelles des participants. Une telle reconnaissance pourrait être exprimée par diverses formules. Par exemple, chaque intervention individuelle peut être accueillie par « *Merci pour votre question* » ou « *Le point que vous développez est fort intéressant* ». La réaction finale à toutes les interventions peut être : « *Je vous remercie pour toutes ces interventions de qualité appréciable qui permettront d'améliorer la qualité générale du travail. Je ne manquerai pas au besoin de vous revenir pour un échange bilatéral plus poussé. Merci encore.* »

Il faudrait également veiller à ne pas causer des frustrations dans l'expression de la gratitude. Remercier un participant et ne pas le faire avec un autre devrait être évité, car c'est le signal que la première intervention est utile et intéressante, et tout le contraire pour la seconde.

Toute intervention est pertinente, au moins du point de vue de l'intervenant. Épouser la perspective de ce denier en se mettant dans sa peau permet au présentateur d'offrir des éléments de réponse satisfaisants.

L'attitude respectueuse et empreinte de gratitude ne devrait point quitter le présentateur devant la rudesse, l'agressivité et l'hostilité d'un intervenant qui peuvent aller d'une simple contestation à l'insulte. Le chercheur devrait se préparer à une telle éventualité et être sur ses gardes. L'envergure importante de ces rencontres invite le plus souvent une diversité de profils comportementaux, du plus aimable et courtois au plus chicanesque et défécatoire. Il est fort probable de croiser un participant avec qui on n'est pas du dernier bien. Le premier rempart qui permet d'éviter une agressivité est de ne pas être agressif soi-même : l'hostilité peut être une réponse à l'hostilité. Montrer la courtoisie dans son langage verbal et corporel invite naturellement à la courtoisie.

Si l'intervention est ouvertement hostile et consiste en un propos désobligeant, le présentateur se garde de céder à la tentation de répliquer à l'identique, en partie par considération pour le reste de l'assistance. Il peut plutôt réagir avec courtoisie à la substance de l'intervention. Un ton posé et courtois est souvent la meilleure réplique à une hostilité irrationnelle. La grâce et l'élégance de sa réaction peuvent amener l'intervenant à regretter sa posture et à y renoncer. Elles peuvent aussi faire naître chez les autres participants un soutien tacite réconfortant.

Si l'intervenant soulève un contre-argument ou remet en cause un choix du présentateur, ce dernier peut envisager la possibilité d'élargir la perspective analytique ou de lecture. Les points soulevés par le discutant sont le plus souvent une lecture alternative qui peut être tout aussi pertinente que l'interprétation ou le choix du présentateur, ou tout simplement des éléments permettant de mieux apprécier la portée des analyses que le chercheur n'a pas le temps d'apprécier immédiatement. Par contre, si le présentateur est convaincu que la suggestion de l'intervenant est inappropriée, voire impertinente, il évite tout de même de s'engager dans un échange inutile. Il devrait considérer une réaction du genre : « *Le point que vous soulevez semble fort intéressant. Je vois dans quelle mesure il permet d'élargir et d'enrichir la perspective des analyses, voire de réévaluer la portée des choix opérés. Je ne manquerai pas de le considérer comme il se doit dans l'amélioration de la recherche* » (même si la considération appropriée peut consister plus tard à les ignorer tout bonnement).

Il peut être utile de renvoyer la question à l'intervenant. Les détails additionnels qu'il offre pourront rendre son propos plus clair et éventuellement conduire à une réponse plus adéquate. Le présentateur peut également faire réagir les autres participants de façon à aider à trancher la question ou offrir des réponses ou suggestions.

Le côté artistique de la présentation est tel que les participants sauront apprécier à juste titre une prestation qui aura réussi. C'est réellement gratifiant de se voir féliciter, à raison, après la présentation avec des applaudissements nourris. La conception des pages du support qui aura veillé au caractère succinct et aéré du contenu, une fluidité de la présentation dont le flot coule de façon continue grâce à des transitions bien recherchées, l'harmonie dans la conjugaison du langage verbal et du gestuel, ainsi qu'une gestion rigoureuse du temps sont autant d'éléments contributifs au succès qui pourra non seulement garantir la clarté du message, mais élégamment sceller la réputation du chercheur que les participants auront catégorisé parmi les artistes de la profession.

CHAPITRE 4

LE FINANCEMENT DE LA RECHERCHE

Un peu de science rend présomptueux, beaucoup de science rend humble : l'homme voit d'autant mieux son néant qu'il s'approche plus près de l'Être.

Alfred Auguste Pilavoine

La recherche peut être bien onéreuse. Sa réalisation peut exiger des inputs qui sont hors de portée du chercheur. Un appui externe, dont la forme va au-delà d'un financement monétaire, peut contribuer de façon significative à la qualité de la production scientifique. Il peut également rendre possibles des activités de recherche qui voudraient aborder des thématiques qui, en son absence, seraient sans doute restées inexplorées.

La diversité des sources de financement et d'appui externe de toute sorte n'a toutefois pas contribué à améliorer les chances d'accès, surtout de la part de jeunes chercheurs, à tel point qu'il ne serait pas exagéré de parler d'exclusion financière. C'est dire que les défis demeurent importants. Du point de vue du chercheur, les relever commande d'aller vers l'information et bien connaître les facteurs qui gouvernent la complexité des processus compétitifs des appuis à la recherche.

1. ENJEUX ET DÉFIS DU FINANCEMENT DE LA RECHERCHE.

Les soutiens de nature financière et autres peuvent constituer un input décisif dans le processus de recherche. Ils peuvent aller jusqu'à conditionner la faisabilité même de la recherche, en permettant par exemple de disposer de données par le biais d'enquêtes à réaliser. Ils permettent aussi d'élargir l'envergure d'un travail de recherche grâce à la constitution d'une équipe pluridisciplinaire autour de programmes de recherche pluriannuels qui abordent diverses facettes d'une problématique globale. En outre, ils rendent possible la contribution d'une expertise externe qui peut être sollicitée pour également approfondir les analyses à mener. C'est le cas d'un sociologique qui peut offrir sa perspective disciplinaire à une recherche qui aborde la problématique de l'entrepreneuriat féminin.

Les appuis à la recherche rendent également possible la communication scientifique qui peut d'une part impliquer des déplacements à la rencontre d'acteurs de la sphère réelle afin de recueillir des données secondaires ou des feedbacks fort utiles, et d'autre part envisager la tenue de rencontres formelles sous forme de séminaires de partage. Ils permettent l'acquisition de matériels nécessaires à la bonne conduite de la recherche, comme des références bibliographiques, des ordinateurs ou des logiciels. Ils rendent possible l'accès à de nouvelles connaissances ou le renforcement du savoir-faire à travers des formations additionnelles, par exemple sur les techniques avancées d'une approche donnée de modélisation économétrique ou sur le maniement d'un logiciel. Autant d'instances qui engagent des moyens que l'appui externe peut prendre en charge.

Ces gains peuvent aller au-delà du chercheur. Les étudiants ou collègues qu'il implique dans les programmes ainsi appuyés peuvent aussi tirer parti de ces opportunités. Enfin, dernier gain et non des moindres, le financement est à la base d'un schéma incitatif qui pousse à la production d'un output de qualité (rapport de recherche ou article scientifique) dans le respect des délais établis.

Toutefois, l'importance de ces appuis externes ne devrait point être exagérée. Ils ne constituent point des conditions *sine qua non* à la qualité de l'output de la recherche, encore moins à la réalisation de l'activité de recherche. Tant de travaux de recherche ont débouché sur des produits scientifiques de qualité très appréciable et contribué significativement au processus de prise de décision politique sans avoir bénéficié d'aucun rond. Si les soutiens externes peuvent être déterminants pour certaines recherches (par exemple celles qui requièrent de nouvelles données), ils ne sont pas indispensables pour la majeure partie des activités de recherche dont les inputs sont aisément accessibles au chercheur.

À la limite, ces soutiens externes peuvent dans certains cas compromettre la qualité de la recherche ou l'intégrité scientifique du chercheur. Certains bailleurs peuvent aller jusqu'à indiquer, le plus souvent implicitement, le sens des résultats finaux auxquels ils s'attendent. Par exemple, une organisation peut financer un programme de recherche dont l'output servira au plaidoyer devant mobiliser des ressources pour financer la conservation d'un actif naturel. Les résultats qui démontreront la supériorité des bénéfices écosystémiques aux coûts monétaires liés aux activités de restauration et de préservation sont sans doute nécessaires pour convaincre d'éventuels partenaires à injecter des fonds. Le chercheur peut vouloir aller dans ce sens, par exemple en privilégiant une approche méthodologique qui génère forcément de tels résultats. Une telle attitude donne encore raison aux critiques de l'Économie qui doutent de sa scientificité.

En outre, des résultats négatifs peuvent dans beaucoup de cas lui faire perdre la possibilité de collaboration future avec le bailleur. Si la principale motivation du chercheur est l'enrichissement personnel à tout prix, il peut aisément troquer sa crédibilité scientifique contre les avantages pécuniaires du moment.

Le financement peut en outre constituer un piège dans lequel peut tomber un chercheur. La quête effrénée de l'argent finira par faire de lui un consultant businessman. La plupart de ces « activités de recherche » finiront par se vider de leur contenu scientifique, tant le produit final n'est point exploitable de façon à donner lieu à un article publiable. S'il s'agit d'un universitaire, ce sera alors au préjudice de ses obligations académiques d'enseignement et de formation des futurs chercheurs, voire de sa progression sur l'échelle des grades académiques.

Utilisé pour ce qu'ils sont censés représenter, à savoir plus un moyen permettant d'accéder à des inputs de recherche qu'une fin, le financement peut faire la différence entre une recherche prolifique de qualité scientifique et politique réelle d'une part, et une recherche de portée relativement limitée d'autre part.

Le financement de la recherche ne se limite pas à l'argent cash ou comptant. Une telle vision réductrice amène le chercheur à passer à côté d'importantes opportunités de financement. La diversité des formes que revêt ce type d'appui externe comprend le partenariat stratégique, à horizon temporel plus long, avec d'une part d'autres institutions de recherche, et d'autre part des entités publiques, non-gouvernementales ou privées qui sont demandeuses de produits de recherche.

La collaboration avec une institution de recherche peut impliquer une mise en commun des ressources existantes et potentielles dans le cadre de projets de recherche communs. L'expertise diversifiée peut être un atout important dans les tentatives de mobilisation de ressources. Si ce type de partenariat est plus souhaitable à l'échelle de deux ou plusieurs institutions, le chercheur peut s'y prendre individuellement, par exemple à travers un attachement formel sous la forme de chercheur associé (*research fellow*). Il pourra ainsi développer des initiatives de recherche qui seront portées par l'institution d'attache, ou être associé à des initiatives venant de cette dernière.

Le partenariat avec les utilisateurs de la recherche peut également procéder d'une démarche individuelle du chercheur ou par le biais de son institution d'affiliation. Il peut consister en une prise en charge des besoins de résultats de recherche devant guider le processus de prise de décision. Il s'agit ainsi d'une démarche par laquelle l'offre va vers la demande et cherche à la satisfaire. Cette logique proactive veut ainsi que si les fonds ne viennent pas vers le chercheur, alors le chercheur devrait aller vers les fonds. Cette approche a toutes les chances de réussir si la bonne institution est ciblée, c'est-à-dire celle dont les préoccupations et intérêts pratiques coïncident avec l'expérience et l'offre d'expertise du chercheur.

Cependant, de telles modalités de mobilisation de fonds de recherche ne sont pas accessibles à tous les chercheurs. C'est notamment le cas de chercheurs à l'aube de leur carrière professionnelle. À ce stade, ils n'ont sans doute pas encore acquis une expérience suffisamment crédible pour gagner la confiance de ces partenaires. Le plus souvent, ils évoluent dans des institutions de recherche qui font peu de place à leur esprit d'initiative, du fait d'un leadership peu éclairé, et dont la logique d'enrichissement personnel peut primer sur la volonté de promouvoir la recherche, pourtant dessein originel de ces structures.

Il existe toutefois d'autres opportunités qui sont relativement plus faciles d'accès. Il s'agit des fonds de recherche compétitifs. Il s'agit de programmes de recherche lancés par diverses institutions qui peuvent être nationales ou internationales, privées, publiques ou non-gouvernementales. Le financement peut provenir de ressources propres ou de contributions de bailleurs externes comme les fondations ou les agences publiques en charge de la coopération internationale dans les pays développés.

Ces programmes procèdent par appels à propositions de recherche. Ces derniers précisent les domaines d'intérêt de recherche, avec une indication du problème général, de sa justification et des objectifs précis, en plus des conditions et modalités du financement. À ces appels vont répondre des centaines de chercheurs, individuellement ou en équipe. À travers différents critères, dont certains sont universels (comme ceux liés à la qualité scientifique de la recherche proposée) et d'autres plus spécifiques à l'institution initiatrice (éligibilité, considérations particulières de forme, etc.), un nombre donné de projets est sélectionné. Le processus de sélection peut être direct à partir du projet, ou consister en étapes successives qui vont du *shortlisting* à l'acceptation finale. Une proposition de recherche bien conçue et qui s'aligne rigoureusement sur les critères requis aura toutes les chances de passer devant les *concurrentes*.

L'acceptation d'une proposition de recherche financée est gratifiante en soi. Recevoir un message électronique qui lit « *We are delighted to inform you ...* » ou « *It is our pleasure to inform you...* » ou encore « *Congratulations !!! ...* » donne littéralement droit à une explosion interne de joie (externe pour ceux qui ne sauraient la dissimuler). La chance y est sans aucun doute pour beaucoup. Au-delà des éléments endogènes qui fondent la qualité intrinsèque de la proposition, le résultat favorable suppose que peu de propositions concurrentes ont fait mieux. Il suffisait que d'autres chercheurs plus chevronnés prissent part à la compétition pour que la proposition reculât en rang pour finir par basculer de l'autre côté du seuil qui limite le nombre maximal de propositions à financer. Le contenu du message électronique serait alors tout autre : « *We are sorry to inform you ...* » ou « *We regret to inform you ...* ». La tentative rejoindrait alors le lot de l'écrasante majorité de propositions qui essuie un rejet.

Le caractère gratifiant est également associé à la reconnaissance par les pairs d'un savoir-faire et d'une capacité de recherche des auteurs de la proposition acceptée. Sortir son épingle du jeu compétitif de la recherche de fonds peut en soi être révélatif d'un profil scientifique appréciable. La portée d'un tel signal calque naturellement sur celle de la compétition.

L'acceptation ouvre la voie à une nouvelle expérience de recherche et de collaboration scientifique et politique. Outre la possibilité de déboucher sur la publication d'un article scientifique, elle offre au chercheur l'opportunité de renforcer davantage ses aptitudes de recherche, cette dernière étant un processus continu d'apprentissage. Cette expérience cumulée est un atout important qui peut servir dans les joutes futures. Par ailleurs, dans la mesure où la recherche envisagée implique une interaction avec différents acteurs de la sphère de décision politique, le chercheur aura alors la possibilité de développer ses capacités de communication. Cette interaction peut conduire à d'autres opportunités de recherche (avec financement) sur des aspects additionnels liés à la problématique de départ.

Autant de raisons qui doivent faire de la recherche de financement une composante principale de la recherche économique. Encore faudrait-il disposer de la bonne information relative aux opportunités existantes et savoir comment s'y prendre avec succès. Apprendre des échecs et réussites des collègues chercheurs s'avère dès lors crucial.

2. Aller vers l'information : les fonds compétitifs

Les offres de subvention de recherche sont à la fois nombreuses et disponibles quasiment à tout moment de l'année. Certaines sont même ouvertes tout le temps, alors que d'autres reviennent régulièrement, soit à la même période de l'année, soit en phases ou rounds successifs. Le premier pas vers l'obtention de financement est justement l'accès quasi instantané à l'information relative à la disponibilité des offres.

La traduction en matière de recherche de « *knowledge is power* » est sans doute « *knowledge is funding* ». La sous-information, voire le non-accès à l'information, explique sans doute pourquoi beaucoup de chercheurs ne disposent que de très peu de financement. Ce n'est souvent pas faute de capacité de recherche limitée. Les raisons profondes peuvent être trouvées dans l'absence de partage d'information au niveau institutionnel, symptôme d'une désorganisation née d'un leadership médiocre et peu outillé en matière d'administration et de gestion de la recherche.

De tels facteurs et bien d'autres de nature exogène ne sauraient toutefois dédouaner le chercheur sous-informé. Un effort personnel est requis, tant la palette de voies d'accès à l'information sur les opportunités de financement est bien diversifiée, de la simple recherche sur Internet aux contacts personnels en passant par les réseaux ou encore les médias.

a. La recherche sur Internet

La plupart, voire la quasi-totalité des appels à propositions de recherche financée, sont postés quelque part sur Internet. L'obligation de mise à compétition qui s'impose aux initiateurs de l'appel, le plus souvent venant de leurs bailleurs, signifie que l'information est disponible au large public d'intéressés potentiels. La mise en réseau des structures de recherche ou des chercheurs individuels signifie également que l'information est ensuite largement relayée. Ceci contribue à amplifier davantage sa diffusion, par exemple à partir de sites Internet d'institutions partenaires.

Dans ce cas, une recherche sur Internet de mots clés comme « *call for proposals* » ou « *research grant* » peut donner bien des résultats. Cette recherche devrait être conduite régulièrement, par exemple chaque mois ou toutes les deux semaines.

Cette quête de l'information devrait également inclure la consultation régulière des sites Internet d'institutions qui financent la recherche. Une souscription à leur messagerie d'alerte ou bulletins d'information (*newsletters*) peut également garantir au chercheur un accès en temps réel à l'information. Un lien par le biais des réseaux sociaux peut également être très utile.

La liste des institutions qui offrent régulièrement des financements est sans doute interminable. Il peut être cité quelques-unes qui pourraient intéresser le chercheur africain : d'une part, les organismes de charité impliqués dans la recherche comme *Gates Foundation*, *Ford Foundation* ou *TrustAfrica* et, d'autre part, les *think-tank* ou réseaux scientifiques comme l'*African Economic Research Consortium* (AERC) à Nairobi, le *Partnership for Economic Policy* (PEP) de l'Université de Laval au Québec, ou le réseau *Global Development Network* (GDNet) basé à New Dehli.

b. Les contacts personnels

L'information peut également venir de collègues chercheurs ou d'autres connaissances personnelles. Dans le sens d'un donnant-donnant, un chercheur qui a l'habitude de partager des informations aura sans doute plus de chance d'en recevoir en retour. Ces échanges d'information sont d'autant plus efficaces qu'un réseau formel est établi pour servir de plateforme d'échange. Le réseau constitué peut fonctionner par voie de messageries électroniques groupées ou par le biais des réseaux sociaux.

Les contacts peuvent par la suite être importants lorsqu'il s'agit de monter une équipe de recherche. Les principaux chercheurs peuvent ainsi faire appel à leurs collègues de la même discipline ou d'autres pour répondre à des appels à propositions. Le chercheur qui dispose de la base de contacts personnels la plus dense est sans conteste le mieux à même de bénéficier de ce mode d'accès à l'information et au financement.

c. Les réseaux ou groupes de recherche

Des réseaux formels de recherche sont mis sur pied dans le but de promouvoir la recherche sous diverses formes. Ils réunissent des chercheurs auxquels ils offrent régulièrement des possibilités de financement à partir d'appels à propositions. Les avantages vont souvent bien loin pour inclure, entre autres, des opportunités de développement ou de renforcement des capacités de recherche.

C'est le cas, par exemple, du réseau *African Growth and Development Policy Modeling Consortium* (AGRODEP), initié par l'IFPRI. L'ambition déclarée est de placer l'expertise africaine au-devant de la scène lorsqu'il s'agit d'aborder des questions stratégiques liées à l'agriculture et à la croissance économique sur le continent. Les membres affiliés, sélectionnés à la suite d'appels, bénéficient de divers fonds de recherche, d'un accès à des ressources documentaires, statistiques et analytiques et de la possibilité de collaboration dans des programmes de recherche de l'IFPRI.

Outre AGRODEP, il peut être cité les réseaux comme PEP et AERC, présentés plus haut. Ces réseaux et bien d'autres encore peuvent aisément accommoder tout profil ou intérêt de recherche.

d. Les médias

Certaines opportunités de financement de recherche sont également accessibles par voie de presse. Pour l'institution initiatrice, le recours aux relais médiatiques permet d'une part d'atteindre une cible aussi diversifiée et large que possible, et d'autre part de se conformer à l'obligation de mise en compétition à laquelle elle peut être soumise. Le souci de transparence est ainsi un élément crucial dans les procédures d'attribution de fonds de recherche.

Cependant, l'expérience montre que dans beaucoup de cas, cet appel à concurrence peut bien être trompe-l'œil qui s'arrête aux apparences, le choix définitif étant réalisé bien avant la saisie de la presse. Cette pratique est très répandue, en particulier dans les structures publiques et les organisations non-gouvernementales. Elle offre l'opportunité d'expression de cupidité qui a tout de la délinquance d'une mafia.

Contre cette faveur d'être préalablement désigné (et non sélectionné), le chercheur a l'obligation tacite ou maugréée de retour d'une partie du budget.

J'en ai eu une expérience personnelle. L'individu en question (ou groupe d'individus en réalité) a attendu le règlement définitif des honoraires pour réclamer pas moins de la moitié, soit 4 millions FCFA (près de 8000 $US). Un tel culot démesuré n'aurait d'équivalent que la propension à la turpitude morale. Un seul rond n'a été retourné à la personne, au regret de ne plus travailler avec l'institution dans l'avenir. Si la recherche est amorale (et non immorale), le chercheur ne devrait point renoncer à son idéal moral. Ne dit-on pas que « science sans conscience n'est que ruine de l'âme ».

Il peut toutefois exister des arrangements spécifiques (*long term arrangements* – LTA) entre l'organisme et une institution de recherche. Le premier peut directement solliciter la seconde qui pourra alors lui suggérer des noms qui devront alors participer au processus compétitif de sélection (bien que ce ne soit pas toujours le cas). La transparence de ce processus particulier est sans doute éloignée de l'idéal de la compétition ouverte et non-faussée, mais elle est moins répréhensible que l'opacité totale de ce qui rappelle l'économie sous-terraine ou au noir.

3. Les facteurs de rejet et d'acceptation de demandes de subventions

La probabilité qu'une demande de financement par le moyen d'une proposition de recherche soit acceptée pour financement est, en moyenne, très faible. À titre d'exemple, pour l'année 2016/2017, le taux moyen de rejet de propositions, toutes branches confondues, par les *Research Councils* de la Grande-Bretagne était de 73 %, à partir d'un nombre total de soumissions de 8708.[9] La subdivision en charge de la recherche économique et sociale, l'*Economic and Social Research Council*, en a rejeté plus que toute autre, avec 86,2 %, pour le deuxième plus faible total de soumissions (392). Pour ce qui est du réseau PEP, dans le cadre de son programme pluriannuel *Policy Analysis on Growth and Employment* (PAGE), plusieurs rounds d'appels à propositions ont

[9] Voir https://www.timeshighereducation.com/news/uk-research-grant-success-rates-rise-first-time-five-years (accédé le 11 août 2018).

attiré entre 2012 et 2017 un total de 420 soumissions. Seules 29 ont été acceptées, soit un taux de rejet de 93,1 %.[10] Autant dire alors que le rejet est la règle, l'acceptation l'exception (qui vient confirmer la règle).

Les rejets peuvent être expliqués par plusieurs facteurs. Certains sont exogènes, du point de vue du chercheur, comme la *chance* (le nombre élevé de soumissions qui réduit statistiquement la probabilité de succès), ou encore les moyens humains et financiers de l'institution initiatrice qui limitent la sélection. Si par définition, le chercheur ne peut contrôler ces facteurs, d'autres par contre sont bien à sa portée, de par leur caractère relativement endogène. C'est le cas de la qualité scientifique intrinsèque de la proposition de recherche et son degré d'adéquation avec les dispositions établies par l'appel. Dans le sens d'amoindrir les risques d'échec, il est crucial de connaître les différents facteurs contributifs et d'apprécier leur poids relatif dans l'évaluation des propositions.

a. Les raisons plus fondamentales

L'auteur Ernest M. Allen a publié un article apparu en 1960 dans la revue *Science* et dans lequel il répond à la question suivante : « *Pourquoi les demandes de subventions de recherche sont-elles rejetées ?* »[11] Sa position de chef de la Division des Fonds de Recherche des *National Institutes of Health* en Grande-Bretagne à l'époque lui permettait une perspective unique dans l'appréciation des propositions de recherche et des facteurs qui contribuent au résultat final. L'auteur montre que les rejets sont motivés par (i) la nature du problème de recherche dont l'intérêt est relativement faible ou perçu comme tel, (ii) l'approche méthodologique inappropriée car ne permettant pas de répondre de façon satisfaisante à la question de recherche, ou encore (iii) le profil inadéquat du chercheur qui ne fonde pas une confiance quant à sa capacité réelle d'entreprendre avec succès la recherche envisagée.

---

[10] Voir https://www.pep-net.org/page (accédé le 11 août 2018).

[11] Allen, E.M. (1960): Why Research Grant Gets Disapproved? *Science* 20(4): 103-105.

Le problème de recherche : peu d'intérêt scientifique ou mauvaise conception

Le manque d'intérêt ou le défaut de conception du problème de recherche est, selon l'auteur, responsable de 58 % des rejets.

Un tel problème est jugé peu important, et il est bien probable que la recherche qu'elle suscite puisse constituer une contribution importante à la base de connaissances existantes (absence de valeur ajoutée) ou renseigner de façon utile le processus de prise de décision politique. Il est également possible que le problème de recherche soit relativement vaste, en impliquant diverses questions de recherche qui auraient pu faire l'objet d'autant de travaux de recherche séparés. Cet excès d'ambition est souvent volontaire, le chercheur décidant de proposer aux évaluateurs divers angles d'analyse, charge à eux de faire un choix. Malheureusement, le choix définitif est généralement le rejet de la proposition jugée disparate et manquant de focus.

La pauvreté de la conception du problème de recherche peut donner à croire que les éléments qui fondent la complexité de l'objet de recherche échappent au chercheur. C'est le cas d'un raisonnement peu élaboré et d'une structuration qui ne repose pas sur un narratif logique ou un fil conducteur suffisamment continu. Par exemple, les termes de la problématique, en laissant en rade des aspects du profil contextuel ou de la littérature qui sont tout aussi fondamentaux que ceux privilégiés par le chercheur, peuvent indiquer une ignorance de ce dernier et une perspective d'analyse incomplète, limitée et peu rigoureuse.

En outre, la description de la nature du problème de recherche peut être suffisamment confuse pour que le lecteur puisse aisément déceler ce qui en fait un véritable problème digne d'intérêt scientifique et politique. Cette confusion peut être le fruit d'un pauvre style rédactionnel.

L'approche méthodologique : inappropriée ou non-applicable

De loin, toujours d'après l'auteur, il s'agit de l'élément responsable du plus grand nombre de rejets. Il est en effet évoqué dans 73 % des cas.

Il peut être reproché à la méthodologie, à travers les tests, méthodes ou procédures proposés, de ne pas permettre de répondre de façon satisfaisante et directe à la question de recherche, telle que déclinée dans les objectifs spécifiques. Si par contre les approches sont valides, le chercheur n'a pas réussi à en apporter une claire démonstration dans la proposition, la faute à un style rédactionnel nébuleux, ou à l'absence de maîtrise des approches exposées. Comment en effet décrire clairement et rigoureusement une approche méthodologique que l'on ne connaît que superficiellement ?

En outre, l'application de la méthodologie requiert des informations statistiques qui ne sont pas disponibles et ne le seront sans doute pas pendant la durée de la recherche. Certains protocoles de financement n'autorisent pas la collecte de données primaires, pour des raisons liées par exemple au budget relativement limité ou au timing du projet qui ne laisse pas suffisamment de temps pour des enquêtes. Des données alternatives peuvent également se révéler inappropriées, pour plusieurs raisons, notamment l'absence d'information spécifique dont la recherche a besoin, une couverture géographique différente ou un nombre insuffisant d'observations. Autant d'éléments qui ne militent pas en faveur de la faisabilité statistique de la proposition de recherche.

Le profil du chercheur : peu ou pas convaincant

Étant donné les ressources importantes mises en jeu et l'exigence de production scientifique de qualité, le manque d'expertise réelle du chercheur ou de l'équipe de recherche est, selon l'auteur, responsable du rejet de 55 % des propositions.

Le profil du chercheur ne révèle pas en effet une quelconque capacité à entreprendre avec succès la recherche proposée. Le comité d'évaluation ne dispose ainsi d'aucun élément crédible et probant qui peut fonder sa confiance. C'est le cas du chercheur dont l'expérience dans le champ de recherche envisagé est relativement maigre en termes de réalisations (articles, rapports d'étude, etc.), ou dont la formation semble inadéquate.

La proposition peut également indiquer que le chercheur n'est pas suffisamment familier avec la problématique en question. Par exemple, les références bibliographiques convoquées ne traduisent pas l'état actuel de la recherche, les publications récentes étant absentes. En outre, si la recherche est pluridisciplinaire, l'équipe peut pêcher par manque d'expertise particulière qui aurait pris en charge une dimension disciplinaire jugée cruciale.

En outre, l'implication de membres inexpérimentés peut également être source de rejet. Priorité est généralement donnée aux équipes présentant une palette d'expertises individuelles bien au fait des termes contemporains de la problématique de recherche, pour y être déjà suffisamment impliquées.

Autres facteurs explicatifs

Outre les raisons principales évoquées plus haut, d'autres facteurs qui peuvent paraître anodins peuvent tout aussi contribuer au rejet de la demande de financement. L'auteur cite notamment la « gourmandise » ou la cupidité du chercheur qui sollicite un financement ou des matériels de recherche jugés exorbitants, d'une part, et la pléthore d'engagements professionnels ou académiques du chercheur qui pourrait l'amener à consacrer peu de temps à la recherche envisagée, d'autre part.

Près de six décennies plus tard, ce listing garde toute sa pertinence et son caractère transdisciplinaire. Les mêmes raisons peuvent être évoquées pour expliquer la propension toujours élevée à l'échec des tentatives de mobilisation de fonds de recherche, en dépit de l'émergence de nouveaux acteurs et de nouvelles opportunités d'offre de financement.

Des études récentes semblent en effet confirmer ces résultats, avec des approches plus rigoureuses basées sur la modélisation économétrique. Par exemple, pour analyser les facteurs contributifs de l'acceptation de propositions de recherche, Elben *et al.* (2016) ont utilisé des données de 123700 soumissions de propositions aux *National Institutes of Health* pour la période 2010-2013.[12] Le processus d'évaluation porte sur cinq critères auxquels sont assignés des scores (*criterion score*). Ces critères individuels sont, comme chez Allen (1960), l'approche méthodologique, la nature du problème (*significance*), le profil du chercheur (*investigator(s)*). Il s'y ajoute la valeur ajoutée (*innovation*) et l'environnement de recherche. La moyenne (*overall impact score*) détermine la probabilité d'acceptation finale.

À partir de modèles linéaires du score général et de modèles probabilistes, les auteurs montrent que chacun des critères individuels contribue significativement à l'issue finale, et qu'ils tendent à se

---

[12] Eblen, M.K., R.M. Wagner, D. RoyChowdhury, K.C. Patel et K. Pearson (2016). How Criterion Scores Predict the Overall Impact Score and Funding Outcomes for National Institutes of Health Peer-Reviewed Applications. *PLoS ONE* 11(6): e0155060.

renforcer mutuellement. Le critère qui de loin a le pouvoir prédictif le plus élevé est l'approche méthodologique : son pouvoir prédictif est plus du double que celui du deuxième critère le plus important (*significance*). Le graphique ci-dessous offre une hiérarchisation des contributions individuelles de ces critères.

Un autre résultat intéressant révèle une corrélation positive relativement forte entre ces critères. Les coefficients varient en effet entre 0,55 (*significance* et *environment*) et 0,75 (*investigator(s)* et *environment*). Les critères individuels ne sont ainsi pas mutuellement exclusifs. Ils se renforcent plutôt pour renseigner sur la qualité générale de la proposition et ses chances d'être retenue. En d'autres termes, une proposition rejetée aura échoué suivant plus d'un critère. À l'inverse, une proposition acceptée aura satisfait plusieurs critères, voire tous les cinq. Agir sur tous les fronts est la meilleure stratégie qui garantit l'acceptation de la demande de financement.

Graphique 4 : Facteurs prédictifs de l'acceptation d'une proposition de recherche

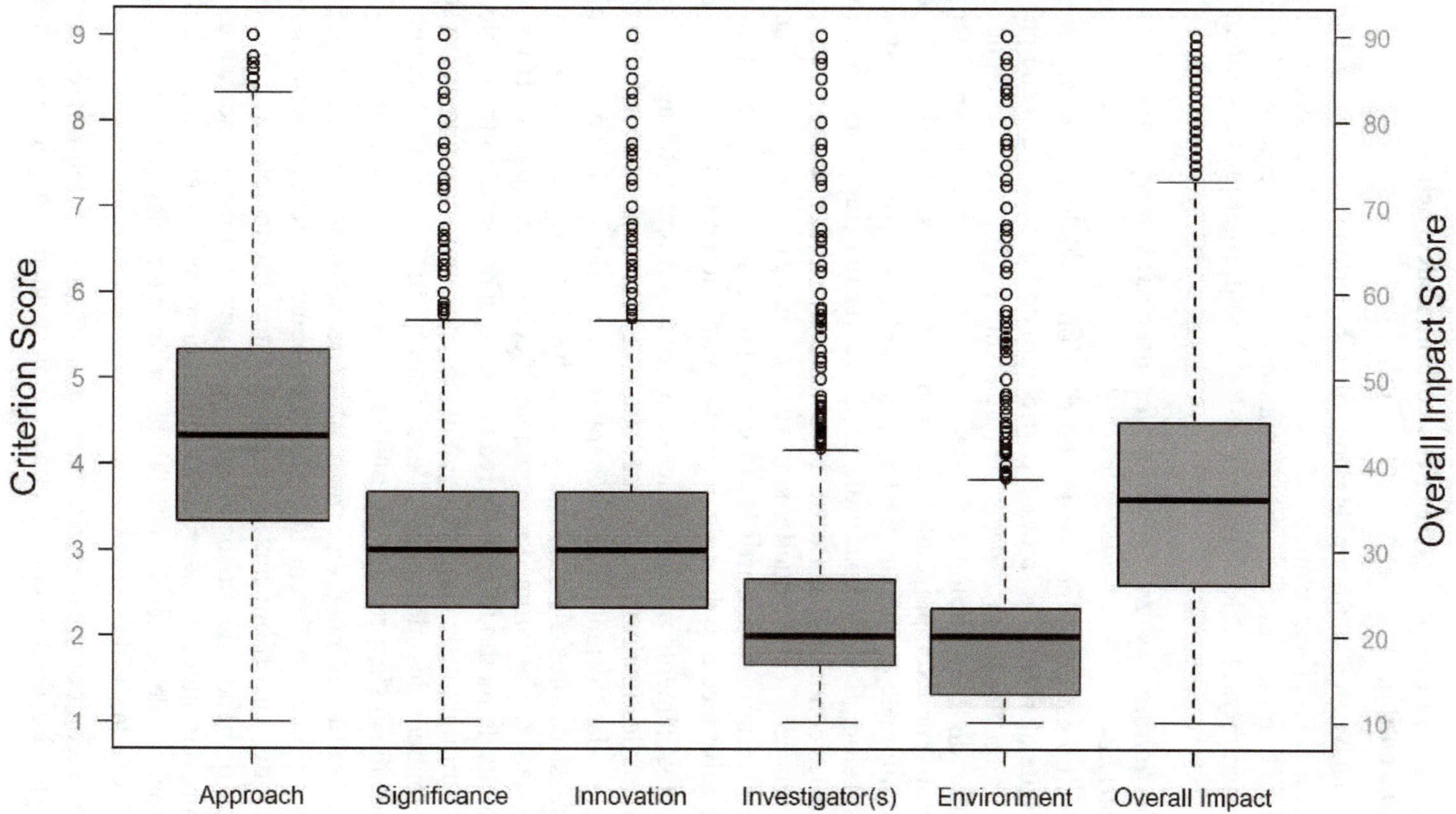

Source : Elben *et al.* (2016)

b. Les raisons plus générales : comment décrocher une subvention

Des éléments additionnels non moins importants peuvent également contribuer à l'acceptation d'une subvention de recherche. Leur caractère endogène est plus marqué que les facteurs évoqués précédemment, tant le chercheur peut s'y conformer plus aisément.

Se familiariser très tôt avec les processus des subventions de recherche

Si l'on est convaincu de la contribution cruciale du financement à l'activité de recherche, alors le curriculum de formation des chercheurs devrait contenir des aspects liés aux subventions de recherche. Un module de Méthodologie de Recherche en Master ou en Doctorat pourrait par exemple cibler des appels à propositions de recherche subventionnée et encourager les apprenants à préparer des dossiers de soumission. Cette préparation implique (i) une familiarisation avec toutes les conditions de l'offre de subvention, (ii) la rédaction de projets de recherche (individuellement ou en équipe), (iii) leur évaluation collective qui fait ressortir les forces et faiblesses, tant du point de vue de la substance que du style et (iv) la soumission effective.

Deux éléments peuvent aider ce processus d'apprentissage. Le plus souvent, des institutions engagées dans le financement de la recherche offrent des orientations générales sur comment de potentiels soumissionnaires devraient s'y prendre pour répondre aux appels lancés. Sous la forme de document succinct, ces guides offrent des éléments de méthodologie de rédaction de la proposition (aussi bien la structuration que le contenu attendu des sections), ainsi que des raisons qui fondent les décisions d'acceptation ou de rejet. Amener les apprenants à s'approprier ces guides peut être d'un grand intérêt.

En outre, il peut être bien utile de se procurer une copie de proposition de recherche acceptée. Le document peut produire un effet inattendu, en offrant aux apprenants l'image concrète de la réussite d'une demande de financement. Ils pourront ainsi prendre toute la mesure des attentes des évaluateurs des propositions et la façon dont la proposition de recherche satisfait les critères de sélection ayant trait au fonds et à la forme

De façon complémentaire, une copie de proposition rejetée permet d'apprendre de son échec. Les raisons avancées par les évaluateurs peuvent être discutées avec les apprenants afin qu'ils en saisissent toute la portée. L'idéal aurait voulu que ces deux propositions de recherche proviennent du chargé d'enseignement. Cette approche pédagogique qui rajoute un volet pratique dans la formation est mieux à même de produire tout le résultat attendu en termes d'apprentissage de la recherche et de la mobilisation de financement.

À défaut d'avoir un module formel qui prend en charge le financement de la recherche, le chercheur peut se rapprocher de collègues plus aguerris et apprendre de leur expérience. Pour un étudiant de Master ou de Doctorat, le directeur de thèse pourrait amplement jouer ce rôle qui est une partie intégrante de ses responsabilités académiques. Ils peuvent ensemble aller jusqu'à envisager de soumettre une proposition de recherche. Ce sera alors pour le jeune chercheur une opportunité d'apprentissage du processus de recherche de financement.

Se conformer aux exigences spécifiques de l'offre de financement

L'appel à propositions de recherche assorties de financement est souvent très détaillé. Il indique la thématique générale et sa déclinaison en pistes spécifiques de recherche. Il renseigne sur les contours du problème envisagé et sa motivation. Il précise également les conditions de soumission, notamment l'éligibilité, les délais ou encore le format.

Dans la mesure où l'offre commande la demande, le chercheur devrait satisfaire rigoureusement toutes les exigences imposées par l'appel. En particulier, la proposition ne devrait point porter sur un thème qui sort des champs de recherche retenus. Si le problème est multifacette, la proposition devrait alors épouser les termes, approches ou angles privilégiés par l'appel, quitte à lui emprunter les formulations, les références et les chiffres utilisés (de façon subtile et intelligente). L'avantage direct est une indication claire que la proposition ne fait pas « hors-sujet ».

L'appel peut être destiné à des chercheurs ou institutions répondant à des critères spécifiques qui sont relatifs par exemple à la résidence (pays à revenu faible) ou au genre (cible féminine). Le contexte d'étude peut également être assujetti à des conditions, le problème devant par exemple être abordé dans le cas de pays donnés où il se pose avec plus d'acuité. Les exigences peuvent aussi porter sur le format spécifique (*template*) de la proposition et elles peuvent aller jusqu'à suggérer un fichier à renseigner ou porter sur le volume du document (nombre maximal de pages ou de mots). Dans tous les cas, le respect absolu de toutes les conditions devrait être de rigueur.

Il est souvent souhaitable de contacter directement les initiateurs de l'appel. La plupart d'entre eux encouragent une telle démarche en indiquant une adresse électronique pour un contact éventuel. Le chercheur peut alors solliciter des détails additionnels ou des éclaircissements qui pourraient l'aider à élaborer sa proposition telle que requise.

Choisir ses collaborateurs

Une composition adéquate de l'équipe de recherche peut être un véritable motif d'acceptation. En rassemblant des expertises adéquates, l'équipe donne la démonstration qu'elle est bien outillée pour conduire avec succès le travail de recherche envisagée. La somme de ces profils diversifiés d'expertises donne toutes les raisons aux évaluateurs d'avoir une réelle confiance en l'équipe quant à sa capacité collective et individuelle de mener des analyses rigoureuses et complètes.

Outre le profil des collaborateurs à coopter, la composition pratique de l'équipe pourrait répondre à des exigences spécifiques posées par l'appel. C'est le cas pour le genre, avec une indication d'une proportion donnée de l'équipe qui soit des femmes. C'est aussi le cas pour ce qui est de la hiérarchie des expertises qui commande la présence de chercheurs juniors qui pourraient apprendre de leurs collègues seniors. Il peut également être exigé un mixte entre chercheurs et praticiens pour garantir l'utilité politique de la recherche. Autant de critères qui doivent rigoureusement guider la constitution de l'équipe de recherche.

Pour un fonctionnement harmonieux de l'équipe ainsi constituée qui repose entre autres sur une contribution effective de chaque membre, il est important d'éviter les glandeurs. Ils rechigneront à faire leur part de l'effort de recherche (du moins de façon satisfaisante) et exigeront toute leur part des retours de la recherche (publication, honoraires, etc.). Certains pousseront plus loin ce misérabilisme moral en faisant main basse sur le financement reçu (en particulier les honoraires). Ce qui risque d'arriver si, par erreur, le rôle de chercheur principal leur est délégué.

S'il est vrai qu'il peut être difficile pour un jeune chercheur de déceler à priori cette propension au *free riding* chez de potentiels collaborateurs, se renseigner au préalable à leur sujet est capital. Il pourrait réduire significativement l'asymétrie d'information et les risqués qui lui sont associés : porter son choix sur le mauvais profil (anti-sélection) ou sur une personne dont la propension au parasitisme ou à la cupidité ne tardera pas à se manifester (aléa moral). Ces conséquences, somme toute, fâcheuses, peuvent aussi être évitées par le chercheur en prenant le rôle principal dans l'équipe, à moins qu'il cède lui-même à de tels comportements, courant ainsi le risque d'être étiqueté. S'il est vrai que « qui se ressemblent s'assemblent », choisir des collaborateurs scientifiquement capables et moralement intègres est une condition non négligeable qui garantit une synergie effective des compétences individuelles dans la production collective d'un output de qualité appréciable.

S'y prendre très tôt

Attendre au dernier moment pour monter un dossier de demande de subvention aboutit inéluctablement à un résultat peu satisfaisant. Le peu de temps disponible ne permet généralement pas de convoquer tous les éléments devant contribuer à une proposition solide en tous points, notamment la convocation de la littérature pertinente et récente, la sollicitation de collaborateurs et leur contribution effective à la production de la proposition, ou encore la relecture et la correction du document. L'attente jusqu'aux derniers jours avant la soumission expose également au risque de survenance de cas de force majeure (maladie par exemple) qui rend impossible le travail, l'opportunité filant ainsi entre les doigts du chercheur.

Le temps est sans doute un input majeur dans l'élaboration d'une proposition de recherche de qualité. En se donnant suffisamment de temps, le chercheur peut conduire en toute rigueur toutes les phases du processus. Ce denier comprend la préparation, la familiarisation avec les termes et conditions de l'appel, les entretiens avec des acteurs de la sphère réelle, la collecte de données secondaires, la recherche bibliographique, la rédaction, la relecture par tous, la correction et l'amélioration du draft final et enfin la soumission du dossier de demande. Ce dernier peut également inclure les curriculums vitae des chercheurs et une proposition de budget.

Il est relativement aisé de constater la différence entre une proposition qui a été préparée à la va-vite (sans apporter le soin ou la réflexion nécessaire) et une autre à laquelle suffisamment de temps a été consacré. Cette différence apparaît également dans le résultat définitif de l'évaluation : le rejet pour la première, l'acceptation pour la seconde. Un chercheur qui revient plus tard sur son document préparé hâtivement y trouvera d'innombrables motifs de regret. Telles références auraient dû être convoquées pour enrichir la revue de la littérature et démontrer la connaissance de l'état actuel de la recherche dans le domaine. Telle approche méthodologique aurait dû être privilégiée ou être considérée comme alternative permettant d'apprécier la robustesse des résultats. Telles analyses auraient dû être développées davantage pour plus de clarté. Hélas ! Si avec des « tels » (ou « si ») on peut recréer le monde, l'opportunité ne sera point donnée au chercheur pour recréer la proposition de recherche et resoumettre.

Se faire lire et solliciter des retours

Solliciter une lecture externe peut offrir bien des avantages, comme discuté plus haut. Ces regards détachés sont souvent mieux à même de prendre de la distance avec la proposition et d'en offrir des évaluations objectives. L'œil expert du collègue chercheur pourra indiquer, entre autres, la pertinence du problème et sa motivation, la portée de la valeur ajoutée du travail, le caractère exhaustif de la littérature convoquée, le niveau d'adéquation de l'approche méthodologique envisagée, ainsi que la clarté de l'écrit. Un « profane » pourra essentiellement se prononcer sur ce dernier point.

Cette sollicitation de feedbacks peut se faire suivant deux formats qui peuvent être complémentaires. Dans le cadre d'un séminaire de recherche, le chercheur peut présenter le projet de recherche. La discussion avec les participants peut donner lieu à des retours fort intéressants sous forme de critiques constructives. En outre, indépendamment de la présentation, le chercheur peut cibler des collègues plus expérimentés et leur faire parvenir le document pour lecture et commentaires. C'est le cas en particulier de collègues qui ont une expertise réelle sur la problématique de recherche envisagée, ou qui sont familiers avec le processus des fonds compétitifs (surtout avec l'institution initiatrice de l'appel). Les feedbacks peuvent contribuer à la qualité finale de la proposition.

Si les contributions externes sont toujours les bienvenues, le chercheur devrait toutefois être sur ses gardes, tant le risque de se faire chiper son projet par des renards véreux dénués de scrupules est bien réel. Ces derniers peuvent être tentés de s'approprier les éléments positifs du projet et bâtir un projet concurrent plus solide. Ils peuvent aussi apporter des différences en modifiant les formulations et le style, ou en appliquant l'étude à un autre contexte, ou encore en considérant une méthodologie alternative. En cas d'acceptation de la proposition, sous la couverture de l'anonymat, ils peuvent dérouler le processus de recherche et engranger tous les bénéfices auxquels le financement donne droit. Pour l'anecdote, j'ai personnellement été victime à deux reprises de tels agissements. Les malfrats éhontés s'en étant tirés à bon compte, avec à la clé un programme de recherche d'envergure assorti d'un budget bien conséquent.

Face à ce risque ô combien réel, la précaution d'usage commande de bien cibler les personnes pour des feedbacks. En les approchant, le chercheur peut éviter de faire mention de l'appel afin de taire des appétits voraces. Il peut également solliciter ces contributions externes (organisation de la séance de présentation ou envois du document) à une date suffisamment proche du délai de soumission pour ne laisser aucune possibilité à la matérialisation d'une quelconque tentation criminelle. Dans l'éventualité d'une tricherie, le chercheur peut « couper l'herbe sous le pied » des chipeurs, en contactant les initiateurs de l'appel et, au besoin, en partageant le document de la proposition qui pourra éventuellement servir à des recoupages pour établir les faits constitutifs d'un délit.

En cas de rejet de la proposition

En règle générale, l'optimisme qui guide le chercheur dans la rédaction de sa proposition de recherche devrait être bien mesuré, sans toutefois être entamé par une évidence bien réelle : le rejet érigé en règle générale. Face à un tel résultat, le chercheur devrait se garder de le prendre personnellement et de plonger dans une amertume qui peut être paralysante. À l'image du bon joueur, il faudrait plutôt savoir perdre. Il est généralement affirmé que c'est la proposition qui est rejetée, et non le chercheur. Il y a bien une vérité dans cette assertion.

En pareille occurrence, il peut être utile de contacter l'institution afin de comprendre les raisons du rejet, au cas où le message informant du résultat ne les aurait pas indiquées. Le chercheur peut ainsi demander à obtenir le rapport détaillé de l'évaluation. La connaissance des limites de la proposition peut servir dans le futur. C'est en effet en apprenant de ses erreurs que l'on s'enrichit. L'expérience est souvent la somme des erreurs passées, les chercheurs les plus expérimentés étant ceux qui en ont commis à profusion et ont su tirer les bonnes leçons et s'amender en conséquence, ou qui sont issus de systèmes éducatifs qui leur ont exposé toutes ces leçons. Si l'on demandait à un chercheur à succès le nombre d'échecs subis, l'on serait sans doute surpris de leur fréquence plus élevée que celle des réussites, surtout au début de leur carrière. La patience et la persévérance sont dans ce cas des compagnons fiables du chercheur qui s'engage dans le développement de ses capacités de recherche et de mobilisation de financement.

4. AUTRES OPPORTUNITÉS À EXPLORER

Si les fonds compétitifs finissent entre les mains de chercheurs compétitifs, alors le premier pas vers le succès dans la recherche de financement est le développement de capacités de recherche. Le chercheur devrait être en mesure de produire un projet de recherche de qualité appréciable en tous points. C'est généralement propositions contre propositions, et les meilleures gagnent dans cette compétition qui ne donne aucune chance aux faibles. On pourrait parler à ce propos de la survie des plus forts et des plus aptes (*survival of the fittest*).

Il est vrai que les insuffisances, à bien des égards notoires, des curriculums de formation sont telles que ce profil est loin d'être garanti aux apprenants à la fin de leur parcours. Le chercheur peut et doit explorer les options variées qui lui offrent des possibilités de développement et de renforcement de son savoir-faire en matière de recherche et prétendre avec succès aux fonds compétitifs. Le foisonnement d'opportunités et leur accessibilité relativement aisée ne font place ni à la fatalité, ni à la résignation. Point d'excuse pour le chercheur qui se trouve dans l'incapacité de mobiliser des ressources pour financer ses recherches. La liste non-exhaustive d'opportunités à saisir inclut les programmes postdoctoraux, les programmes de visite académique (*visiting scholarships*) et les affiliations à des organisations ou institutions de recherche ou (*fellowships*).

a. Les programmes postdoctoraux

Les jeunes docteurs peuvent trouver dans ces programmes une opportunité unique de se doter de réelles capacités de recherche et parfaire ainsi leur formation. Ils pourront bénéficier non seulement des infrastructures de recherche de l'institution hôte, mais également tirer tout le profit de l'interaction avec des chercheurs dont le sens élevé du partage, la générosité, l'accessibilité, la disponibilité, l'amabilité et les

« pieds sur terre » surprendront énormément le jeune chercheur africain, tant il est habitué aux opposés.

La liste des institutions à cibler devrait inclure les universités ou centres de recherche qui offrent la chance d'interaction avec des chercheurs chevronnés dans le champ d'intérêt du chercheur. De préférence, il faudrait cibler les institutions du Nord. La plupart de ces institutions ont des programmes post-doc. En visitant leur site, ou en les contactant directement, il est possible de disposer de l'information sur les conditions requises. Échanger également avec d'autres chercheurs, en particulier ceux qui ont bénéficié de telles opportunités, peut être très utile.

b. Les programmes de visite académique ou *visiting scholarships*

Plusieurs institutions offrent des possibilités de séjour aux chercheurs, en particulier celles qui sont dans le monde académique. Pendant une durée couvrant en général un semestre ou une année académique, le chercheur peut selon les cas disposer de toute l'infrastructure matérielle et immatérielle pour conduire ses travaux de recherche dont les thèmes d'intérêt sont généralement alignés sur les orientations de recherche de l'institution hôte ou d'un de ses membres. Il pourra aussi partager ces derniers avec ses collègues avec qui il peut interagir régulièrement. S'il le désire, il peut également suivre des cours ou modules de formation pour élargir ses connaissances et développer ses capacités et, au besoin, obtenir un certificat ou attestation.

Les sources de financement ne manquent pas pour accompagner ces programmes. Dans certains cas, l'institution hôte prend en charge les frais associés. Elle peut engager un budget fort généreux à la dimension de la stature du collègue visiteur. Des financements externes existent également. C'est notamment le cas des bourses de mobilité offertes par des institutions qui encouragent la recherche. Il peut être cité l'Agence Universitaire de la Francophonie ou le Programme Fulbright du gouvernement américain.

Les critères pour accéder à de tels programmes sont à la dimension de la compétition qu'elle suscite. Ils portent généralement sur les réalisations scientifiques, le domaine de recherche, la qualité et l'intérêt du projet de recherche qui sera développé pendant le séjour, ou encore la disponibilité d'un membre de l'institution hôte qui pourra servir de superviseur. Au préalable, le visiteur potentiel est encouragé à contacter ce dernier qui sert généralement de point d'entrée.

Outre les institutions académiques, des institutions internationales peuvent offrir des opportunités de visite aux chercheurs. Il peut être cité deux programmes annuels issus d'un partenariat entre l'AERC d'une part, et la Banque Mondiale et le Fonds Monétaire international (FMI) d'autre part. À la suite d'appels à candidature, les chercheurs africains qui seront sélectionnés, sur la base entre autres d'un projet de recherche qui va les occuper, pourront bénéficier d'un cadre professionnel et scientifique privilégié qui leur offre l'opportunité historique d'expérimenter la recherche-action. Des opportunités additionnelles avec la Banque mondiale (et sans doute l'institution sœur le FMI) incluent le programme de visites destinées aux jeunes chercheurs et le programme de stages d'été et d'hiver (*summer/winter internships*) pour les étudiants avancés.

c. Les affiliations scientifiques et *research fellowships*

Être membre d'un réseau scientifique ou être affilié à une institution de recherche peut offrir au chercheur des possibilités de développement de ses capacités de recherche et de financement de ses travaux. Les réseaux mettent à la disposition de leurs membres toute une panoplie de ressources, qui vont du financement pour conduire une recherche à la valorisation des produits de cette dernière (participation à des conférences internationales ou organisation d'atelier de partage et de dissémination), en passant par des formations et mises à niveau. Par exemple, il peut être mentionné le réseau AGRODEP de l'IFPRI et l'AERC, qui sont destinés aux chercheurs africains. L'accès au premier se fait sous forme d'appels à membres, alors que pour le second il s'agit juste de soumettre, à tout moment de l'année, un projet de recherche thématique qui permet ainsi de rentrer dans les bases de données et pouvoir recevoir des offres fort intéressantes. Ces dernières portent sur des séminaires de formation et des financements de recherche collaborative.

L'association ou l'affiliation sous forme de *research fellowships* à une institution de recherche ou à un réseau scientifique peut donner au *research fellow* l'opportunité d'initier des projets ou programmes de recherche. L'institution hôte, de par sa capacité prouvée de mobilisation de ressources, peut aider à trouver un financement. En outre, l'initiative de recherche peut provenir de l'institution qui offre alors au chercheur le leadership dans la conduite du projet de recherche.

Plusieurs institutions ou réseaux disposent de tels programmes d'affiliation et ils ouvrent régulièrement des postes sur une base très compétitive. C'est le cas du récent programme de *research fellows* du PEP qui est destiné aux chercheurs ayant déjà développé un projet de recherche financé par le réseau. Le but est de leur offrir la possibilité d'interactions plus poussées avec le réseau et de contribuer à ses activités.

Dans la plupart des cas, l'initiative d'un tel partenariat devrait provenir du chercheur. Cette démarche proactive est alors proche de celle d'un demandeur d'emploi. Le chercheur solliciteur pourra ainsi s'approcher de l'institution et lui offrir la possibilité d'une collaboration dont les termes peuvent être consignés dans un *memorandum of understanding* (MoU). En ciblant une institution bien engagée dans la recherche avec des domaines d'intervention proches de son centre d'intérêt, le chercheur peut alors gagner sur beaucoup de fronts de la recherche : productions scientifiques, interactions avec la sphère politique, etc.

Autant d'opportunités qui devraient fournir au chercheur la possibilité de développer ses capacités de recherche, de mobiliser des appuis externes sous la forme de financement ou de renforcement de capacités et de contribuer à relever le défi collectif de la présence effective dans les débats scientifiques sur les problématiques de développement économique et social.

ÉPILOGUE

PLAIDOYER POUR L'ÉMERGENCE D'UNE COMMUNAUTÉ SCIENTIFIQUE AUTHENTIQUE

La science et la purification de la volonté doivent être nos ancres de salut.

Henri-Frédéric Amiel

Dire que la recherche dans les institutions académiques africaines est bien en deçà de ses potentialités relèverait de l'évidence. Un examen candide de son état révèlerait des profils individuels de recherche souvent inadaptés, des parcours de formation à efficacité limitée, un manque d'intérêt réel pour la science et la recherche, une pauvreté quasi-généralisée de la production scientifique, une faible valorisation du peu de produits de recherche existants et un environnement peu motivant avec des mécanismes incitatifs inappropriés. Il n'est, dès lors, point surprenant de constater l'absence de la recherche et des chercheurs dans les débats de société et les prises de décision politique.

Faire du chercheur un producteur scientifique actif et de la recherche un accompagnant de l'action publique devrait passer par des ruptures systémiques très marquées. Ces dernières appellent une refonte générale du système de formation du chercheur et des mécanismes qui gouvernent l'administration et la gestion de la recherche d'une part, et des schémas de valorisation de la recherche et des chercheurs d'autre part, tout en reconnaissant le caractère par essence endogène du développement des capacités personnelles de recherche.

Gérer autrement la recherche et les institutions de recherche

Cette rupture institutionnelle passe par une formation des dirigeants aux techniques éprouvées de gestion et d'administration de la recherche. La faible qualité de la gestion des institutions de recherche est sans doute le facteur individuel le plus prédictif de l'état de la recherche et du profil général des chercheurs affiliés. Mettre à la tête de ces institutions des personnes qui ne sont point formées aux techniques de base de management organisationnel d'un collectif humain très particulier, encore moins aux rudiments d'une administration et d'une gestion rigoureuses de la recherche, c'est courir le risque d'en faire autre chose qu'un lieu d'épanouissement scientifique et d'expression des talents intellectuels.

Relever les défis formidables de la recherche requiert un leadership éclairé. Les institutions de recherche ont longtemps souffert de son absence. En conséquence, les échéances de leur transformation et de leur progrès ne cessent d'être repoussées dans un futur de plus en plus lointain.

Il devrait être exigé de tout aspirant au poste de direction de faculté, de département et de centre ou institut de recherche une formation préalable et certifiée qui leur expose les bases d'un management orienté vers l'intérêt collectif de promotion de la recherche et du rayonnement scientifique de l'institution. En particulier, les choix d'affectation budgétaire, les promotions internes et les recrutements, l'allocation des charges administratives et l'organisation d'activités scientifiques ne devraient point laisser de place à la subjectivité qui finira par instiller les germes destructeurs du tissu relationnel.

Parallèlement, des mécanismes de veille, avec des possibilités de sanctions, devraient être envisagés de façon à contenir les propensions gaminesques à la puérilité, à l'arbitraire, et à l'illégalité qui ont fini par ternir l'image de ces institutions.

Si les élections à ces postes sont inefficaces pour changer la donne (la plupart des votants étant des rejetons du système fractionné suivant la logique clanique) ou si le syndicat brille par son incapacité à défendre les intérêts matériels et moraux d'une affiliée, alors il devrait être possible pour des individus isolés de saisir les instances supérieures (rectorat ou ministère de tutelle) qui pourraient alors envisager des mesures appropriées. Elles s'assureront par exemple que les procédures de renvoi de collègues ne sont point le fruit d'une quelconque éconduite d'un inopportun, ou que des candidatures de loin plus crédibles et méritantes ne puissent accéder à des postes clés qui conditionnent l'état général de la recherche collective.

Si les institutions sont comprises comme des règles établies par le groupe et qui s'imposent en retour à tous ses membres, alors quel que soit le profil moral du leadership porté à la tête des universités et centres de recherche, il revient au groupe de veiller à leur respect. Ce dernier est, en définitive, le seul garant véritable d'une gestion harmonieuse de ces structures. Le profil des institutions est la somme des profils individuels les plus représentatifs dans un schéma démocratique qui privilégie la majorité.[13]

Faire de la recherche un pilier central des institutions universitaires

Le rééquilibrage des charges académiques

Étant un des piliers des institutions académiques supérieures, la recherche devrait regagner toute sa place dans les activités des enseignants-chercheurs. Ce rééquilibrage des charges académiques pourrait consister en une réduction des tâches d'enseignement pour certains qui en font trop et une hausse pour bien d'autres qui ne satisfont pas leur volume horaire contractuel. Un contrôle rigoureux doit être de mise, car il y va de l'efficacité de l'offre publique de formation et de la rationalisation des dépenses liées aux heures complémentaires à tendance explosive.

Le rééquilibrage suppose également une limite aux activités extra-universitaires, la priorité devant revenir aux charges académiques. Les enseignements externes et les activités de consultance, qui renseignent sur le troisième pilier universitaire, ne devraient point entamer les obligations académiques liées à l'enseignement, l'encadrement et la recherche scientifique. Il ne devrait point être permis des initiatives privées de création d'institut ou de cabinet de recherche, conformément à l'obligation de non-concurrence.

La rationalisation des mécanismes incitatifs de la recherche

Les schémas de promotion des chercheurs et de valorisation des produits de la recherche devraient être revus. La subjectivité des préférences irrationnelles devra céder le pas à l'objectivité de la compétence scientifique et du sens du leadership moral dans l'allocation des postes académiques.

---

[13] Dans « *The Myth of the Rational Voters : Why Democracy Chooses Bad Policies* » (2008), Bryan Caplan suggère que la démocratie aboutit à des résultats sous-optimaux, pour des raisons liées aux préjugés, aux croyances irrationnelles et aux penchants personnels biaisés des citoyens votants. Ces arguments pourraient valablement s'appliquer à l'exercice de la démocratie dans les institutions académiques.

Les primes de recherche versées à tout chercheur devraient réellement servir à la recherche. À la « prime au chercheur » devrait se substituer la « prime de recherche », en conformité avec la logique de récompenser la recherche, et non le chercheur. Par exemple, cette manne financière importante devrait être versée en contrepartie d'un produit scientifique, comme une publication scientifique.

Le montant de la prime pourrait être modulé en fonction de la qualité du produit. En se référant au critère de rang des revues scientifiques, il pourrait être défini une grille d'incitations monétaires qui soit réellement incitative. Un tel schéma incitatif financier est utilisé par des réseaux et institutions qui cherchent à promouvoir la recherche des membres affiliés, comme l'AGRODEP, l'AERC et le PEP, avec un succès réel.

Le programme de voyage d'études pourrait également être mieux orienté. Ce budget pourrait servir à la valorisation effective de la recherche, par exemple la participation à des conférences scientifiques dans lesquelles le chercheur peut présenter ses travaux et recueillir des feedbacks. Il devrait également permettre de participer à des séances de formation payantes, soit *in situ*, soit à distance, ou une combinaison des deux. La priorité devrait être donnée aux jeunes chercheurs et il pourrait être envisagé d'exclure des chercheurs en haut de l'échelle des grades (professeurs titulaires ou assimilés) ou à la tête de centre de recherche ou de laboratoire. Leur rang et expérience supposée ne collent pas avec l'esprit d'assistance et d'aide du programme. Ils devraient plutôt être capables d'initier des programmes ou projets de recherche qui puissent attirer des financements.

Les voyages pourraient impliquer des destinations locales au sein du pays dans le cadre d'un renforcement de la collaboration entre collègues. Les ressources pourraient servir à instaurer formellement un programme national d'échange académique ou scientifique. Le chercheur qui se déplace vers une autre institution pourrait y rencontrer un collègue plus chevronné qui l'accompagnerait dans la réalisation de son projet de recherche. En retour, l'institution d'accueil pourrait s'enrichir de la contribution du visiteur aux activités pédagogiques et de recherche.

Le développement de plateforme collaborative entre chercheurs nationaux (ou sous-régionaux)

La fragmentation du monde de la recherche, avec peu de contact entre chercheurs d'institutions différentes ou dans une même institution, est préjudiciable à l'activité collective et individuelle de recherche. La mise sur pied d'une association professionnelle fonctionnelle et digne de ce nom pourra contribuer à fédérer les chercheurs et les institutions de recherche. Elle positionnera le chercheur dans un collectif de semblables auquel il s'identifiera par une activité effective de recherche. Elle permettra la mise en commun des savoir-faire et la convergence des intérêts de recherche autour de projets communs. Elle pourra être un puissant outil de plaidoyer pour lever des fonds de recherche grâce au pont qu'elle établira entre la sphère scientifique et la sphère décisionnelle. Elle pourra enfin prendre en charge les besoins de formation et de renforcement de capacités des membres d'une part, et du placement sur le marché du travail des chercheurs ou nouveaux diplômés (forum de l'emploi pour économistes) d'autre part.

Toutes ces activités pourraient être envisagées dans le cadre de rencontres annuelles, à l'image de celles organisées par l'Association Canadienne des Économistes en juin de chaque année et l'*American Economic Association* en janvier. Dans un esprit de partage, de collaboration et d'apprentissage (*share*, *collaborate* et *learn*, tels qu'on peut lire sur la page Internet), cette dernière association regroupe en trois journées des milliers de chercheurs (plus de 13.450 en 2018) autour d'un programme riche qui offre des présentations et discussions de travaux à la frontière de la recherche dans quasiment toutes les disciplines de la profession, un forum de l'emploi (*Job Openings for Economists* – JOE) avec des rencontres entre chercheurs, universitaires et divers organismes professionnels ou académiques, des possibilités de publications dans des *proceedings* (actes de colloques), entre autres. Le participant ne sortira qu'émerveillé de cette immersion intellectuelle d'une intensité inégalée.

En répliquant une telle initiative au niveau national, voire sous-régional, il peut être envisagé la publication d'un magazine d'information économique, du genre *The Economist*, qui offre à la population générale des analyses des faits économiques de l'actualité. Les membres seront mis à contribution. Ils pourront ainsi saisir cette tribune pour porter les résultats de leur recherche au public et contribuer aux débats de société.

La réplication ne devrait cependant point aller jusqu'à la mise sur pied d'une revue scientifique. Il devrait plutôt être supprimé toutes les « revues-maisons » qui n'ont rien de scientifique, sinon offrir des passerelles pour la promotion académique à des collègues qui auront gagné la faveur des initiateurs. De telles initiatives ne rendent pas service aux chercheurs. À l'image des revues prédatrices, elles les auront déviés des possibilités de commander une valeur scientifique réelle pour leur effort de recherche. Plutôt que d'opter pour la facilité, le chercheur devrait considérer les revues crédibles. Si le produit de la recherche est le moyen par lequel le chercheur ajoute sa voix au débat scientifique qui est par définition universel, la revue choisie constitue l'outil de pondération scientifique de sa contribution. Une « revue-maison » ou une revue prédatrice est associée à un poids nul. Autant dire alors que le malheureux article ne sera point lu, sauf par des chercheurs semblables qui auront ciblé ces organes de publication de seconde zone.

Faire des universités de véritables espaces de recherche scientifique

Un meilleur environnement de recherche et d'apprentissage

Le premier changement devrait réussir à instaurer un climat propice à la libre expression des talents et des aptitudes intellectuelles à l'innovation, en particulier des plus jeunes chercheurs. L'université n'est pas l'armée, et ne devrait point l'être. Une telle affirmation est révélatrice d'une vision erronée de l'enseignement et de l'exercice de la science. Elle fait croire aux apprenants que la curiosité, le questionnement ou encore le sens de l'innovation, pourtant fondateurs de l'approche scientifique, n'ont pas de place dans les institutions académiques. Il est alors aisé d'imaginer le devenir des institutions qui sont littéralement otages de tels carcans cérébraux et comportementaux, avec au bout du processus de formation des chercheurs sous-équipés et partis pour répondre absents aux rendez-vous de la recherche.

À l'opposé, ceux qui ont séjourné dans les universités du Nord, en particulier américaines, ont sans doute été émerveillés par le profil « pied-sur-terre » des chercheurs pourtant à la frontière de la recherche dans leur discipline. Ces hôtes s'amusent le plus souvent des profils bas de soumis arborés par les jeunes chercheurs du Sud. Observer ces vrais « maîtres » au sommet de leur art interagir avec de « simples » étudiants est en soi une invitation à l'humilité, à la moralité, à la décence et au respect de l'être humain quelle que soit sa condition du moment. L'étudiant d'aujourd'hui est le grand chercheur de demain, le collègue, le collaborateur, le co-auteur, voire le supérieur en grade ou en responsabilités.

L'émergence d'une atmosphère plus saine d'apprentissage et de recherche, qui laisse place à l'expression des talents intellectuels passe par une valorisation morale de la condition de l'apprenant. Finies doivent être les relations « père-fils », grand-petit », « important-moins que rien », ou « *serigne-talibé* », qui autorisent tant d'abus et de violence verbale et psychologique. L'étudiant devrait ainsi revendiquer sa dignité qui commence d'abord par la foi en ses capacités intellectuelles, seules garantes de sa réussite dans le monde scientifique. Cette auto-valorisation devrait également aller jusqu'à abandonner le langage servile, sans pour autant verser dans l'irrespect ou la confrontation. Plus jamais les expressions « maître » ou « grand ». L'adepte de tel langage sera surpris d'entendre sous d'autres cieux le jeune chercheur ou étudiant interpeler le « grand » professeur par son prénom : Joseph, Paul, Bob, etc. Se libérer des chaines de la servitude intellectuelle, c'est croquer la science à pleines dents.

La plupart des enseignants qui adoptent un tel profil comportemental ont sans doute fait les frais de brimades de leurs enseignants à l'époque. Ils ne sont toutefois pas tenus de reproduire ce système infâme qui ne devrait point leur survivre. Ils devraient plutôt en faire un linceul qui enveloppera leur cadavre au moment venu et à la place opter pour des configurations relationnelles d'un genre nouveau bâties sur la compassion à l'égard de l'étudiant. Ce dernier devient à juste titre sa raison d'être professionnelle.

Fonctionnement effectif et inclusif des centres de recherche académique

Les centres de recherche logés dans les départements ou facultés sont le lieu d'exercice de l'activité de recherche collective. Encore faudrait-il que cet esprit guide leur gestion et administration. Ils devraient supplanter les laboratoires ou autres institutions internes de recherche peu viables, à contenu généralement vide et dont l'hyperinflation récente qui poursuit une logique de rente ou de démonstration est suggestive d'un éclatement institutionnel et d'une inefficience systémique.

En fédérant les initiatives individualistes, le centre offre une plateforme unifiée de développement et de conduite de programmes de recherche qui satisfont tous les intérêts et sensibilités scientifiques. La mise en commun des capacités et expertises individuelles, avec la couverture institutionnelle qui est garante de crédibilité scientifique, peut assurer une mobilisation de ressources substantielles, favoriser le développement de partenariats féconds et être un interlocuteur de choix pour la sphère décisionnelle et les autres institutions de recherche domestiques et étrangères.

L'approche inclusive qui devrait guider sa gestion sera telle que tout collègue est contributeur effectif à la marche de l'institution. Il peut par exemple initier un projet ou programme de recherche qui sera porté par le centre, ou par contre se voir confier un programme développé par ce dernier en raison de son profil scientifique et de ses aptitudes organisationnelles.

Le fonctionnement effectif et inclusif des centres de recherche devrait passer par une volonté commune de faire de l'institution un espace de recherche collective à même de concurrencer avec succès les initiatives externes similaires. La traduction concrète de ce dessein commun est le choix d'un leadership moral et scientifique, mû exclusivement par l'intérêt général, et qui a à cœur le rayonnement de l'institution, symbole de sa place centrale dans le paysage de recherche du pays et en dehors des frontières nationales.

Organisation de séminaires périodiques

Pour faire vivre la recherche dans les institutions de recherche, il devrait être instauré, voire institutionnalisé, des séminaires internes de présentation et de discussion de travaux. C'est une tradition bien établie dans les établissements universitaires fonctionnels. Les présentations et discussions portent sur des publications effectives, des travaux en cours ou encore des projets de recherche. Elles sont le fait de chercheurs accomplis, d'étudiants avancés et de chercheurs externes invités.

Dans un esprit de solidarité et d'entraide, les collègues contribueront à améliorer significativement la qualité du travail du chercheur présentateur. Les commentaires, questions et suggestions pourront par exemple indiquer des références littéraires additionnelles, proposer une approche méthodologique alternative mieux adaptée à la question de recherche, pointer vers des données plus récentes ou de meilleure qualité, enrichir la grille de lecture et d'interprétation des résultats, ou encore apprécier la portée de ces derniers et leurs implications.

Il est facile d'imaginer le degré d'effervescence scientifique associé au décor d'une séance de présentation avec plusieurs dizaines de participants, chercheurs comme étudiants avancés. Une telle ambiance est génératrice d'incitations à la recherche, chacun cherchant à contribuer soit par une présentation, soit par le biais des discussions. En prenant part à de telles rencontres, les étudiants pourront ainsi apprendre des prestations des chercheurs plus rompus à la tâche de recherche et de communication scientifique.

Engager la refonte des curriculums de formation de chercheurs

L'enseignement de la méthodologie de recherche et de la communication scientifique

Il peut être surprenant de constater que la majorité des étudiants de Master ou de Doctorat n'a jamais été exposée aux b. a.-ba de la méthodologie de recherche. Telle est pourtant la triste réalité de la plupart des curriculums de formation de futurs chercheurs dans beaucoup d'institutions. Pour les moins malchanceux, comme ce fut notre cas en Master en 2001, le cours s'était limité aux abstractions philosophiques des débats sur l'épistémologie. S'il est utile d'apprécier la portée scientifique de l'approche de recherche économique, son timing peut être impertinent et inopportun pour des apprenants à qui il est demandé de conduire une recherche appliquée. Comment en effet apprécier avec justesse un processus auquel on n'est pas initié ? Pas surprenant qu'au sortir de ce cours les apprenants sont incapables de rédiger un projet de recherche qui leur était exigé, ne sachant pas par où commencer.

La refonte du curriculum de formation des chercheurs pourrait s'inspirer du rapport de la *Commission on Graduate Education in Economics* pour l'*American Economic Association* (Kruger *et al.*, 1991). Elle fait remarquer que les programmes de formation de chercheurs se limitaient le plus souvent à offrir aux étudiants une formation technique et théorique très approfondie, mais ne les équipait pas suffisamment pour conduire effectivement une recherche. Parmi les deux recommandations principales figurent (i) un plus grand focus sur les problèmes du « monde réel » et (ii) une attention particulière à la communication scientifique, en particulier par le moyen de l'écrit, et les aptitudes à relayer la connaissance économique vers le grand public.

S'approprier ces recommandations dans la perspective de réformer les systèmes de formation de chercheurs passe d'abord par l'enseignement de la méthodologie de recherche et de la communication scientifique. Ce module devrait à juste titre constituer le kernel du curriculum de formation du chercheur. Les éléments de base pourraient être posés dès la fin des années de Licence où les premiers écrits scientifiques sont exigés aux étudiants. Son objectif serait d'exposer les rudiments de la pratique de la recherche, notamment comment entreprendre une recherche documentaire, comment procéder à l'évaluation critique d'un article scientifique (*summary reports*), ou comment élaborer les éléments constitutifs d'un travail de recherche (problématique, objectifs, hypothèses, etc.), avec une attention particulière portée aux exigences relatives au style de rédaction. L'enseignement de la communication scientifique exposerait les différents outils de communication et leur maniement. L'approche pédagogique pourrait allier exposés théoriques et illustrations.

J'ai eu l'opportunité de dispenser un cours de méthodologie de recherche en 2014 aux doctorants du Nouveau Programme de Troisième Cycle Interuniversitaire en Economie (NPTCI) (et de façon bénévole aux étudiants de Master dudit programme chaque année). Les étudiants venaient de terminer les cours et entamaient la phase de recherche en vue de la thèse. L'approche pédagogique consistait à exposer le comment de chaque partie du travail de recherche. Ensuite, il était demandé à chaque étudiant, en guise de travaux pratiques, de rédiger la partie en question. Cette dernière est alors évaluée du point de vue de son adéquation avec les critères de qualité liés aussi bien à la forme qu'à la substance. L'un après l'autre, tous les éléments constitutifs d'un projet de recherche étaient passés en revue, depuis l'intitulé, le résumé, les mots clés et les codes JEL jusqu'à la bibliographie et aux annexes, en passant par les sections constitutives du texte principal (problématique, objectifs, hypothèses, etc.). Au finish, chaque étudiant disposait d'un projet de recherche bien ficelé avec lequel il pouvait entamer en toute confiance ses recherches doctorales.

Le cours avait également introduit la communication scientifique. Il a été d'abord exposé son rôle incontournable dans l'activité de recherche qu'elle accompagne dans toutes les phases, depuis la conception du projet de recherche jusqu'aux activités de valorisation (partage et dissémination). Ensuite la pratique de la communication a été abordée à partir de ses outils, notamment la présentation orale et l'élaboration des supports qui l'accompagnent. Enfin, les opportunités de financement et de développement des capacités de recherche ont été exposées, ainsi qu'une série d'évènements scientifiques (conférences internationales) où ils pourraient plus tard présenter leurs travaux et être en contact avec des chercheurs de divers horizons. En particulier, ils ont été encouragés à soumettre leur projet de recherche finalisé à l'AERC dans le cadre de son programme de recherche thématique. Que n'ont été mon plaisir et ma satisfaction de les croiser plus tard lors de rencontres biannuelles de l'organisation.

Nul doute que les bénéfices tirés par les étudiants de la promotion ont été importants. Chance que n'ont pas eue les promotions précédentes, et celles qui ont suivi. Les responsables du Programme avaient en effet décidé de ramener la vieille approche de l'épistémologie, rendant les étudiants sous-outillés pour aborder la recherche appliquée, comme cela a été notre cas près de 15 ans auparavant. Preuve que la quête de l'excellence dans les prestations académiques n'est encore que mirage dans la plupart des institutions d'enseignement de la recherche.

Réorientation des modules d'enseignement vers la recherche

Dans le but de mieux familiariser les étudiants très tôt avec la recherche, l'approche de délivrance des cours ne devrait point être la même que celle qui prévaut dans les lycées, à savoir la dictée. À la passivité de l'élève devrait plutôt être substituée l'exigence d'appropriation active par l'étudiant de son processus d'apprentissage. Il devient maître de son propre destin intellectuel. Un tel changement de paradigme commande de placer l'étudiant au-devant du processus d'enseignement et d'apprentissage.

En se conformant à ce nouvel esprit, les approches pédagogiques pourront privilégier les séminaires d'échanges abandonner les cours traditionnels unidirectionnels, en raison de leur format plus interactif. Les syllabus seront conçus à partir des articles de façon à plonger les participants au cœur des débats scientifiques contemporains. Les apprenants pourront même être chargés de prendre la place de l'enseignant, en venant exposer à tour de rôle les éléments constitutifs du syllabus, le chargé de cours se contentant de compléter ou de préciser au besoin. Il sera également demandé aux apprenants de discuter les publications scientifiques les plus récentes et d'envisager les pistes de recherche à partir de leurs limites (*summary reports*). Une telle approche adoptée dans chaque module de formation sera telle que, au moment d'entamer les recherches en vue de la thèse, chaque étudiant disposera d'une batterie de thèmes face à laquelle il aura l'embarras du choix.

Un grand soin devra être apporté à la sélection des enseignants-chercheurs intervenant dans les programmes de formation des chercheurs, en Master ou en Doctorat. Sous réserve de disponibilité, seuls les enseignants effectivement engagés dans la recherche devront se présenter devant les apprenants. La logique voudrait en effet qu'un chercheur forme un chercheur. Mieux au fait de la recherche dans son champ disciplinaire, il est plus habilité à renseigner sur les derniers développements qui constituent la frontière, indiquant ainsi des pistes pertinentes que les apprenants pourront explorer dans leur recherche. En référençant leurs propres travaux, en plus des autres, ils peuvent servir de modèles aux apprenants qui verront en eux l'image non-élusive de l'avenir qui les attend.

Réorganisation du format des thèses de Master et de Doctorat

Fini devrait être le format jusque-là privilégié des thèses qui ne prédisposent pas suffisamment les jeunes docteurs à la publication scientifique. La thèse de Doctorat porte généralement sur un thème unique au champ relativement restreint et centré autour d'une seule question principale de recherche. Il est alors facile d'imaginer le contenu du document final de quelques centaines de pages : beaucoup de développements dont le candidat pouvait se passer, des références appelées dans la discussion littéraire alors qu'elles ont perdu leur attrait ou validité scientifique, ou encore la convocation d'aspects contextuels superflus qui ne renseignent pas directement sur le caractère problématique du thème de recherche.

Autant d'éléments indicatifs de la stratégie de remplissage ou de bourrage qui est telle qu'après essorage, il ne resterait que de menus segments. Quant à la thèse de Master, elle offre l'image d'une réplique à échelle réduite d'une telle démarche qui n'est pas en phase avec l'esprit véritable d'apprentissage de la recherche.

L'approche alternative suggère le format d'article pour la thèse de Master, et celui d'essai ou compilation d'articles pour la thèse de Doctorat. Au démarrage, il pourra être exigé des apprenants un projet de recherche en bonne et due forme. Ce dernier devra ensuite être défendu lors de séminaires de présentation, et bénéficier de feedbacks de la part des collègues présents, en plus du superviseur principal. Vers la fin du processus, une fois le draft finalisé, des séances de pré-soutenance pourront être organisées afin de recueillir l'appréciation générale des collègues, y compris les membres du futur jury. Ce dernier devra être constitué juste avant la pré-soutenance.

Les éléments d'appréciation offerts par tous pourront être discutés au sein du jury élargi au candidat. Il sera alors arrêté les dernières indications en vue de la finalisation de la recherche et la production du document définitif. Impliquer les membres du jury aussi tôt est plus souhaitable que faire appel à eux à la fin du processus. Leurs observations pourront ainsi être prises en charge dans les délais. Tout comme le superviseur principal, les autres membres du jury pourront également contribuer à l'apprentissage de la recherche par le candidat grâce à des possibilités d'interactions dans la durée.

La soutenance finale n'offrira alors plus le spectacle de « démolition » de l'édifice scientifique qu'est la thèse auquel se livreront, à qui mieux mieux, les membres du jury. À l'inverse, elle constituera un cadre d'échanges constructifs qui testent l'aptitude générale du candidat à entreprendre de façon autonome, au sortir de l'exercice, une recherche de qualité appréciable.[14]

Une telle démarche pourrait être institutionnalisée dans le cadre des textes régissant le fonctionnement des écoles doctorales. La force institutionnelle pourra aisément venir à bout de la légèreté avec laquelle des directeurs de thèses s'acquittent de leur tâche de supervision. Les modalités pratiques devraient également garantir une approche inclusive qui commande une contribution collective à la qualité de la

[14] Pour ce qui est par exemple de l'Université de Maastricht, les textes formels régissant les soutenances de thèse de Doctorat stipulent, au Chapitre 5, article 21, alinéa 1, que le comité devrait « décider si le candidat, par le biais de sa thèse, a démontré son aptitude à conduire une recherche académique de qualité. »

thèse, notamment par le biais des séminaires de présentation de projet ou de pré-soutenance.

Nul doute qu'en initiant les candidats à la production d'articles scientifiques, dans le cadre d'un processus qui dépasse la configuration relationnelle binomiale pour faire appel très tôt à la somme des expertises disponibles, les impétrants seront alors plus à même de prendre leur place dans le concert des producteurs d'articles.

English : langue de la recherche et des chercheurs

L'anglais est sans doute la clé pour accéder à la connaissance économique dans toute sa diversité. L'écrasante majorité des articles scientifiques de référence sont rédigés en anglais et la plupart des chercheurs non-anglophones font usage de l'anglais dans leurs écrits et autres activités de recherche. La langue anglaise garantit au chercheur d'être lu par un grand nombre, voire par tous les chercheurs de la discipline.

La maîtrise de l'anglais offre également d'innombrables opportunités de recherche. Elle permet de participer à des rencontres scientifiques internationales majeures, comme les rencontres annuelles de l'*American Economic Association*, ou celles du CSAE de l'Université d'Oxford auxquelles participent les pairs venus d'horizons linguistiques divers. Elle permet de saisir des opportunités additionnelles de formation et de développement de capacités de recherche. Elle permet d'accéder à des possibilités de collaboration avec d'autres chercheurs ou institutions qui privilégient cette langue. Elle ouvre la voie à divers programmes de post-doc ou de visites académiques dans des universités de référence du monde anglo-saxon, ou à des stages ou visites dans des institutions réputées dont la langue de travail est l'anglais. Elle contribue à élargir les perspectives sur le marché du travail qui pourraient alors inclure un nombre plus élevé d'institutions. Elle offre enfin la possibilité d'accéder à des sources importantes de financement, étant donné que la plupart des appels à propositions de recherche sont en anglais.

Pour une langue autre que l'anglais, s'il se trouve que les natifs s'évertuent à utiliser ce dernier dans leur production et leur communication scientifiques, que dire alors des non-natifs ? En l'occurrence, si les chercheurs français utilisent l'anglais dans leur recherche, que devra-t-il alors en être pour les autres chercheurs francophones ? La prédominance incontestée de l'anglais dans les sciences en général commande son usage quasi-obligatoire pour un chercheur qui veut simplement exister dans le paysage universel de la recherche. Il devrait en outre être envisagé l'introduction de l'anglais dans le curriculum de formation du chercheur. Pourquoi ne pas aller jusqu'à la délivrance de modules de cours ou séminaires en Master ou Doctorat en anglais ?

Il faudrait aussi refuser la ghettoïsation linguistique de la recherche avec le concept scientifiquement creux de la « *francophonie économique* », qui passe pour une véritable relique d'un passé colonialiste qui imposait le schéma mental d'un monde unipolaire. De telles tentatives sont le fruit de velléités de résistance des tenants de la langue française qui refusent la capitulation devant l'anglais.[15] Seulement, face à la réalité contemporaine de l'universalisme de la recherche et de la pluralité des foyers de production scientifique, le chercheur ne saurait céder à ces tentations rendues vaines. Il devra envisager l'anglais comme un input de productivité scientifique accrue et veillera à le dissocier de sa composante culturelle inhérente.

Quand j'ai eu l'opportunité d'enseigner la Microéconomie du Consommateur aux étudiants de première année, je martelais dès la première séance que pour aller loin en Économie, il faudrait deux choses : se munir d'un dictionnaire d'analyse économique qui familiarise avec les concepts qui font le jargon de la discipline d'une part, et apprendre l'anglais au vu des bénéfices qui sont associés à son maniement aisé à l'écrit comme à l'oral d'autre part. Plus tard, au moment d'entamer les recherches en vue de la thèse de Master ou de Doctorat, tout le sens de ce conseil apparaissait plus clairement. Le sentiment de satisfaction pour ceux qui ont consenti les efforts requis contrastait avec celui de regret pour le reste qui n'avait pas pris toute la mesure et la portée du conseil plus de cinq ans auparavant. S'il n'est jamais tard pour s'y mettre, des efforts cumulatifs plus importants garantissent des résultats plus probants. L'avenir appartient à ceux qui se lèvent tôt, dit-on à raison.

[15] Genç et Bada (2010) rappellent que l'anglais est la première ou seconde langue officielle pour 42 pays, en plus d'être extensivement utilisé dans beaucoup d'autres pays. Les nombres correspondants sont 27 pour le français, 20 pour l'espagnol et 17 pour l'arabe.

L'apprentissage de la recherche : une volonté et une entreprise personnelles

Apprendre à quelqu'un comment faire la recherche peut surprendre par son étrangeté, tant il reviendrait à vouloir lui apprendre comment réfléchir ou penser. S'il est toutefois vrai que l'apprentissage de la recherche peut être le fruit de l'école, il n'en demeure pas moins qu'il s'agit par essence d'un processus endogène. Ce dernier exige en effet une volonté à tous crins de l'apprenant et un investissement personnel qui soient à la hauteur de l'ambition de la concurrence à la frontière.

Un module de formation bien élaboré, alliant exposés théoriques pertinents et détaillés d'une part, et illustrations pratiques d'autre part, peut offrir au jeune apprenant les fondements du développement d'un réel savoir-faire à même de lui permettre d'entreprendre la recherche de qualité en toute autonomie. C'est à l'image d'une automobile en difficulté au démarrage et qui a besoin d'une poussée externe : aussi puissante soit la force des bras pour la mettre en branle, elle n'ira sans doute pas loin si le moteur interne ne prend pas résolument le relai. La meilleure école apparaît dès lors comme une condition bien nécessaire, mais loin d'être suffisante, pour amener le chercheur à boxer dans les catégories correspondant aux capacités élevées de recherche. À l'opposé, la pire école ne devrait point condamner à une quelconque médiocrité à jamais établie.

La diversité phénoménale des moyens d'accès à la connaissance, le décloisonnement irréversible des espaces de recherche dans un monde scientifique contemporain qui n'aura pas échappé au processus inéluctable de la mondialisation, la multiplicité inespérée des opportunités de contacts avec la frontière de la recherche et les chercheurs, ou encore le foisonnement inégalé d'initiatives de développement et de renforcement de capacités de recherche et de financement sont autant d'indications de la démocratisation du savoir qui ôte toute excuse au chercheur qui n'aura pas réussi à répondre présent aux rendez-vous de la recherche. Pour peu qu'il veuille consentir un effort relativement limité, ce sera alors la connaissance qui littéralement ira vers lui et non plus l'inverse, tant il aura du mal à contenir le puissant débit ininterrompu du flot d'information qui lui parvient.

Si la volonté personnelle suppose un choix à dessein de la profession et du métier de chercheur, et non l'aboutissement d'un parcours aléatoire, l'investissement personnel requiert une accumulation organisée et sans relâche de connaissance. Convaincu du processus du « *learning by doing* » (apprentissage par la pratique) et que son destin de chercheur aguerri n'est point entre les mains d'autrui (qui passerait alors pour le meilleur des chercheurs que l'histoire n'ait jamais connu et ne connaitrait jamais), il se lance alors dans la quête du double savoir de ce qui fait un chercheur authentique en Sciences économiques : le savoir du comment l'économiste raisonne ou la discipline approche la société d'une part, et le savoir de ce qui fonde la qualité de la recherche économique et du processus de production de connaissance d'autre part. Équipé d'outils d'abstraction théorique et d'investigation empirique qu'il sait manier avec une relative aisance, il pourra alors revendiquer sa place dans l'effort collectif ininterrompu d'amélioration des connaissances de l'Homme et la quête élusive de l'opulence pour toute l'humanité.

POUR ALLER PLUS LOIN

<u>Références à consulter</u>

Andrew, C.O. et P.E. Hildebrand (1982). *Planning and Conducting Applied Agricultural Research*. Boulder, CO : Westview Press.

Backhouse, R. (1994). *New Directions in Economic Methodology (Economics as Social Theory)*. Première Édition. Londre : Routeledge

Beaud, M. (2006). L'Art de la Thèse. La Découverte.

Blaug, M. (1997). *The Methodology of Economics: Or how Economists Explain*. Seconde Édition. Cambridge : Cambridge University Press.

Card, D. et A.B. Kruger (1994). Minimum Wages and Employment: A Case Study of the Fast-Food Industry in New Jersey and Pennsylvania. *American Economic Review* 84(4): 772-793.

Chaubey, V. (2017). *The Little Book of Research Writing*. Californie : CreateSpace Independent Publishing Platform.

Christiensen, G.S. et E. Miguel (2018). Transparency, Reproducibility, and the Credibility of Economics Research. *Journal of Economic Literature* 56(3): 920-980.

Colander, D. et A. Klamer (1987). The Making of an Economist. *Journal of Economic Perspectives* 1 : 95-111.

Davis, J., D.W. Hands et U. Mäki (1998). *The Handbook on Economic Methodology*. Elgar Publishing.

Ethridge, D. (2005). *Research Methodology in Applied Economics*. Seconde Édition. Iowa: Blackwell Publishing.

Fragnière, J.-P. (2016). Comment Réussir un Mémoire : Choisir son Sujet, Gérer son Temps, Savoir Rédiger. 5e Edition, Dunod.

Genç, B. et E. Bada (2010). English as a World Language in Academic Writing. *The Reading Matrix* 10(2): 142-151.

Grawling, A.C. et A. Schopenhauer (2009). *The Art of Always Being Right: The 38 Subtle Ways to Win an Argument*. *London*: Gibson Square Books Ltd.

Greenland, S. (2005). *Doing Economics: A Guide to Understanding and Carrying Out Economic Research*. Première Édition. Nashville : South-Western College Publishing.

Hedge, D. (2015). *Essays on Research Methodology*. Springer (copie gratuite sur Internet).

Hsiao, C. (2003). In Memoriam : G.S. Maddala (ed.). *Econometric Reviews* 22 : vii

Kruger, A.O., K.J. Arrow, O.J. Blanchard, A.S. Blinder, C. Goldin, E.E. Leamer, R. Lucas, J. Panzar, R.G. Penner, T.P. Schultz, J.E. Stiglitz et L. Summers (1991). Report of the Commission on Graduate Education in Economics. *Journal of Economic Literature* 29 : 1035-1053.

Lucas, S. (2003). *The Art of Public Speaking*. 11e édition. McGrawHill.

Mairesse, J. (2003). In Memorium : Zvi Griliches. *Econometric Reviews* 22 : xiv.

McCloskey, Deirdre (1999). *Economical Writing*. Seconde Édition. Illinois : Waveland Press Inc.

McCloskey, Donald (1983). The Rhetoric of Economics. *Journal of Economic Literature* 21: 481-517.

Myrdal, G. (1969). *Objectivity in Social Science*. New York : Pantheon Books (copie gratuite sur Internet).

Seck, A. (2017). Trade Participation and Trade Facilitation : Are Sub-Saharan African Firms Different ? *Journal of African Trade* 3(1-2) : 23-39.

Seck, A. (2016). A Dichotomous-choice Contingent Valuation of the Parc Zoologique de Hann. *African Journal of Agricultural and Resource Economics*, 11(3) : 226-238.

Seck, A., A. Araar, F. Fall, K. Camara, Nd. Diop et S. Diallo (à paraître). Female Entrepreneurship, Access to Credit, and Firms' Productivity in Senegal. *Journal of African Development*.

Schopenhauer, A. (2013). *The Art of Always Being Right*. GOODmood.

Schwabish, J. (2016). *Better Presentations: A Guide for Scholars, Researchers, and Wonks*. New York : Columbia University Press.

Thomson, W. (2011). *A Guide for the Young Economist*. Seconde Édition. Cambridge : The MIT Press.

Wyatt, W. (2014). *Communication Skills: The Ultimate Guide to Improve your Communication Skills and Get your Ideas Across.* CreateSpace Independent Publishing Platform.

Yao, J. (2005). Méthodes d'Etude et de Recherche en Sciences Economiques et Sociales, avec Applications au Contexte de l'Afrique. L'Harmattan.

Quelques ressources sur Internet

Dans la perspective de développement de ses capacités de recherche, le chercheur peut retrouver une diversité de ressources sur Internet, notamment des textes et des vidéos illustratives, en passant par des cours. Loin d'être exhaustif, le listing suivant suggère quelques références :

***Resources for the Economists on the Internet* – RFE (http://rfe.org/) :**

Site sponsorisé par l'*American Economic Association.* On y retrouve des informations portant sur des sources de données, des opportunités de subventions, des rencontres et éléments scientifiques, des blogs, des matériels pédagogiques, entre autres.

Le réseau PEP (https://www.pep-net.org/other-resources#Data%20sources) :

Il offre divers matériels relatifs à la méthodologie de recherche et la communication scientifique, ainsi que diverses informations portant sur les sources de données, les subventions de recherche, les sites de téléchargement d'article, le plagiat, et d'autres sites d'intérêt pour les économistes.

***The National Bureau of Economic Research* (http://www.nber.org/)**

Le chercheur y retrouve des *working papers*, des vidéos, des données et des opportunités de conférences et de *fellowships*.

***Econometrics Academy* (https://sites.google.com/site/econometricsacademy/home/about):**

Initiative d'une organisation dont la mission, telle qu'indiqué sur le site, peut lire : *to deliver free education on Econometrics to anyone in the world willing to learn on their own.* On y retrouve des *tutorials* sur l'usage de logiciels (dont Stata et R) et des cours qui abordent une large gamme de modèles économétriques, avec une approche qui allie exposés (sommaire) et pratiques sur logiciels, avec des vidéos sur YouTube.

Quelques sources de données populaires (accès gratuit)

***World Development Indicators*, Banque Mondiale (https://data.worldbank.org/products/wdi):**

Données annuelles sur les grandeurs macroéconomiques et autres.

***Penn World Table* (https://www.rug.nl/ggdc/productivity/pwt/):**

Données comparables sur le revenu, la production réelle, le capital, l'emploi et la productivité. Dans la version courante 9.0 : 189 pays, de 1950 à 2014.

***Entreprise Surveys*, Banque mondiale (http://www.enterprisesurveys.org/) :**

Données d'enquêtes standardisées auprès des entreprises dans plusieurs pays.

***United Nations Commodity Trade* (UNCOMTRADE), Nations Unies (https://comtrade.un.org/)**

Données détaillées sur le commerce international à divers niveaux de désagrégation (produits et partenaires).

FAOStat, FAO (http://www.fao.org/faostat/fr/#home) :

Données annuelles sur l'agriculture et l'alimentation de quasiment tous les pays, depuis 1961.

Le Centre d'Études Prospectives et d'Informations Internationales – CEPII, France (http://www.cepii.fr/CEPII/fr/bdd_modele/bdd_modele.asp) :

Il offre divers types de données de références, notamment sur le commerce et les variables incluses dans le modèle de gravité.

***Worldwide Governance Indicators*, Banque Mondiale (http://info.worldbank.org/governance/wgi):**

Séries annuelles relativement longues sur la qualité des institutions de plusieurs pays.

Il en existe bien d'autres dans des domaines aussi variés que l'éducation (Barro et Lee), la pauvreté (Banque Mondiale) ou les ménages (Banque Mondiale). Ces données s'ajoutent à celles produites par les agences statistiques nationales. C'est le cas, au Sénégal, avec les données d'enquêtes sur la pauvreté (ESPS), la santé (EDS) ou le marché du travail (ENES) réalisées par l'Agence Nationale de la Statistique et de la Démographie (ANSD). Autant de données accessibles gratuitement au chercheur qui aborde des thématiques correspondantes.

TABLE DES MATIÈRES

Structures éditoriales du groupe L'Harmattan

L'Harmattan Italie
Via degli Artisti, 15
10124 Torino
harmattan.italia@gmail.com

L'Harmattan Hongrie
Kossuth l. u. 14-16.
1053 Budapest
harmattan@harmattan.hu

L'Harmattan Sénégal
10 VDN en face Mermoz
BP 45034 Dakar-Fann
senharmattan@gmail.com

L'Harmattan Cameroun
TSINGA/FECAFOOT
BP 11486 Yaoundé
inkoukam@gmail.com

L'Harmattan Burkina Faso
Achille Somé – tengnule@hotmail.fr

L'Harmattan Guinée
Almamya, rue KA 028 OKB Agency
BP 3470 Conakry
harmattanguinee@yahoo.fr

L'Harmattan RDC
185, avenue Nyangwe
Commune de Lingwala – Kinshasa
matangilamusadila@yahoo.fr

L'Harmattan Congo
67, boulevard Denis-Sassou-N'Guesso
BP 2874 Brazzaville
harmattan.congo@yahoo.fr

L'Harmattan Mali
Sirakoro-Meguetana V31
Bamako
syllaka@yahoo.fr

L'Harmattan Togo
Djidjole – Lomé
Maison Amela
face EPP BATOME
ddamela@aol.com

L'Harmattan Côte d'Ivoire
Résidence Karl – Cité des Arts
Abidjan-Cocody
03 BP 1588 Abidjan
espace_harmattan.ci@hotmail.fr

L'Harmattan Algérie
22, rue Moulay-Mohamed
31000 Oran
info2@harmattan-algerie.com

L'Harmattan Maroc
5, rue Ferrane-Kouicha, Talaâ-Elkbira
Chrableyine, Fès-Médine
30000 Fès
harmattan.maroc@gmail.com

Nos librairies en France

Librairie internationale
16, rue des Écoles – 75005 Paris
librairie.internationale@harmattan.fr
01 40 46 79 11
www.librairieharmattan.com

Librairie l'Espace Harmattan
21 bis, rue des Écoles – 75005 paris
librairie.espace@harmattan.fr
01 43 29 49 42

Lib. sciences humaines & histoire
21, rue des Écoles – 75005 paris
librairie.sh@harmattan.fr
01 46 34 13 71
www.librairieharmattansh.com

Lib. Méditerranée & Moyen-Orient
7, rue des Carmes – 75005 Paris
librairie.mediterranee@harmattan.fr
01 43 29 71 15

Librairie Le Lucernaire
53, rue Notre-Dame-des-Champs – 75006 Paris
librairie@lucernaire.fr
01 42 22 67 13

www.ingramcontent.com/pod-product-compliance
Lightning Source LLC
LaVergne TN
LVHW011249061026
849535LV00005B/1192

* 9 7 8 2 3 4 3 1 6 2 1 5 7 *